Geschichte
des
mittelalterlichen,
vorzugsweise
des
Deutschen Schachspieles.

Nebst
vollständiger und fortlaufender
Literatur des Spieles,
sowie
Abbildungen und Registern.

Von
H. F. Maßmann,
Dr. Professor ord. an der Hohen Schule zu München.

Quedlinburg und Leipzig.
Druck und Verlag von Gottfr. Basse.
1839.

Παιδία τοῦ πόνου ἥδυσμα.

Plutarch.

Inhalt und Bericht.

Die nachfolgende Geschichte des Schachspieles will zunächst und vornehmlich das tiefere, man kann wohl sagen, volksthümliche Gepräge des Spieles im germanischen Mittelalter oder Abendlande nachweisen. Das Schachspiel bildet mehr, als man vielleicht meint, ein nicht geringes Glied der inneren Sittengeschichte in jenen Jahrhunderten, in denen es in Deutschland zum Theil nach wesentlich andern Gesetzen als jetzt gespielt wurde, ja eines Ortes noch gespielt wird.

Das Büchlein beginnt mit einer allgemeinen Kennzeichnung und kurzen Würdigung des Spieles (§. 1), wobei wesentlich seine Kriegsgleichung hervortritt (§. 2) und ab- und zuneigender Urtheile aller Zeiten über seinen Werth (§. 3) und die Spielberechtigung besonders der Geistlichen (§. 4) Erwähnung geschieht.

Jenes leitet auf die Geschichte seiner Herkunft (§. 5), wobei zunächst die vermeinte troische — lydische — ägyptische — arabische — persische Abkunft beseitigt (§. 5. 6), Indien dagegen als sein Ursprungsland auf das Bestimmteste nachgewiesen wird (§. 7. 8).

Die kriegerische Urbedeutung des Spieles, sowie seine volksthümliche Umgestaltung in allen Ländern von Persien an wird hienach an den Namen der Schachsteine bei den morgenländischen und abendländischen Völkern dargethan. (§. 9: Königinn, §. 10: Springer, §. 11: Thürme, §. 12: Läufer, §. 13: Bauern); eben so aus dem ursprünglichen Namen des ganzen Spieles **Chatur-anga**; **Chatrang**,

Schahtranj, Ζατρίκιον (§. 14); darnach Schach, Scacchi, Echecs ꝛc. (§. 15).

Hiedurch wird der bestimmtere Übergang zu dem deutschen Schachspiele des Mittelalters genommen, dessen frühere Kunstsprache zusammen gestellt (§. 16) und längere Stellen älterer deutscher Gedichte zur Veranschaulichung beigebracht werden (§. 17).

Daran knüpfen sich weitere Nachweisungen über das vielfache Vorkommen und tiefere Eingreifen des Schachspieles in jenen Jahrhunderten aus deutschen, altfranzösischen, welschen Sagen und Volksbüchern (§. 18. 19), eben so aus der Geschichte (§. 20—22), wobei zugleich die prachtvollere Arbeit der Schachbretter und Steine zur Sprache kommt (§. 23), sowie die großartige Weise, das Spiel auf Marmorböden und selbst mit lebendigen Menschen zu spielen (§. 24).

Hier treten ferner frühere tiefe Lebensgleichnisse oder Vergleiche des Schachspieles mit dem Tode (§. 24), mit Jugend und Alter (§. 25), für Sprichwörter benutzt, in Fabeln ausgebildet (§. 26. 27) zu ganzen Gedichten (arabisch, jüdisch, lateinisch, französisch, englisch, deutsch: §. 28) und Moralisationen (§. 29) verarbeitet entgegen. Letzterer Art, vorzugsweise die des Jakob von Cessolis (1290), ihm nach des Konrad von Ammenhusen (1337) und des Dr. Mennel von Konstanz (1507), so wie die Prosa des Meister Ingold (1450).

Und gerade aus allen diesen Werken tritt die Vervolksthümlichung des Spieles im Abendlande recht eigentlich hervor: die Gestalten werden zu den Gliedern des germanischen Staates und deutschen Volkslebens (§. 32); was durch Auszüge über Gestaltung und Bedeutung (§. 30 —33.) nachgewiesen, und wobei zugleich die sinnigere und sinnbildlichere Art die Steine zu schnitzen näher besprochen wird (§. 34).

Alle diese Erscheinungen und Thatsachen mußten nothwendig auf die Ausgestaltung der Gesetze des ganzen Spieles einfließen (§. 34). Um diese zu erkennen, werden ältere (lateinische) Gedichte über das Schachspiel mitgetheilt (§. 35. 36. 37), eben so des Cessolis und ihm nach Ammenhusen's, Mennel's, Köbel's, Ingold's Darstellung der Züge und Gesetze geprüft (§. 38. 39. 40), wobei sich gelegentlich ergibt, daß Dr. Mennel nur wörtlich Konrad's von Ammenhusen Reimwerk auszog.

Zunächst stellt sich bei jener Prüfung eine wesentliche Aenderung in dem Zugrechte der Königinn heraus (§. 41); was auf die noch früher schon abweichenden Spielgesetze bei den verschiedenen Völkern Asiens, so wie wieder des Abendlandes, und die neueren Versuche zu Erweiterungen oder Vereinfachungen des Spieles leitet (§. 42). Vorzugsweise aber haftet die Untersuchung an der eigenthümlichen Spielweise auf 96 Feldern, welche schon im dreizehnten Jahrhunderte in Deutschland galt, im Halberstädtischen Dorfe Ströpke aber noch heute gespielt wird (§. 44), und das Currierspiel oder das große Schach heißt; woneben das kleinere oder das alte Spiel (d. i. wie es bei Köbel, Mennel, Ammenhusen, Cessolis dargestellt wird) und das welsche Spiel (d. i. wie es heut zu Tage allgemein gespielt wird und schon 1536 in Egenolphs Frankfurter Ausgabe von Mennel's Schachzabelspiel vorkommt) bestehen; welche drei Spiele näher beleuchtet werden (§. 45—47), und wobei wegen des größten auf die schon früher vergrößerten Schachspiele Asiens hinübergeblickt wird (§. 48). —

Jedem dieser inhaltreichen Abschnitte ist die ausführlichste Literatur (in den Anmerkungen) beigegeben worden.[1]) Dieses tritt noch mehr ein bei den Schlußabschnitten über die berühmtesten Meister im Schachspiele von Karl dem Großen an durch alle gekrönten Häupter bis zu den Bauern von Ströpke. Hier wird die reichste durch Carrera, Gianutio, Salvio, Damian, Ruy Lopez de Segura, Joachimo Greko, Philipp Stamma, Philidor (oder André Danina), Caxton u. s. w. veranlaßte Literatur Spaniens, Italiens, Frankreichs, Englands, Deutschlands (§. 49. 50) mitgetheilt; an welche sich diejenige deutsche anschließt, die vorzugsweise den Unterricht oder die Unterweisung im Auge hat (§. 51), wobei neben dem Sammler Koch, seinem Auszieher Netto, ferner Silberschmidt ꝛc. freilich mancher bloße Buchmacher zu stehen kommt. Daran schließt sich endlich ein Verzeichniß von Werken, welche verschiedenartige Abhandlungen oder Nachweisungen über Geschichte, Gesetze, Bedeutung ꝛc. des Schachspieles enthalten, so wie über Kempelen's Schachmaschine.

In den Registern wird aber die durch das ganze Buch vertheilte Literatur nochmal genau nach Namen (und Titelanfängen) auffindbar gemacht.

Nach diesem Ueberblick des Inhaltes bemerkt der Unterzeichnete nur noch, daß er, gedrungener als seine Vorgänger, aus manchen von ihnen gar nicht benutzten Quellen eine nicht unergötzliche Darstellung von der früheren Bedeutsamkeit des Schachspieles geliefert zu haben hofft.

Hyde's Werk (1694) ist zu lateingelehrt, und bespricht mit seinem Verdeutscher Günther Wahl (1798)[2]) eigentlich nur das asiatische Schachspiel. Andere Werke über die

[1]) Innerlich bei Weitem vollständiger als bei Reinganum (1825), wo manche sonderbare Irrthümer (s. in unserm Werke) vorkommen.

[2]) Sam. Friedr. Günther Wahl: Der Geist des Schachspiels bei den Indern, Persern, Arabern, Türken, Sinesen und übrigen Morgenländern, Deutschen und andern Europäern. Halle, Curt. 1798. 8. (Allg.

Geschichte des Schachspiels, als: des Gustavus Selenus (1616), Lambe (1764), Andrä (1796), Deppen (1827), Netto (1827) ꝛc., sind zu breit oder zu knapp, oder auch unklar; die Arbeiten von Daines Barrington (1787. 89), Francis Douce (1794), Frederic Madden (1834), an sich ehrenvoll, zu einseitig englisch. Eine Hauptquelle der Sittendarstellungen des Mittelalters überhaupt und somit auch für das Schachspiel (die mittelhochdeutschen, altenglischen, altfranzösischen Gedichte u. s. w.) hat nur der letztgenannte Madden etwas benutzt, während Douce kaum den „Selenus **Duke of Brunsvik**“ kennt. Die besten Anekdotenmassen, nur ungeordnet, gab 1787 u. 1789 Richard Twiß. [3])

Die Literatur, die überaus reich und bunt ist, wird so nirgends beisammen gefunden werden, wie hier erstrebt worden ist. Hyde hat auch hier mehr das Orientalische; Clodius [4]) umfaßt auch nur einen Theil; Deppen [5]) ist zu karg, Cancellieri italienisch-unvollständig [6]), Hoeck

Lit. Zeit. Ergänz. Bl. IV, 1, n. 63, 1501—1504; N. allg. D. Bibl. LXIII, 578—580.)

[3]) **Richard Twiss: Chess.** London, 1787. 1788. 2 Bde. 8. Sieh Morgenblatt 1821, n. 94.

[4]) **Henr. Jonath. Clodii Primae lineae Bibliothecae lusoriae sive Notitia scriptorum de Ludis praecipue domesticis ac privatis ordine alphabetico digesta.** Leipzig, Langenheim. 1761. 8°.

[5]) Otto v. Deppen: Schach-Politik oder Grundzüge zu der Kunst, seinen Gegner im Schach bald zu besiegen. Nebst einem Anhange über die Literatur, die Geschichte und die Grundgesetze des Schachspiels. Leipz., Lauffer. 1826. 8.

[6]) **Il Giuoco degli Scacchi Trattatello tradotto dall' Inglese** (durch Abbate Michele Colombo) **aggiuntavi la Biblioteca ragionata degli Scrittori del Giuoco stesso dall' abbate Francesco Cancellieri.** Venedig, 1824. 8°. S. 122—169. — Nachträge dazu von **M. A. in Millin Magazin encyclopédique** 1817. V, 214—228. Auch in der Ausgabe des **Il giuoco incomparabile degli Scacchi etc. opera d'Autore modenese.** Venedig, 1812. 8°. steht S. 56—67. ein dürftiger **Ragguaglio de principali Scrittori del Giuoco degli Scacchi.**

mischt zu bunt durch einander, Wesentlicheres und Unwichtiges, las auch nicht immer richtig [7]) bei Hyde und Cochrane, aus dem er ungenannt viel entnommen, wie dieser aus Clodius. [8]) Preußler versuchte eine Anweisung, in welcher Folge am Nützlichsten die besten Schriften über das Schach zu studieren seien. [9]) Koch in seinem Codex der Schachspielkunst suchte den Reichthum der Spielarten zu bewältigen.

Manche schätzbare Literarnotiz danke ich dem k. k. Bibliotheksscriptor Herrn v. Gevay zu Wien, welche zur Ergänzung und Bereicherung des bereits seit 1832 vollständig Ausgearbeiteten auch 1838 noch willkommen war.

Möge nun diese Arbeit, wenigstens zweien Männern, in der Literatur dem genannten, in dem Theile aber, welcher die Gesetze der früheren deutschen und europäischen Schachspielart bespricht, dem Herrn Landrichter Lamberger zu München nicht ganz misfallen und besonders Letzteren bewegen, seine aus einer reichen Bibliothek für das Schachspiel genommenen gereiften Vorarbeiten zu einer gründlichen Geschichte der Spielarten des Schachs recht bald zu vollenden. Keiner vermag dieses beßer, als er, dessen Urtheile darum diese Schrift auch vorzugsweise unterstellt wird.

München, Hornung 1838.

H. F. Maßmann.

---

[7]) J. D. A. Höck: Versuch einer Literatur des Schachspiels an Reinganum's Ben-Oni, oder die Vertheidigungen gegen die Gambitzüge im Schach ꝛc. Frankf. a. M., Hermann. 1825. gr. 8. (Siehe Hallische Liter. Zeit. 1826. n. 43. 44.) Vgl. hier S. 96, [91].

[8]) Cochrane: Treatise on the game of chess .... and a catalogue of Writers on Chess. London, 1822. 8. Meist aus Clodius.

[9]) J. P. L. Preußler: Deutliche und ausführliche Auseinandersetzung der Schachspielgeheimnisse des Arabers Ph. Stamma. Nebst einem Anhange, in welcher Folge und wie man am Nützlichsten die vorhandenen Musterschriften über das Schach studiere. 2te Aufl. Berlin, Enslin. 1823. 8.

§. 1.

Auf dem Wege von Brüssel nach Paris begegnen dem Wanderer raschfliegende Brieftauben [1]), welche die ihm Staub zudonnernden Eilwagen [2]) weit übereilen. Wundersamer aber als diese fliegenden Boten ist der Flug des Gedankenspieles, welches Jahrelang zwischen Paris und London hin und her geführt wird; wobei nicht — wie dort — Eile und Hast das Ziel ist, oder wie bei der Fernschreibekunst der Telegraphen — geheime Kürze; sondern wobei langsam gesonnen, sattsam erwogen, gemeinsam berathen und endlich — gezogen wird.

Das Schachspiel der großen Spielgesellschaften oder Schachklubbs [3]) ist gemeint, welche über den Sund von Calais mit einander wettspielen [4]).

---

[1]) Diese kannten schon die Saracenen im 11. Jahrhundert, wie zum Theil auch die Alten. Bei Muratori (Scriptores VI, 370) heißt es aus Malaterra: „Moris Saracenis est, ut columbas frumento et melle infuso domi nutrientes, cum aliquorsum longius disgrediuntur masculos sportulis inclusos secum ferant, ut, cum aliquid novi fortuna illis administraverit, quod domi scitum velint, chartulis eventus suos notantes et collo avis, vel certe sub ala suspendentur; avibus dimissis per aëra familiae domi solicitae, utrum prospere erga peregrinos amicos omnia aguntur notificare accelerant. Avicula enim dulcedine grani melliti, quam domi gustare saepius assueverat, illecta, reditum accelerat, chartulas morem suum scientibus repraesentat". — Die Alten gebrauchten Tauben (Anacr. IX), aber auch Schwalben (Plin. H. N. X, 24: Cecinna Volaterranus equestris ordinis quadrigarum dominus comprehensas hirundines in urbem secum auferens victoriae nuntias amicis mittebat in eundem nidum remeantes, illito victoriae colore). Über die neuere Taubenpost siehe (Sir Elias Davies Witt) The pigeon-post. Die Tauben-Post 2c. Übersetzt von J. E. M... U...g. Augsburg, Bäumer. 1831. 8.

[2]) Seit Obiges geschrieben wurde, sind umdunstende Dampfwagen daraus geworden. Spätere Anmerk.

[3]) Chess-Klubb; Chess-Academy.

[4]) Man sehe unter andern: F. W. v. Mauvillon, die während der

Welcher ausdauernde Ernst in den Spielenden! Welch wundersames Spiel, das so zu fesseln vermag! — Aber wer nicht bereits die Unkraft gewonnen, tagelang am Glücksrade zu harren oder am Roulet-Tische im Busen der Leidenschaft zu wühlen; wer sich nicht schon in die Blödsinnigkeit des Kartenspieles ergeben gelernt hat, — wird das Schachspiel als das würdigste und edelste unter allen Sitz- und Schweigespielen der Welt begrüßen; allein schon deßwegen begrüßen, weil es sich frei erhalten hat vom Schmutzklange des Geldes [5]).

Eines der ältesten Wettspiele hat es eine bedeutsame schöne Sage zu seinem Ursprunge [6]) und ist in diesem und jedem Sinne ein wahrhaft königliches Spiel [7]). Kein Spiel der Welt hat seit seiner Erfindung (und dieß ist lange her!) sich so allgemein verbreitet, hat so ungetheilten Beifall der Geisteskräftigeren [8]) erwor-

---

Jahre 1824—1828 von den Londoner und Edinburger Schachklubbs gespielten 5 Schachpartien, mit Varianten und Anmerkungen nach dem Englischen bearbeitet. Mit Beifügung der zwischen den Amsterdamer und Antwerpener Schachklubbs gespielten zwei Partien. Essen, Bädeker. 1829. gr. 8. Eben so J. Mendheim Aufgaben für Schachspieler 2c. Nebst einem Anhange, die Correspondenz-Partie, die zwischen den Berliner und Breslauer Schachklubbs vom 15. Jan. 1824 — zum 20. Octob. 1831 gespielt worden. Berlin bei Trautwein 1832. gr. 8. Die Londoner Schachklubbs entstanden 1770 und 1774 (R. Twiss: Chess. London, 1787. p. 164), die Pariser 1783 (ebendas. S. 166). Der Präsident des Londoner Schachklubbs Cazenove gab 1817: A selection of curious and entertaining games at Chess that have been actually playd by J. London, 1817. 12. — Auch Rom hat seine Schachakademien und einen „Caffe Nuovo degli Scacchi" im Corso.

[5]) „Und solt wissen, das nit grössers in diesem ritterlichen spil ist, dan das du die augen nit in seckel legest" (Schachzabelspil von Dr. Mennel, Köbel. Oppenheim, „1520". 4.) — „daß man kein geld noch andre sachen, gewinstes halber, auf daß das löbliche Spiel den andren nicht gleich geachtet oder vernichtet werde, auffetze" (Gustavus Selenus: 1616, p. 8). Bei den Mauren (Höst Marocco, S. 111) wird nicht um Geld gespielt; aber wer verliert, muß zugeben, daß ihm der Sieger eine Feder oder Stroh in den Turban oder die Mütze steckt, welches ihnen ungemein empfindlich ist.

[6]) Einen Tyrannen wandelte es zum Könige um (§. 8.).

[7]) Es heißt auch: „Königsspiel" (§. 9.).

[8]) „Die kurtzwyl des hochberümbten Schachzabels, die von allen wysen lustig, nutzlich und erlich geschätzt ist". (Dr. Mennel, Köbel, a. a. O.)

ben, ja so versessene Verehrer gefunden. — Freilich ist es kein Spiel der lebendigen Oeffentlichkeit, der größeren Genossenschaft und Gespielschaft: es ist eben — ein Sitzspiel [9]). Aber ein Sinnspiel, ein tüchtiges, lebhaftes Wettspiel, wenn auch nur unter Zweien oder Vieren, um welche sich, im Geiste mitspielend, Zuschauer sammeln.

Hier ist wahre Geistesthätigkeit im Spiele, das ein Probierstein des Geistes ist [10]). Hier herrscht nicht der Zufall, das »Glück« [11]). Jeder steht für seinen Zug, der — hinlänglich erwogen — seine Folgen nach sich zieht.

Es ist zugleich ein lohnendes Spiel, das seine Erfolge in sich selber trägt, je nachdem der Geist es beherrscht oder vom Gesetze der Schwäche beherrscht wird. Und es spielt sich nie aus [12]). Das ganze Spiel ist ein geistiger Ernst. Hier ist Schweigen — Denken; während Kartenspiel Gedankenlosigkeit fast fordert, besonders wenn dazu im engen Gemach die narkotische Giftpfeife den Sinn betäubt, den Mund verschließt und das frohe Wort bannt, sowie den erheiternden und erhebenden Gesang unmöglich macht, kurz alle wahre Gemeinsamkeit unter dem Blendeschimmer schöner süßer Geselligkeit vernichtet [13]).

Dagegen ist das Zwiespiel des Schachbrettes ein, wenn

---

[9]) „Wer seine Glieder den Tag über gebraucht hat, der spiele Schach. Wir Europäer finden aber die widersinnigste Gewöhnung nicht lächerlich. Der Landmann und Handarbeiter kegelt am Abend; der sitzende und denkende Arbeiter spielt Karte und Schach: sie sollten tauschen, um sich beide zu erholen". Gutsmuths Spiele zur Übung und Erholung, S. 482.

[10]) So nennt es Adelhaid von Wallendorf im Götz von Berlichingen.

[11]) Ludus Scacchorum in Ingenio naturali consistit, nec committitur viribus Fortunae. Gl. in Auth. Interdicimus, C. de Episc. et Cleric.

[12]) Ozanam (Vorrede zu s. Mathematical Recreations): „An infallible method of conquering at Chess, is not absoluted impossible; nobody has hitherto discovered it, and i believe, it never will be discovered, because it depends ou too great a number of combinations".

[13]) „Es würde die menschliche Gesellschaft schänden, wenn das Schachspiel je durch die so sehr überhand nehmenden Kartenspiele aus ihr gedrungen werden sollte". Günther Wahl (Geist und Geschichte des Schachspieles. Halle, 1798. 8. S. 2).

äußerlich noch so stiller, innen desto lebhafterer Zweikampf der Gedanken, die sich befehden, bemuthmaßen, berichtigen, zurückziehen, ja schlagen, ehe noch gezogen ist. Schachspiel stellt Mann gegen Mann, bringt Willen an Willen, schärft Geist an Geist; vertheilt — wie im alten Ritterkampfe gleiche Sonne, Wind, Waffen und Boden getheilt wurden [14]) — die gleichen Kräfte und ist selber ein Krieg der Kräfte.

Es ist kein leichtes, kein Kinderspiel, etwa wie das Brettspiel, das man fast daher auch Dame benannt glauben möchte. Schachspiel verlangt waches Auge, Schnellblick, Scharfsinn — austheilende Uebersicht, kluge Berechnung. Eine Schule der Entschließung, der Wagniß, des Muthes, des Maßes, der Geduld und stillen Vorbereitung. Hier ist die Bahn geöffnet für feldherrlichen Vorausblick und siegesraschen Entschluß, wie für die zögernde Vorsicht und die ablenkende Klugheit. Ein wahres Jünglings- und Männerspiel!

§. 2.

Schon 1450 sagte Meister Ingold in seinem sittsamen Buche »dz guldin spil« [15]), das hier noch öfter genannt werden wird: »die sach, dar umb daz spil erdacht ward, das ist für [16]) müssig gan vnd das man da bey lernt streytten vnd fechten vnd all clugheit, da von vil zu sagen wär, das man da bey lernt tugent von gůt sitten und menig gros clůgheit«.

Aber schon der Araber Sokeiker von Damaskus sagt: »Das Schachspiel ist eine Anweisung zum Kriege, denn dieses ganze Spiel ist ein Krieg« [17]).

---

[14]) Man sprach von geteilten spilen (Nibelungen-Lied: 411, 2. 406, 2.). Vergleiche Benecke zum Iwein V. 4630. S. 376 und 432 — 434. — Etwas anderes ist Jocus partitus (partie) beim Schachspiele ꝛc.

[15]) Gedruckt 1472 in Reutlingen. Siehe unten §. 26. 39.

[16]) Gegen.

[17]) Auch des Rabbi Judas Levita arabisches Buch Khosri aus dem 12. Jahrh. (gedruckt: Venedig 1591. 4., Basel 1660 von Burdorf) behandelt das Schachspiel als Krieg. Eben so beginnt Bischof Marcus Hieronymus Vida von Cremona sein lateinisches Gedicht Scacchia (s. §. 28.) mit den Worten:

Ludimus effigiem belli simulatque veris
Proelia, buxo acies fictas et ludicra regna

Der schon genannte Dr. Mennel, welcher von Konstanz aus, zur Zeit des dortigen Reichstages 1507, das Schachspiel nach Konrad von Ammenhusen, in Reimen beschrieb, sagt:

„Es gleichnet sich eym rechten streit
Alß in eym krieg, zu beyderseit
Zwen König, vnd darzu all jr Her
Streittend, yeder an sein wer
Sich stellet, daß er dann wird beschart". u.s.w.

Bestimmter faßte im Jahre 1603 Aegidius Albertinus in seinem Buche »der Zeitkürzer«, welches in München heraus kam, unter der Ueberschrift: »Frag, ob das Schachspiel zulässig seye?« (S. 72) das Spiel als Kampf- und Kriegsspiel auf, indem er sagt: »Fast alle Spiel sind schädlich und ärgerlich, aber das Schachspiel ist rühmlich und nutzlich. Denn wer den Schach hat erfunden, der hat ein Model gemacht der Kriegskunst. Denn es werden in diesem Spiel eigentlich und zum Grund repräsentiert alle die Päß und Contemplationes des Kriegswesens. Dann gleich wie dieses Spiel nicht wird regiert vom Glück und daher der Ueberwinder sich nicht halten kann für glücklich, noch der Ueberwundene für unglücklich, eben also soll man den obsiegenden Capitan nennen einen Weisen und den überwundenen soll man nennen einen ignoranten und gar nicht einen glücklichen oder unglücklichen. — Wer in diesem Spiel des Andern König zum ersten Schach oder Matt gibt, der hats gewunnen. Dadurch wird bedeutet, daß die ganze Stärk eines Kriegsheers bestehet an einem guten Obristen, der es regiert. — In diesem Spiel hat ein jeder Theil so viel Soldaten und Stuck, als

---

Ut gemini inter se reges albusque nigerque
Pro laude oppositi certent bicoloribus armis etc.

Man sehe L. Frhr. v. Arétin: Versuch einer Vergleichung des Schachspieles mit dem Kriege (Unterhaltungsblatt. Augsburg 1816. 4. Nro. 11. 12. 13.). — Das Schachspiel und der Krieg (Neue Jugendzeitung von M. J. L. Dolz. 1820. S. 97). — Mit einem Zweikampfe verglich es: Jul. Ascan. Tuccius, Duellum Scacchorum (übers. Duello degli scachi, tradotto da un Oda del Tuccio, da Bart. Barchelatti), mit dem Turnay Rabelais (Pantugruel V, 24. 25: Comment feut faict ung bel joueulx en forme de Tournay. Comment les trente deux Personnaiges du bal combattent). Mit der Fechtkunst verglich es Roux (Die deutsche Fechtkunst. Leipz. 1817. 8. Einleitung).

der ander, damit der verlustige Theil nicht sagen könne, daß ihm das Glück sey zuwider gewest, sondern daß er des Verstandes zu wenig gehabt. — In diesem Spiel ist geordnet, daß die **Peonen** oder Soldaten [18]) nit können wieder zurückweichen, denn es wird der Hauptmann dadurch **avisirt**, daß er die Felder zuvor wohl betrachten und in Acht nehmen sollen, ehe und bevor er seine Soldaten heraus schicke. Dann wofern sie sich zu weit hinauswagen, so können sie keineswegs wieder zurück, sondern müssen auf'm Platz bleiben. Denn es ist keinem Soldaten erlaubt zu weichen oder zu schlagen, wann's ihm gefallt, sondern er muß der Ordnung seines Hauptmanns geleben und sein Ort bewahren bey Pön und Verlierung seiner Ehr. — Ferner bringt die Ordnung dieses Spiels mit sich, daß derjenige Soldat, welcher sieben Felder sicher passirt, die Gestalt der Königinn an sich nimmt, und daß er hin und wider laufen könne, wohin er will; er darf sich auch beym König niedersetzen als ein befreiter und edler Soldat. Hierdurch wird zu verstehen geben, daß viel daran gelegen ist, daß man öffentlich **preconiren**, und ausrufen lasse, daß alle Soldaten, welche sich wohl halten und dem Feind einen merklichen Abbruch thuen, stattlich begabt, verehrt, zu Ritter geschlagen und sie und ihre Kinder geadelt werden sollen. — Dann vor Zeiten pflegt man nur diejenigen zu Ritter zu schlagen, und zu adeln, welche die tapferste und tugendsamste Thaten begiengen und nicht, die das meiste Geld haben, wie an jetzo geschieht«.

§. 3.

Der Mann hat die Sache gesund und lebendig nach dem Kriegswesen seiner Zeit aufgefaßt, und tüchtige Kriegshelden, Feldherren und Fürsten waren drum stets eifrige Freunde des sinnigen Spieles.

Herzog August von Braunschweig, der 1616 unter dem Namen **Gustavus Selenus** ein eigenes großes Foliowerk über das Schachspiel schrieb, sagt darin: »Gleichwie andere künstliche Spiele eine lustige Nachfolg- und Nachaffung eines ernsthaften geschafts seynd: also ist dieses Spiel, nichts anders, als einer ernsten

---

[18]) Bauern (s. §. 13.).

und rechtschaffenen Feldschlacht sinreiche und lustige Abbildung« [19]).

Kaiser Joseph II. strebte seine Officiere zum Schach zu ermuntern und vom Glücksspiele zu entfernen. Er selbst spielte Schach, und oft und gern. Kauniz, Lascy, Laudon — ihm nach.

König Friedrich der Große ermunterte seine Soldaten gleichfalls zum Schachspiele; und obschon er selber selten spielte, spielte er es sehr gut. In Rheinsberg hatte er es mit General Fouqué viel gespielt.

---

19) Im selben Sinne vergleicht auch schon der alte französische Roman de la Rose (1260) den Krieg zwischen Heinrich und Konradin (von Schwaben) und seine Flucht dem Schachspiele; Ausgabe von 1529: Le Rommant de la Rose nou- | vellement Reueu et corrige | oultre les precedentes | Impressions. | Paris. kl. 8. Bl. CXXVIII:

Ces deux comme faulx garcōnetz
Et rooz et folz et paonnetz,
Et cheualiers au ieu perdirent
Et tors de l eschequier saillirent,
Tel paour eurent or d estre prins
Au ieu qu ilz eurent entreprins.
Mais qui la verite regarde
D estre prins ilz nauoient pas garde
Puis que sans roy se combatoient
Eſchiec et mat rien ne doubtoient
Ne cil auoir ne les pouoit
Qui contre eulx aux Eschiecz iouoit
Fust a pie ou fust en arcons
Car on ne haue (salue) pas les garcons
Folz cheualiers sergens ne rocz,
Car selon la verite des motz
Je nen quiers point nulluy flater
Ainsi comme il va du matter,
Puisque des eschecz me souuient,
Si tu y scerviens il convient-
Que cil soit roy, que l'on dit haues
Quant tous ses hommes sont esclaues
Et qu il se voit seul en la place,
Et ne voit rien qui le soulace
Ains s'enfuyt par ses ennemys
Qui l ont en tel pourete mis. etc.

König Karl XII. von Schweden verbot seinen Soldaten alle Geldspiele, nicht das Schachspiel, das er selbst täglich spielte, selbst in Bender.

Eben so spielte König Heinrich IV. von Frankreich gern Schach [20]. Prinz Condé pflegte zu sagen: »Wer ein guter General werden wolle, müsse mit dem Schachspiele beginnen« [21].

Frühere Jahrhunderte nannten drum das Spiel, gleich der »ritterlichen mannlichen Kunst Fechtens« [22] — »das ritterlich kunstlich Schachzabelspil« [23] oder das »alte ritterliche Spil des Schachzabels« [24] oder »das edel spil« [25] oder »ein wichtiges hohes Golden und Ritterlich Spiel, was nichts gemeines in sich hält« [26]. Es heißt ferner das »sinnreiche und jeder Zeit hochberühmte Spiel« [27] das wundersame [28] — das un-

---

[20]) Le Cardinal du Perron jouoit aux echecs avec Henri IV; dans le tems qu'il playoit au Cavalier, il lui arriva de laisser aller un vent, qui fit du brui. Le Cardinal pour s'en tirer en homme d'esprit, au moins, dit-il, Sire, il n'est pas sorti sans trompette. (Lambe aus Le Passetems agréable. 1730. 8.)

[21]) Divertissemens innocens. 1694.

[22]) Fechtbuch. Diese Ritterliche Mannliche Kunst und Handarbeit Fechtens vnd Kempffens ꝛc. Frankfort am Mayn bei Chr. Egenolf (1558) 4. Dasselbe Werk mit „der Altenn Fechter anfengliche Kunst ꝛc. Zu Frankfurt am Mayn Chr. Egen." Siehe Jahns deutsche Turnkunst, S. 264.

[23]) J. Köbels Oppenheimer Ausgabe (1520) von Dr. Mennels Schachzabelspil (Costanz 1507) 4.

[24]) Christ. Egenolfs Frankfurter Ausgabe desselben Buches (1536).

[25]) Dr. Mennel a. a. O. Eben so 1408. J. Lydgate: notable, gentil ben andamerouse. — Philidor: Le noble jeu des échecs. Englich: noble game.

[26]) Gustavus Selenus 1616.

[27]) Weickhmann: 1664; und W. Lewis: That celebrated game of chess. London 1817. Arthur Saul, The famous game of chess-play. London 1572. 1614.

[28]) Lydgate History of the Siege of Troy, B. 2: and there was founde by clerices fall prudent of the chesse the playe moste gloryous, whiche is so sotill and someruylous. That it were harde the matter to disoryve. For thougk a man studied sallhis lyue.

vergleichliche [29]) — das angenehme [30]) — das nothwendige [31]); und wegen seiner geistigen Kraft hat man es auch stets der angehenden Jugend schon empfohlen [32]).

Nur ein trübsinniger Theologe konnte neuerdings seine »95 Sätze gegen das Schachspiel« anschlagen und sie »der zum Schachspiel verführten Menschheit, vornehmlich allen Schachklubben Deutschlands, ganz besonders der Schachgesellschaft zu Leipzig gewidmet« herausgeben [33]). Freilich hatte dieser gute Mann bereits viel ältere Vorgänger. König Jacob I. von England nannte das Schachspiel eine philosophische Narrethey [34]) und im Vermächtniß an seinen Sohn Heinrich [35]), wo er von den Spielen

---

[29]) J. S. Bingham: The incomparable game of chess. London 1820. — Il Giuoco incomparabile degli Scacchi. Modena 1769. 4. Venez. 1773. 1812. 8.

[30]) Claude Grachet: Le plaisant jeu des eschets — Rowbothum 1562: The pleusaunt and wittie playe of the Cheasts. — W. S. Kenny Elegant and scientific game (London 1817).

[31]) Necessario para la conservacion de la vida humana (Ruy Lopez de Sigura: Juego del Axedrez. 1561). Eben so preist das Schachspiel 1) J. Huarte von Navarra in seinem Scrutinium ingeniorum: 1627. 8. p. 304. 484. 488. 504. (spanisch: Examen de Ingenios; auch italisch, französisch, deutsch; englisch: The Triall of Wiss: by R. Cr. Esquire 1616. Auszug bei Twiss Chess: II, 68—75. Vgl. Bayle Diction. hist. et critiq. unter J. Huarte; und Antonii Biblioth. hisp. I, 543). 2) Louis Leveque de Pouilli: Théorie des sentimens agréables. (Auch englisch: Theory of agreable sensations. 1749. 12.)

[32]) Zeitung für die Jugend. 1807, Nro. 40. — Dolz, Neue Jugendzeitung. 1820, S. 97. — Gutsmuths Spiele (S. 483): „Jungen Leuten vom 12. bis 14. Jahre an, die des Tags hinlängliche Bewegung haben, empfehle ich das Schach, aber besonders Erziehern für solche Zöglinge, die bei guten Anlagen sich nicht fixiren lassen, weil sie lieber auf eine lärmende Art lustig sind, als am stillen Nachdenken Vergnügen finden".

[33]) Leipzig bei Serig (27 Kr.). Was würde der gute Mann sagen, wenn er wüßte, daß auf dem Zollhause zu Achdorf von den meisten damaligen Landshuter Professoren, Hofräthen, Theologen u. s. w., die zum Theil jetzt noch in München lehren, eine Schachakademie gehalten wurde. Vor uns liegt „Zweiter Jahresbericht vom Jahre 18 14/15". Landshut 20. Febr. 1815. fol. — Vergl. auch „Entwurf zur Bildung einer deutschen Schach-Akademie". Nürnberg, Stein. 1833. gr. 4.

[34]) Philosophica stultitia; a philosophical folly (Twiss, I, 15).

[35]) „Latrunculorum ludus displicet. Est enim nimis

redet, räth er vom Schachspiele ab, weil es den vom Arbeiten ermüdeten Geist neu anstrenge [36]. William Fulke nennt es dagegen 1563 das Philosophenspiel und recht gemacht für Studierende [37]; auf hohen Schulen wurde darüber dissertirt [38], den Studenten am geliebten Spiele Prosodie beigebracht [39], Fürsten haben darüber dicke Bücher geschrieben [40] und Bischöfe Gedichte gemacht [41].

Eben so hielt 1580 Montaigne das Spiel für kindisch und fad [42], und sagte: »Je hay et fuy le jeu des echecs de ce qu' il n'est plus assez jeu et qu'il nous esbat trop serieusement!« [43] Grade wie unserer Zeit Lessing vom Schachspiele sagte: »Für den Ernst zu viel Spiel, für das Spiel zu viel

---

consulta et philosophica stultitia. Cum etenim omnes ludi eum in finem inventi sunt, ut tantisper animos avocent a negotiorum molestiis, hic ludus operoso nugarum apparatu magis intendit animos, quam priores curae. (Donum regium oder Basilicon doron s. de Institutione Principis. Durch Joh. Christ. Becman, Frankfurt 1679. 4. S. 74 oder The works of the most higd and myhty Prince James: 1616, s. Twiss, I, 133.) Später giebt er folgende Spielregel überhaupt: Primo ex ludo nihil praeter animi recreationem captes, de nummorum, quos ponis, jactura nihil sollicitus. Secundo ne amplius ponas, quam inter asseclas libenter spargeres. Tertio ut ludas ingenue, ne doli aut mendacii consuetudo etiam per jocum obrepat".

[36]) Anders heißt es in Histor. Cartusior. B. I. (Muratori XII, 783): „Vir nobilis dominus Rizardus de Camino ... dum more nobilium scachis luderet pro solatio" (wohl wörtlich aus Jacob de Cessolis Titel): Barrington in Archaeologia IX, 31.

[37]) The most ancient and learned Play, called the Philosopher's Game invented for the honest recreation of the studious. By W. F. Inprinted by Rowland Hall 1563. 16. — Guillaume de Pegrat schrieb 1608 sogar La Philosophie royale, Jeu des Echecs. Paris. 8.

[38]) Vgl. z. B. Paul. Mart. Sagittarius Programma de ludo scacchico. Altenburg 1676. 4.

[39]) Ludus studentium Friburgensium, worinnen die Regeln der Prosodie durch das Schachspiel gelehrt werden. Frankfurt 1511 und 1512. 4.

[40]) Herzog August von Braunschweig-Lüneburg 1616 (davon später).

[41]) Bischof Vida von Cremona rc. Davon weiter unten.

[42]) Amusement ridicule etc.

[43]) Essais. London 1724. 4. I, 50, 334.

Ernst«. Rousseau, der zwar selber nicht spielte, bewunderte das Spiel sehr [44]). Dagegen sagt 1610 der Arzt Hippolytus Guarinonius in seinem »Büchle« von 1330 Folioseiten: »die Grewel der Verwüstung Menschliches Geschlechts« [45]), welches Schwallbuch er, als »Vnder aller vnderthänigstes, aller demütigstes, aller verworffnestes Knechtle — DEr Allerheiligsten, Großmächtigsten, vnd Vnüberwindlichsten Fürstin vnd Frawen Frawen, Jungkfrawen MARIA, Gekrönten Kayserin deß Himlischen Reichs, Großherrscherin der Neun Englischen Herrscharen, Gebornen Königin zu Israel, Churfürstin des Gelobten heiligen Lands, Fürstin auß Juda, Triumphierenden Zerknirscherin der alten Schlangen, Gewaltigen Veberwinderin der Heyden, Siegreichen Verwüsterin der Ketzern, Allermächtigsten Frawen der gantzen Welt, Jungkfräwlichen Gesponß, vnnd Mutter des Allerhöchsten, ꝛc. Meiner nach Gott Allergnädigsten Kayserin vnd Frawen« widmet: das Schachspiel ein fürnemmes, aber nit in gemein gebraüchliches Spil, mit welchem zuviel dik Gelehrten, wie auch Geistliche zu thun haben. Von welchem H. Vida ein besonderes Büchlein geschrieben, vbt den Sinn vnnd Verstand, jedoch nur den Spielern ergetzlich, den Zusehern sehr verdrießlich vnd langweilig, dabei man wenig redt, vnd nur vil spintisiren thut. Mir hat es niemals gefallen, vnd gefallt mir noch nicht. Weil der vil lustigern vnd benebens geringern Vbungen wol verhanden, darunder das Malen den principat vnd das Feld erhalten, Musica, das Predigen« u.s.w.

§. 4.

In tieferem Sinne warnte Johann Huß vor dem Spiele, weil er die Zeit und die Leidenschaft beklagte, mit der er Schach gespielt habe; und Johann Sabadino läßt in seinen Novellen [46]) den Francesco Malacarne sagen: der Teufel sei ein rechter Narr gewesen, daß er sich so viel Mühe gegeben, Hiob's

---

[44]) Confessions. — Twiss, I, 6.

[45]) Ingolstatt bei Angermeyer. 1610. gr. fol. Bl. 1226.

[46]) Settanta nouelle. Venedig 1483. 1510. fol. (Novella 56. Bl. 55. in der Ausgabe 1570.)

Geduld zu versuchen; er hätte ihm nur sollen ein Spiel Schach anbieten [47]).

In diesem Sinne warnt auch schon ein Gedicht des 14 — 15ten Jahrhunderts [48]): **Schâchzabel solt ir fliehen!** und noch früher (um 1300) Hugo von Trimberg in seinem Spruchgedichte der Renner:

> **Nu ist ein ander spil,**
> **des herren pflegen, von dem doch vil**
> **sunden unde schaden komet gerne:**
> **Schâchzabel ich iu daz spil nenne.**

Und noch früher (1200) Walther von der Vogelweide (31, 31) **Gast unde schâde kumt selten âne haz, nû büezet mir des gastes, daz iu got des schâches büeze.**

Unmuth und Zorn sind hier gemeint, und ältere Geschichten und Gedichte wissen davon viel Unheils zu erzählen [49]). Von Mißbrauch ist kein Spiel auf Erden, kein Ding in der Welt frei [50]). — Einer der fünf Hauptsprüche des ältern Schachspieles hieß daher:

> **Zürnen viel Verliert das spiel.** [51])

Aber schon **Ibn. Sherph Mohamed** [52]) mußte eine **Orationcula de laude et vituperio Shahiludii** schreiben, und **Al Razi** einen **Apologeticus pro ludentibus al Shatrangi** [53]). Soseike aber, der Araber, sagte: »Es ist ein Spiel, das alle Gläubigen [54]) spielen dürfen, ein Spiel, worauf von jeher und

---

[47]) **Io l hauerei facto iocare a tauole.**

[48]) Joseph von Laßberg, Liedersaal III, 165.

[49]) Siehe §. 19. 2c.

[50]) Siehe Morgenblatt 1813. Nro. 96. S. 381. — Moses Hirschal: „Ueber Nutzen, Gebrauch und Mißbrauch des Schachspieles". 1784. Vgl. Kausch, Freimüthige Unterhaltungen über die neuesten Vorfälle unseres Zeitalters. Leipzig 1791. 8. Bd. 2.

[51]) Mennels Schachspiel. Frankfurter Ausgabe 1536. 4.

[52]) **Thom. Hyde. I, 35.**

[53]) **Thom. Hyde. I, 182.**

[54]) Joh. Bapt. Thiers schrieb 1686 einen **Traité des jeux et des divertissemens, qui peuvent être permis ou defendus aux chretiens; selon les regles de l'eglise, et les sentimens des pères. Paris 1686. 8.** (darin auch vom Schach). **Vergl. Louis Thomassin Ancienne et nouvelle discipline de l'eglise. Paris 1725. fol.**

mit Recht alle große Fürsten und Könige ihre ganze Sorgfalt gerichtet haben«. Das Mittelalter rechnet es unter die sieben probitates des ritterlichen Mannes, welche hießen: Reiten, Schwimmen, Schießen, Ringen, Vogelfang, Schachspiel, Saitenspiel [55]). Daher in den mittelhochdeutschen Gedichten von einem guten Rittersmann außer Tapferkeit, Ringfertigkeit des Leibes, Jagdlust u.s.w. auch sein Schachspiel gerühmt wird:

Birsen, beizen unde jagen
Kunde er wol und treip sîn vil.
Schachzâbel unde seitenspil
Daz was sîn kurzewîle [56]).

Auch den Geistlichen war Schachspiel von vielen Seiten her erlaubt. Papst Leo X. verdammte das Würfelspiel, Schach aber spielte er sehr gern und gut [57]), gleich Dr. Martin Luther [58]).

Sehr bezeichnend fanden sich in der Heidelberger Bibliothek beisammen der Text der Offenbarung Johannis, Erklärung des heiligen Thomas darüber, eine Abhandlung über die Beichte und Expositio ludi scacorum in Einem Bande [59]). Bei Joh. Aquila von Tübingen in seinem Opusculum enchiridion appellatum ferme de omni ludorum genere [60]) heißt es: Scacorum absque projectione taxillorum ludus rite circumstantionatus videtur clericis inter se ut laycis permissus secundum (glossatores). Ludus sine taxillis prohibitus esse (clericis) non vi-

---

55) Petri Alfonsi Disciplina clericalis (Ausgabe von Valentin Schmidt S. 44. 115. 116.): Probitates vero hae sunt: equitare, natare, sagittare, cestibus certare, aucupare, scacis ludere, versificari.

56) Konrad von Würzburg Der werlde lôn, V. 26—29.

57) Aleam semper damnavit, ut rei familiari moribusque pestiferam. Latrunculos autem adeo subtiliter et acute vel cum exercitatissimis colludebat, ut nemo ei vel peritie vel celeritate committendi conficiendique proelii aequari posse videretur. (Paul Jovius Ep. Nucerinus: de Vita Leonis X. IV, 86.)

58) Matthesii Predigten von der Historia Dr. M. Lutheri XVII, 209 2c.

59) Wilken Geschichte der Heidelberger Bibliothek S. 63.

60) Opvscvlvm en- | chiridion appellatum Joannis Aquilę Fermo de | omni ludorum genere. | Impressvm | Oppen- | heim. (1.5.16.) 4. Bl. XIIII[b].

detur. In eo enim humanum ingenium exercetur. Nisi tempore penitentie, neque ex causa auaricie, neque publice aut sacro tempore quo deberent divinis interesse et sic coram laicis non debent clerici in scacco ludere, ne videantur eis scandalum praebere secundum etc. Und Pedro de Kowarrubias vom Predigerorden bearbeitete selber das Schachspiel, das ohne Beleidigung Gottes und nach Autorität der heiligen Lehrer gespielt werden dürfe [61].

Dagegen war es auch vielfach den geistlichen Herren geradezu verboten. So verbietet es Petrus Damianus, der auch strafend an einen Florentinischen Bischof schrieb, weil er auf der Reise Schach gespielt, nebst Würfel-, Jagd- und Federspiel [62]. Desgleichen der heilige Bernhard [63]) und Bischof Bdo von Paris duldete es nicht einmal daheim [64]. Den Mönchen zu Zier wurde 1310 Schach- und Kegelspiel verboten (scaci, globi) [65]. Dagegen war Schach- und Brettspiel in den Städteordnungen erlaubt wie solche Du Fresne von Marseille [66], Bologna [67], Bergamo [68], Verona ꝛc. [69], Murr von Nürnberg [70])

[61]) Rimedio de' Giuocatori, composto per il R. P. M. Pietro di Cobarubias dell' ordine de' Predicatori, nel quale con l'autorità de' sacri Dottori s' insegna à giuocare senza offésa di Dio, e vi reprobano i cattivi giuochi dimostrando quanto fieno dannosi alla republica. Nuovamente di lingua spagnuola tradotto dal S. Alfonso Ulloa. Venedig, Vulgriso 1561.

[62]) I, 10: Venatus, aucupium, alearum insuper furiae, vel scachorum, quae nimium de toto quidem sacerdote exhibent mimum. — Epist. Damiani (Paris 1610. S. 45) im Brief an Pabst Alexander II. (1061—1073): Mane mihi significatum est, quod praedictus Episcopus ludo praefuerit Scacchorum. Quod profecto verbum velut sagitta cor meum acutissime perpugit.

[63]) Exhortatio ad milites templi, ep. 4: Scacos et aleas detestantur.

[64]) Praecept. Synodal. §. 29: Ne (clerici) in suis domibus habeant scaccos, aleas vel decios omnino prohibetur. Vgl. Le Grand Fabliaux ou Contes du 12 et 13 siècle. 1779, aus den Ordonnances des Rois de France.

[65]) Concil. Trevirens. (Marten. et Durand Thesaur. IV, 249).

[66]) Statutes de Marseille p. 505: Ludere ad scacos et ad tabulas.

[67]) Statuta Bononiae.

anführt. Die Statuten der Stadt Bockholt im Münsterischen [71]) sagen: »Allen Börgern, Inwoners, Kindern und Knappen is vom older Insettunge des gemeinen Stades verboden, dat nemand döbelen, crucemunten, off enig Spil spelen sol, dar men Geld meda winnen of verleuren mach, uppe geiner Steden ofte tiden, buten ofte binnen Bockholt netgesagt, schaktafeln werftafeln bozelen (kegeln) oft derglikan, ok nit gesagt alle Nüjars Awende um der h. dre Könige Awende, war dat dan geschege, mit Brölikheide in Gasterien, in geselschapen, in ein loenen Becken mit tewen Dobbelsteinen, da mesta ogen to werpen« [72]).

In einer Ulmer schriftlichen Zusagsurkunde vom Jahre 1461 heißt es: »Nachdem sich Peter Krafft der jüngere eine Zeit her mit Spielen und Karten nicht löblich gehalten, und sich dadurch merklich Schulden zugezogen, verpflichtet er sich gegen seinen Vater Konrad Krafft und gegen seine Mutter Agathe von Bayßwieln, hinfort nicht mehr zu spilen, noch zu karten noch kein ander Spil zu thun, weder allein das Schachzagel zu zichen und mit dem Armbrust zu schießen«. Eben so wird den Regensburgern 1393 alles Spielen verboten, ausgenommen Schafzaln und Spielbrett [73]); den Rittern aber und ihren Frauen im Kloster Ettal wurde 1332 verboten, »weder wurfzabel (Würfelspiel) noch dhein ander spil vmb gelt nicht treiben« [74]).

§. 5.

Aber kehren wir zu der ursprünglichen Bedeutung des Spieles zurück! Wie es ein Kampfspiel der Geisteskräfte immerdar bleibt, so ist es auch in Wirklichkeit als Abbild alt-

---

68) Statuta Bergami.

69) Liber Juris Civilis Veron. und Du Fresne Glossar. unter Scaci.

70) Murr Journal: II, 99. (Nürnberger Pflichtbuch um das Jahr 1381.)

71) Nunning: Monum. Monast. S. 280.

72) Am h. Drei-König-Abend spielt der König von England noch mit seinen Großen Würfel. Der Gewinn fällt jetzt den Armen zu.

73) Gemeiner Chronik von Regensburg II, 301.

74) Monumenta boica VII, 238.

morgenländischer Heereseinrichtung oder Schlachtordnung, und zwar der altindischen erfunden und eingerichtet worden; und ist somit zugleich eines der ältesten Geistesspiele der Welt.

Das Mittelalter hegte vom Lande und Urheber der Erfindung eine Menge abweichender und sonderbarer Sagen, welche in den Handschriften jener Jahrhunderte, ja auch in späteren gelehrten Druckbüchern uns vielgestaltig begegnen. Für abendländische Gelehrtheit oder Engbelesenheit lag nahe, wie bei Allem, nicht über Troja hinaus zu denken; und es ist nur zu verwundern, daß nicht der Zauberer Virgilius, der doch sonst für Vieles, wenn nicht für Alles im Mittelalter einstehen mußte, das Ganze hat erfinden müssen [75]). Bei Troja sollte Palamedes von Euböa das Schachspiel erfunden haben, um bei der zehenjährigen Belagerung den leichtgeistigen Griechen die Langeweile zu kürzen. Das wurde lange von Vielen behauptet und geglaubt [76]).

---

[75]) Vergl. Alt-Englische Sagen und Mährchen, von W. J. Thoms, übersetzt von R. O. Spazier. Braunschweig 1830. I, 73—140. — Vida erfand sich (licentia poëtica) eine Nymphe Scachis, idis, nach der das Spiel genannt worden sein soll.

[76]) Schon Suidas (unter *Τάβλα*) sagt: „Tabula est nomen lusus, quem Palamedes magna cum sapientia invenit, ut exercitus Graecorum haberet, quo tempus falleret“. (Siehe daher unter Frixillus.) Genauere Untersucher weisen dem Palamedes die *κυβεία* (cubi, tesserae: Plin. H. N. VII, 56) und *πεττεία* (calculi oder lapides Palamediaci: Cassiodor. VIII, 31) zu. Vergl. Sophocles und Theocritus Idyll. 6. — Gustavus Selenus p. 274. — Hyde I, 46. 47. — Günther-Wahl S. 85. — Vgl. H. Stephanus Thesaur. unter *πέσσος*, *πέττος*, *πεττεία*; ferner Vossius, Salmasius, P. Sirmond; Lloyd Poetical Dictionary (unter Palamedes). Barrington (Archaeology IX, 18) beweist, daß Griechen und Römer das Schachspiel gar nicht gekannt haben. — Das Schachspiel hieß aber vielfach Ludus Palamedis (Jac. Balde: De ludo Palamedis, mit der Scachia des Vida. Rudolst., Fröbel. 1820. 8.) oder Palamedis tabula lusoria (Cedrenus Histor. compend. Paris 1647. S. 125). Es erschien sogar Souteri: Palamedes redivivus. De tabula lusoria, alea et variis ludis (Leyden 1625. 8. als Anhang zu Meursii Graecia ludibunda) und Palamedes redivivus, d. i. Unterricht im Stein- und Schachspiel, Piquet &c. Leipzig 1679. 1722. 1733. 1739. 1749. 1755. — Für Palamedes war auch Carrera: Il giuoco degli Scacchi (Militello 1617. 4. cp. 1. p. 19). — Eben so Julius Ferretus: De re militari. Tit. de milit. otio. n. 11. — Erasmus Adag. chil. 3, cent. 2, 28. Eben so James Christie Inquiry into

Doch sagt schon um 1290 Jakob von Cessolis [77]: Etlich die ſprechent daz doch niht wâr iſt, daz ez wurde funden vor Troy, wan daz ſpil kom ûz Chaldea under die Kriechen dô wart ez erſt gemein. Darnach zuo Alexanders zîten des grôzen dô kam ez in Egiptenlant und darnâch in daz lant gen ſuden. Alſô ſaget uns ein kriechiſcher meiſter, der heizet Diomedeus. — Auf dieselbe Weise erzählt 1507 Dr. Mennel, daß, nachdem Evilmerodach zur Erfindung Anlaß geworden, Diomedes das Spiel nach Griechenland gebracht, von wo es sich zu Alexanders des Großen Zeit über Aegyptenland verbreitet habe, und so auch nach den deutschen Landen gekommen sei [78].

the Ancient Greek Game supposed to have been invented by Palamedes, antecedent to the siege of Troy; with Reasons for believing the same to have been known from remote antiquity in China, and progressionly improved into the Chinese, Indian, Persian and European Chess. Lond. 1801. 4.

[77]) Nach der deutschen Uebersetzung Cod. Germ. Monac. membr. n. 49. 4°. Bl. 1407.

[78]) Gegen Palamedes schrieb 1690 Marco Aurelio Severino (Dell' Antica Pettia overo che Palamede non è stato l'inventore degli Scacchi, trattato di M. A. Severino, medico e filosofo Neapolitano. In Napoli, a spese d'Ant. Bulifon. 1690. 82 S. 4°.). Vergl. Giornale de' letterati di Parma. 1690. p. 228. — Vgl. Barrington in der Archaeologia. Bd. IX. Hierher gehört der Vers des Pseudo-Ovidius de Vetula (Opp. ed. Burmann I.): Est alius ludus Scacorum, ludus Ulyssis. — Der ganze Glaube beruht auf Gleichstellung des Schachspieles mit dem Ludus latrunculorum der Alten. So sagt z. B. J. Laurentius Luc. in seiner Polymathia (Lyon 1666. fol. IV, 8, 321): „Latrunculorum ludus apud Graecos et Latinos usitatissimus, qui belli simulacrum ad vivum refert: Scacchorum nos dicimus". Genaueres darüber in Wielands deutschem Mercur, 1781. S. 137. — David Clerici (Leclerc) Orationes, Computus ecclesiasticus et Poemata (Amsterdam, Wetsten. 1687. 8.) Or. VII, 86. De latrunculorum Ludo Oratio. — Petronii Arbitri Satyricon (Traject. 1709. 4. ed. Burmann) cp. 33. p. 129. — Robert Holicot, De ludo latrunculorum vulgò degli Scachi (Altamura Bibl. Dominic. Rom 1677. f. p. 123). Giuseppe Averani, De Calculorum seu Latrunculorum ludo Diss. (1662—1738). Siehe Miscellanea di varie Operette. Venedig, Thomas Bittinelli, 1743. 12°. VII. n. curr. 160. — J. Fr. Gronovii: de Sestertiis s. pecunia veter. III, 15. — Fr. M. Turrigius in Graevii Thesaur. ant. rom. XII, 397. — Montfaucon Antiquités.

Andere träumten aus Herodot (Clio), zwei lydische Brüder, Lydus und Tyrrhenus, welche das Schachspiel aus Hunger erfunden hätten; weil zwei zum Spiele gehören. Atys, ihr Vater, habe darauf, um der Hungersnoth willen, ihr Volk getheilt: Lydus sei im Lande geblieben und Stammvater der Lyder geworden; Tyrrhenus aber mit großer Zahl des Volkes nach Italien gezogen, und habe das Land und Volk der Tyrrheni genannt [79].

Wieder Andere nennen einen Attalus als Erfinder des Schachspieles, 200 Jahre vor Christi [80].

Noch Andere wollen gern den Aegyptern, die bekanntlich auch Alles erfunden haben müssen, die Ehre zuerkennen, daß sie des Schachspieles Erfinder gewesen [81].

(Paris, 1722—24. f.) III, 334. — Catalecta Virgilii ed. Scaliger. Leyden 1617. 8. p. 122. — Gottfr. Wilh. Leibnitz Annotatio de quibusdam ludis, inprimis de Ludo quodam Sinico differentiaque scachici et Latrunculorum, et novo genere Ludi Navalis (Miscellanea Berolinensia. Berlin 1710. S. 22—26). Will. Lewis Oriental Chess etc. London 1817. 2 Bde. 12. — Netto (das Schachspiel, Berlin 1827. S. 2) weiß, daß die Römer den ludus latrunculorum oder latronum von den Persern im Kriege in Africa (sic) gelernt hätten.

[79]) Thom. Actius Forosemproniensis: De ludo scacchorum in legali methodo; tractatus, nunc primum in lucem editus c. Summariis et indice. Pisauri, apud Hieron. Concordium. 1583. 4. — Ruy Lopez: Libro de la invencion liberal y arte del juego del Axedres. Alcala 1561. — Damiani: Libro de imparare giuocare a Scachi in lingua Spagnola et Italiana, 1524 (2. Ausgabe): „Altri dicono che furono dui fratelli li quali se chiamaveno Lidio et Tirreno, li quali afflitti con una grande fame per passare il tempo et non patire tanta fame et afflittione ordenarno questo gioco et cosi se passarno quello infortunio de modo che con questo gioco passaveno il tempo et non mangiaveno se non tre volte in duoi giorni". (Auch in Rowbothum: The plesament and wittie playe of the Cheasts. London 1562.)

[80]) So der Roman de la Rose (gedr. 1529. Bl. CXXVIII.b): Car ainsi le veult attalus, Qui du ieu d'Eschetz trouua lus, Quant il traictoit l'arimestique. Eben so John Bossewell (Works of Armoire, printed by Richard Tottel. London 1572. 4.): This game (the playe of the Chesse) was first invented by Attalus, ar master G. Chaucer reporteth in hys dreame.

[81]) So Jodocus Damhouderius Paraenes. Christ. in Admon. ad Milit. p. 229: „Inter omnes ludos ingenii haud vulgaris habetur Scachicus ab Aegyptiis rerum abstrusarum indagatoribus et

§. 6.

Bezeichnender schon wies eine andere Sage früh nach Persien oder Chaldäa, spaltete sich aber in mancherlei Namen-Angaben, darin nur übereinstimmend, daß ein greiser und weiser Rath eines herrischen jungen Königes, welcher letztere der Kummer und Schrecken seiner Völker war, das Schachspiel erfunden habe, sich damit an seinen Herrn gewagt und ihn im Spiele belehrt, gemildert, umgewandelt habe.

Die Einen nennen einen persischen Erfinder Buzurge Mihiro [82]); Andere und Mehrere den persischen Weltweisen Xerxes Philometor [83]), um den grausamen König Evilmerodach

---

ingenii cultoribus inventus, quamvis alii Palamedi ascribunt. — Eben so Lud. Coelius Rhodiginus XX, 19. Und wirklich finden sich in den Hieroglyphen-Tafeln von Dr. Burton (Nro. 1.) zwei schachähnliche Tafeln; eben so am Tempel zu Theben.

82) B. d'Herbelot Biblioth. orientale. Paris 1697. fol. p. 218. 383. 767. (Opp. Oxon. 1699. p. 59 etc.)

83) So um 1290 Jakob von Cessolis („aus Diamedes"), ihm nach 1337 Konrad von Ammenhusen, 1450 Meister Ingold („ein heidnischer Meister wz in caldaa, d' hieß Xerxes der philometer, der hat dz spil erdacht"), 1507 Dr. Mennel, 1696 Olearius in Saadi's Persianischem Rosenthal (Hamburg. S. 84) aus einem „gar alten holländischen Buch, so er in Sr. Fürstl. Durchlaucht des regierenden Herzogs von Holstein Bibliothek angetroffen". — Vgl. Caxton The Game at chess, 1474 (Philometer the Philosopher). — Lucas Wiel de ludo Scacchorum, p. 2. — Vidae Scachia. — Polydor Vergilius, De Inventoribus rerum. — I. Lydgate (History of the Siege of Troy, gedruckt 1513 auf Geheiß Königs Heinrich VIII.): „(The chesse) it was first founde in this vitie (Troja). || During the syege lyke as sayth Guido [de Columna] || bat jacobus de vitriaco [Bischof in Paris 1230: Historia orientalis et occidentalis] is contrary in his opykyon, || for lyke as he maketh playnly mencion, || how Philometer a philosopher wyse, || unto a kynge to stynte his crueltee, || founde first this playe and mode it in Caldee || and into Grece from thence it was sent". — Andere sind ungenauer, z. B. Purcha, Pilyrimage 1625. fol. Th. IV. The game of Chesse (London 1563): „The invention wherof is due to Xerxes the Philosopher"; aus Dithmar Blefka Reise nach Island (1562, gedruckt 1607. 12. zu Leiden S. 38): Ludus scacorum, quorum inventum Xerxi philosopho debetur. — A pleosante compendious History of the first inventors of arts, laws, costoms, in the whole world von T. H. 1685: „Chess was invented in the year 3635 by a certain wise man named Xerxes to shem to a

zu bekehren, den Andere Ammolin oder Amilin von Babylon nennen [84]).

---

tyran, that maiesty and authority with out strength and assistance, without he halp of men and subjectes wos casual to many calamities".

[84]) Ruy Lopez de Sigura (Iuego de Axedres, 1561): Xerxes en el tiempo que regnana en ella Amilonei y por cognomento Euilmerodach hijo de Nabucodonosor 3400 annos despues de la creacion del mundo, 9560 annos antes de la verida de Christo Saluador nuestro al munde. — Evilmerodach nennt auch Hartmann Schedel (Chronica. Nürnb. 1492. f. 62): Ludus Scacorum reperitur ab Xerxe philosopho pro correctione Euilmerodach tyranni, qui sapientes et ministros suos occidere consueverat; quo solatio retractus fuit a tyrannide ad emendationem. — Eben so David Clevicus (Orationes 1657. 8. Oratio VII). — Olearius (z. Schach Sadi Pers. Rosenthal VII, 13. Amsterdam 1696 f.) macht den König Evilmerodach zum Minister Elmeradab, des persischen Königs Cosroes (Cyrus). Evilmerodach [dessen Name אֱוִיל מְרֹדַךְ — 2 Könige 25, 27. Jerem. 53, 31. — bei Josephus Antiq. 20, 11, 2. Ἀβιλαμαρώδαχος, Contra Apion. I, 20. Εὐειλμαράδουχος, bei Eusebius Pr. Ev. IX, 40. Εὐιλμαλούρουχις, Chronic. gr. arm. lat. Evilumarudochus und Amilmarudochus, in Syncelli Chronograph. p. 220. 230. Εὐιλὰδ-Μερόδαχ, p. 208. Ἰλλουαρουδάμος, p. 209. Ἐβιδάν Μεροδάχ, in den LXX. interpr. 4. 2 Könige XXV, 27. Εὐιαλμαρώδεκ, Jer. LII, 31. Ουλαιμαδάχορ, Canon Ptol. Ιλλοαρούδαμω klingt] ist im Mittelalter eine mythische Tyrannengestalt geworden. In Lamprechts Alexanderliede (des 13. Jahrh.) heißt es (V. 3204 ꝛc.): Ouh funden ſi zwâre einen ſarc gleſin. Er was ſô ſcône unde ſô clâre, Daz man dâr durch wol geſach Einen tôten, der dar inne lac. Si beſâhen vil garwe Sîn hâr unde ſîn varwe. Unde wie er getân was. Der ſarc was grüene als ein gras. Des ſelben tôten mannes name Was gegraben darane. Er hiez evilmerodach, Der künec in babilônje was. — Babylonien (Chaldäa) wird vielfach genannt. Auch der Spanier Tixeira (I, 35) sagt: Fue inventado en Babylonia. Im Gedicht vom Sänger-Kriege auf der Wartburg (von 1217) heißt es: Daz hât Zabulônes buoch geſeit Von Babilon (vorher ist von rîter unde roch die Rede) und: des mich von Babilonie Savelon beſchiet und: Schâchzabel half er (Kleſtrones) ſider ſpilen Dem edeln künec Firol, der truoc ez an der hende ſîn. Es galt dri künicriche unde zwelef lant. — Der obengenannte babylonische König Ammolin, Amilin, Amilon möchte wohl in dem beigebrachten Amilmarudochus seinen Anklang finden. Gustavus Selenus nennt ihn vereint Amilinus Evilmerodoch und bildet ihn vereint mit Xerxes Philometer ab.

Jakob von Cessolis erzählt diese Erfindung 1290 also [85]:
Nû geschach daz, daz ein künec was ze Babilôn, der hiez Evilmerôdach; der was als freissam daz er sînes vater lîp in drîhundert teil sluoc und gap daz vleisch drîn hundert hüetgeizen. Under andern bœsen dingen, die an ime wâren, dâ was daz daz bœsest, daz er die hazzete, die in strafeten und er si tœtte.

In disen bœsen dingen volgete er sime bœsem vater nâch, der die wîsen in der stat Babilôn hete gedaht ze tœten, wan si niht mohten gesagen sînen troum, der im getroumet was, als hêr Daniel der wisage schribet.

In den selben zîten, dô derselbe künec Evilmerôdach was, dô wart daz schâchzabel funden.

Daz spil hât funden ein meister, der hât geheizen Xerses in Chaldêa, der was ein sô belûhter meister daz sich der meister in Kriechen vil nâch ime nanten. Der meister was mit gerehtikeit gekleidet, daz er mêr wolt daz er in gerehtikeit stürbe dan daz er in küneclîcher wirdekeit sæze und nâch sînem willen wâre bescheidenlîch und nâch sîns herzen lust lebete und er smechlîchen vertrüege des küniges schedeliche freisheit und darumbe daz er sîn freissamez leben, daz verwerfenlich bôse und übel was an werken, wan er vil sîner wîsen ungerehticlîch und als ein wüeterich ertoëtet het, die in umbe sîn missetât gestrafet heten.

Nu sprâch zuo ime daz gemeine volk: „dir ziemet baz daz du sterbest, dan daz ein sô schemelîchz leben sî, daz er trîbet, und man spricht, daz tue er von dînem rât. Also wolt der edel meister Xerses, der ditz spil funden hât, wagen sîn leben durch des rehten willen. Xerses vorhte, daz im von dem künec der tôt gemachet wurde, ob er in strafete umbe sîne missetât; darumbe dâ in nu drucket diu angest des tôdes, dâ vergaz er allez entfintlîchez dinc und gap sich inwendic dem muet und vant er daz spil und lêret daz streitbare herzoge und frîe graven und ander edele hêrren, die in dem hove wâren. Und dâ der künec den edeln und den kluogen sîn ersach ûf dem kurzewîligen spil, dô wolt er ez ouch

[85]) Nach Cod. mon. germ. ch. 49. 4°. (1407).

lêren und bat den meister Xerses, daz er in ez ouch lêret. Dô sprach der meister zuo dem künec: Daz spil sol nieman lêren, den der an sich neme junger sit und damite meinte er daz er sich lieze strâfen. Des gehal im der künec und sprach, er wolde sich lâzen strâfen gerne Und des zwanc in des spiles schœne und iteniwe.

Dô zeigete und underwîsete Xerses den künec der velde und ouch des gesteines, mit der gestalt des küniges und der künegin und des andern gesteines zôch er im zu sîten und gap im ein lôbelîch bilde darinne zuo der gerehtikeit und ze schœner geberde.

Und dô der künec hôrte die strâfe, darumbe daz er manigen wîsen hete ertœtet, dô gebôt er ime mit eime drôlîchen gebote, daz er ime sagete, warumbe er daz spil funden hete. Des antwurte ime Xerses und sprach: „O du lieber hêrre und künec, mînes herzen begirde und wille stêt darnâch, daz du habes ein gelobetez fürstlîchez leben, daz niht streflîch sî vor der menschen ougen und dar umbegeben sî mit gerehtikeit und gezieret mit tugent und in dem dich alliu lant liep haben, wan du herschetest den liuten niht vor rehte, sunder mit einem betwungenem gewalt, wan wiltu gebieten den andern und maht dir selbem nihtes gebieten. Du solt gedenken daz betwungeniu rîch âne reht niht werhaft sint und da von suln die künige gedulticlich vernemen, wer si strâfet“.

§. 7.

Gegen alle bisher mitgetheilten Behauptungen über die Erfinder des Schachspieles wurde früh angestritten [86]), und ein geschichtlicherer Sinn [87]) blickte von Persien bald nach Indien hinüber, wohin auch persische Sagen selber deuteten. Der persi-

[86]) Außer Severino's angeführtem Werke gegen Palamedes Erfinderschaft auch Vincent Castell: De rebus a Palamede inventis. — Thom. Actius, De ludo scacchorum. — Jac. Mycill. Explic. Ovid. etc.

[87]) Petrus Martyr. — William Jones, On the Indian Game at Chess in Asiatic Researches. Calcutta 1788. 1790. 4°. II, 159—165 und seinen Works. London 1799. I, 521—527; ferner Francis Douce (Archaeologia. London XI, 397). Andere Werke von Lewis, Cox, Irwin später.

sche Geschichtschreiber Myrkond fand, daß während des Königs Cosroes (Kyrus) Herrschaft im Jahre 563 das Schachspiel aus Indien nach Persien gebracht worden sei; und bald wurde auf einen Indischen Weltweisen [88]) die oben angedeutete Tyrannensänftigungs-Sage übertragen. Nur wechselte sein Name vielfach. Die Einen nennen den Erfinder Ledschladsch [89]), Andere Nassir [90]); endlich am häufigsten Zezeh [91]), Ziza oder Sessa Ibn Dahir [92]), den schon Ibn Chalikhôn der Araber im 13ten Jahrhundert nennt; eben so Elzafedi und Sofeiker.

Gelebt aber soll Jener haben unter dem großen Perserkönige Schahrâm [93]). Die persisch-arabischen Schriftsteller Mirchond, Chondemir, Massudi, Ferdusi [94]), Ibn Chalikan, Assephadi [95]) erzählen einmüthig, daß das Schachspiel zugleich mit dem zum europäischen Volksbuche gewordenen indischen Fabelbuche **Kalil a dimna** [96]), um das Jahr 600, zur Zeit des persischen Königs Anuschirwan, d. i. Coshra Nuschirvân, der 579 nach Chr. (als Justinians Zeitgenosse) starb, aus der indischen Stadt Kanope vom dortigen Könige [97]) nach Persien gekommen sei [98]).

---

[88]) **Helvetius Traité de l'Esprit etc. Paris 1758. 4.**

[89]) Wie Klippklapp? Trictrac?? — Günther Wahl, Geist und Geschichte des Schachspiels, S. 90. Das persische Wörterbuch, genannt das Siebenmeer V, 55. Ledschladsch heißen auch die Vorsteher der Spielhäuser und Gönner der Spieler. (Burh. S. 732.)

[90]) Fischer in seiner dichterischen Erzählung von der Erfindung des Schachspiels in der deutschen Monatsschrift: 1797 S. 271; abgedruckt in Koch Codex der Schachspielkunst 1813, S. 7 rc. und in Netto Schachspiel S. 12 rc. — Vgl. Kenny Schach-Grammatik. Aus dem Englischen. 1821. S. 1 rc.

[91]) Ob daraus Xerxes, Serses wurde?

[92]) **Hyde, de ludis orientalium. Oxon. 1694. — I. Wallisius, De progressione geometrica. Oxford 1699 (Opp. I, 159).**

[93]) Die nähere Untersuchung hierüber bei Günther Wahl a. a. O. S. 88—91 rc.

[94]) In seinem **Schachname.**

[95]) **Wallis opera I, 159. Hyde, De Schahiludio I, 33. 36. 39. 40. 47.**

[96]) Das ins Persische, Arabische, Hebräische, Türkische und alle abendländischen Sprachen, als die Sieben Weisen Meister, als Theil der **Gesta Romanorum** übersetzt wurde. Sein Verfasser wird genannt **Wishnufsarman.**

[97]) **Rai** d. i. **râjâ**, Herrscher, **rek, reiks.**

Von den Persern aber kam das Spiel thatsächlich zu den Arabern [99]), weßhalb die Benennungen des morgenländischen Schachspieles uns zunächst persisch=arabisch entgegen klingen [100]), während sie im Indischen allein ihre ursprüngliche Deutung finden.

Durch die Araber rückte das Spiel zum europäischen Westen vor. Schon König Pipin schenkte im Jahre 764 dem Kloster Maussac ein krystallenes Schachspiel [1]); und Karl der Große soll vom Kalifen Harum al Raschid unter andern kostbaren Ehrengaben ein elfenbeinernes Schachspiel erhalten haben, dessen Figuren noch heute im Museum zu Paris aufbewahrt werden, wohin sie die Revolution von St. Denys entführte. Vielleicht waren sie, wie jenes pipinische Schachspiel, einst hieher geschenkt worden [2]). Sie tragen arabische Anschriften [3]), und haben sie auch nicht jene Herkunft [4]), so gehören sie doch einer frühen Zeit

---

[98]) Bohlen: das alte Indien. Königsberg 1830. 8. S. 67. — Freret, Origine du jeu des échecs. — Thom. Hyde, De ludis orientalibus (Th. I. Historia Schahiludii). — Netto: das Schachspiel. Berlin 1827. 8.

[99]) Fälschlich sagt Warton (Essay on Pope): The game of chess thet admirable effort of the human mind, was by then Saracens invented.

[100]) Schon Arabschadas (im Leben Timurs) versuchte die Namen der Schachsteine rein=arabisch zu deuten; Timur aber verstand selbst kein Arabisch.

[1]) Scachos crystallinos et lapides pretiosos et auri plurimum. (Acta Benedict. Saec. B. Th. II, 192.)

[2]) Welche Hyde S. 72. 132. mittheilt. Er las: „Ex opere Josephi Nicolai", als eines europäischen Künstlers; Madden (Archaeologia Bd. XXIV, S. 208) liest: „Ex opere Josephi al Nakali", d. i. Joseph von Nakali, einer Stadt in Kleinasien (türkisch Aineh-ghiol).

[3]) Die Histoire de l'Abbaye de S. Denis von Jacques Doublet (Geistlichem in St. Denis) von 1625 (Paris, 4.) sagt: L'Empereur et Roy de France, Sainct Charle magne, a donné au Thresor de Sainct Denys un jeu d'eschets, avec le tablier, le tout d'yvoire, iceux eschets hauts d'une paulme, fort estimez: le dit tablier et une partie des eschets ont esté perdus par succession de temps, et est bien vray semblable qu' ils ont esté apporté de l'Orient, et sous les gros echets il y a des caractères arabesques.

[4]) Schon Wieland (deutsch. Mercur 1781, S. 137) zweifelte an ihrer Karolingischen Aechtheit. — Vergl. Freret, Origine du jeu des

an, wie noch mehr freilich die 1832 auf der schottischen Insel Lewis gefundenen 67 Stück, aus Elfenbein oder Wallroßbein geschnitzten Schachfiguren [5]), von welchen mit jenen gleich weiter die Rede sein wird.

Der griechische Kaiser Nikophoros schrieb im Jahre 802 an den genannten Kalifen Harum al Raschid, daß die Königinn Irene, die Mutter Konstantins, der er gefolgt sei in der Herrschaft, ihn einen Roch und sich einen Bauer genannt habe [6]). Beweis, daß das Spiel damals schon unter den Griechen allgemein bekannt gewesen sein muß. Ludwig der Neunte von Frankreich hatte (um 1235) vom Alten vom Berge, dem Assassiner-Fürsten, ein Schachspiel von Krystall und Gold erhalten [7]). Die Kreuzzüge und der mit ihnen in engster Verbindung stehende Handelsverkehr verbreiteten das Schachspiel schnell über ganz Europa aus. Der Mönch Robert von St. Remy erwähnt auf dem ersten Zuge 1095 bereits der scacci unter den Vergnügungen des Heeres [8]); ein anderer Zeitgenosse, Fouché de Chartres, nennt den Sultan Corbapath als Schachspieler (scacis) [9]); Richard der Erste nahm in Palästina eine Karawane von Babylon gefangen, welche unter andern Handelsgegenständen auch »utres et

échecs; Bohlen: das alte Indien I, S. 67; Twiß sah 15 von der Zeit gegilbte Stücke davon. Chess I, 3.

[5]) Besprochen und abgebildet von Madden in Archaeologia (London 1834. 4.) Band XXIV. Die Karolingischen Schachgebilde sind abgebildet im Magazin pittoresque (Paris 1834) S. 14—16; König und Königinn auch in Villemin, Monumens français inédits. Paris 1806 — 1832.

[6]) So erzählt Abulfeda (Annalen, Koppenhagen 1790. 4°. II, 85). Wie mögen die griechischen Namen für Roch und Bauer geklungen haben? — Madden vermuthet (a. a. O.), daß das karolingische Schachspiel von St. Denys wohl ein Geschenk von der Kaiserinn Irene oder ihres Nachfolgers sein könnte.

[7]) Von welchem Madden glaubt (a. a. O. S. 282), daß er sich im Museum des Grafen Dusomarard zu Paris befinde. Madden führt an: Joinville (Paris 1668) S. 86 und Note zum Roman de la Rose (bei Méon II, 122).

[8]) Bongars I, 5, 51.

[9]) Bongars I, 3, 3. Aus Fouché hat Wilhelm von Malmesbury die Angabe.

Scaccaria« geladen und geführt hatte [10]). Von einem Handelsschiffe des Nordens glaubt Madden [11]) die zuvor genannten 67 Stück Schachfiguren auf der schottischen Insel Lewis gestrandet. Nach England kam das Schachspiel vielleicht schon mit Eduard I., als er (im 13. Jahrh.) vom Kreuzzuge heimkam; nach Andern [12]) kam es mit Wilhelm dem Eroberer hinüber, der es selbst spielte [13]), wie es am Hofe seines Vaters Robert gespielt wurde [14]), und sein Urgroßvater Richard I. (942 — 996) es liebte [15]). Die walischen Gesetze von Howel Dha (um 943) sprechen von einem Spiele mit schwarzen und weißen Figuren (werin) und einem Brett (tawlbwrdd d. i. tableboard) [16]). In Frankreich wurde es schon 1087 von seinen Königen gespielt. In Deutschland hat Metellus von Tegernsee bereits 1060 eine baierische Schachspielsage; im Jahre 1080 eifert Bischof Damianus dagegen in einem Briefe an Papst Alexander den Zweiten. Er hatte den Bischof von Florenz Schach spielend gefunden, wo im 13. Jahrh. (1266) ein ausgezeichneter Schachspieler Buzaccha

---

10) Brompton col. 1246.

11) A. a. O.

12) R. Twiss Chess. 1787.

13) Sieh Gerard Legh, Accedens of Armory (1558. 4.). This pastime did that valiaunt prince king William the conqueror so much use, that some time he lost whole lordshippes thereat; as in Lincoln-shire and els where, I think the auncient evidences therof can declare.

14) Ms. Reg. 4 C. XI. fol. 252, c. 2. Li Ducs ama gieus covenables, De duit, d' esches è de tables.

15) Roman de Rou, ed. Pluquet I, 127: De tables è d'eschez socet compaignon mater.

16) Wotton, Leges Wallicae (London 1730. fol.) B. III. Hptst. 7. S. 266 — 7. Madden a. a. O. hält freilich das obengenannte Spiel bloß für the game of tables or draughts. — Nach einer Stelle von Gaimar, den König Edgar zum Earl Orgar in Devonshire schickte, dessen schöne Tochter Elstrueth zu beschauen (Ms. Reg. 13. A. XXI. fol. c. 1), soll das Schachspiel von den Dänen gekommen sein. Als Gaimar in den Pallast tritt, sieht er:

Orgar juout à un esches
ungiu n' il aprist des Daneis
Od lui juout Elstruet la bele
Sul ciel n' ont donc tel Damesele.

lebte, nach ihm Mangiolini, wie Villani erzählt, und wo im 14. Jahrh. sehr viel gespielt wurde nach Boccaccio [17]). Nach Italien hatte das Spiel sich wohl zunächst verbreitet, aus Constantinopel.

Die griechische Kaiserstochter Anna Komnena, welche um 1100 ihres kaiserlichen Vaters Alexis Komnenus [18]) Leben und Geschichte [19]) schrieb, erzählt, daß derselbe in sorgenvollen Nächten das Schachspiel (τὸ ζατρίκιον) geliebt; und setzt ausdrücklich hinzu, daß das Spiel von den Assyrern (d. h. damals den syrischen Arabern und Persern) nach Byzanz oder Constantinopel gekommen sei.

In Indien selbst aber, wo es noch jetzt, besonders in Bengalen, am meisten gespielt wird, geht die Sage [20]), daß das riesenhafte Spiel in dem paradiesischen Kaschemir oder in Lanka [21]) von dem Riesen Racchasa erfunden worden sei. Beide Ländernamen bedeuten Paradies. Zwei Söhne des Mâc und der Peritschehre (d. i. der Schönheit in Engelgestalt) hätten es erfunden und zwar unter dem indischen Könige Rama [22]), welches man auf 400—1000 Jahre vor Christus berechnet hat [23]).

Die Chinesen haben berechnet, es sei 200 Jahre vor Christi erfunden worden, geben aber den indischen Ursprung zu und daß es um das Jahr 537 nach Christi Geburt zu ihnen gekommen sei [24]). Dagegen behaupten die Irländer, bereits zur Zeit ihres Königes Cahir-Mor (177 Jahre n. Christi Geburt)

---

[17]) Decamerone, G. F. Chi ando dormire, e chi a giuocare con scacchi e chi a tavole; G. J. qui e bello e fresco stare, ed hacci come vedete, e tavolieri e scacchieri.

[18]) Er herrschte von 1080 — 1118, wo er starb.

[19]) Alexias B. 12. Vergl. Du Fresne, Glossarium mediae et infimae Graecitatis unter Ζατρίκιον.

[20]) So erzählt William Jones.

[21]) d. i. Ceylon.

[22]) d. i. der obengenannte Schah-râm (d. i. König-Ram) bei Ibn Chalikhân.

[23]) Günther Wahl a. a. O. S. 124.

[24]) Dagegen neigen sich Hyde und Barrington (Archaeologia, IX, 17) dahin, die Chinesen für die Erfinder zu halten. Letzterer läßt es (S. 35) von China über Tibet, Bengalen, Indostan, Persien wandern.

sei das Spiel bei ihnen gespielt worden. Jener habe seinem Nachfolger und Sohn eine große Anzahl Schachbretter (fichell) und Schachfiguren (muintir) hinterlassen und im Lande sei ein eigener Oberaufseher oder Spielwart über die Spiele gehalten worden [25]).

§. 8.

Die oben erwähnte indisch-persische Sage von der Erfindung des königlichen Spieles lautet aber genauer so:

Um das Jahr 400 nach Christi Geburt habe ein junger König Schachram, von trefflichen Eigenschaften, Indien beherrscht; doch sei er durch Schmeichler vereitelt worden und ein hochmüthiger Thor und grausamer Tyrann. Keine Vorstellung der Braminen und Räthe, daß er ohne den Geringsten im Volke doch nichts sei und nichts vermöge, daß seine Macht nur im Glücke der Bürger bestehe, habe gefruchtet. Da habe der Bramine Sissa gesonnen, wie er die ewige Lehre dem Könige anschaulich mache, und habe das Schachspiel erfunden, worin der König ohne Hilfe seiner sich opfernden Unterthanen verloren erscheint und sich kaum allein vertheidigen kann; wo der geringste Bauer oft das Spiel entscheidet, dem Könige den Thron rettet, sich zum Feldherrn aufschwingen kann. Welches Alles Sissa in der dem Könige beim und am Spiele selber gegebenen Auslegung anschaulich machte und insonderheit hervorhob [26]). Dem jungen König ging die eindringliche Lehre zu Herzen, und er sagte dem weisen Erfinder jede Belohnung zu. Da bat Sissa nur um so viel Waizen, als die Summe betrüge, wenn er auf das erste der 64 Felder des Schachbrettes ein Korn, auf das zweite 2, auf das dritte 4 und so fort auf jedes nächstfolgende nur das Gedoppelte des vorigen legte. Der König staunte ob der mäßigen, bescheidenen Forderung und bewilligte das Sonderbare. Als aber die Ausführung begonnen wurde, kamen die Schatzmeister und Kornkämmerer zum Könige und klagten, daß bald der Reichthum des ganzen Indiens,

---

[25]) Hyde hist. Schahiludii, Prolegom. und S. 28, 52. Thwiss Chess II, 261—264.

[26]) Ostendit (ludi Scachorum inventor) Majestatem sine viribus hominumque adminiculis parum admodum valere atque tutam esse, quia per istius modi ludum satis patebat, regem facile oppressum ire, nisi invigilaret a suisque defenderetur. Polydor Vergilius, De rerum inventoribus II, 13.

ja der ganzen Welt nicht hinreichen würde, den Braminen zu belohnen.

Und es ergiebt sich leicht dem Nachrechnenden, daß alles Korn, das je seit Schöpfung der Welt auf der ganzen Erde geerntet worden, nicht reichen würde, die bescheidene Forderung des indischen Braminen zu befriedigen; und ein Kornhaus von 2253 Geviertmeilen, darin das Korn 30 Fuß hoch geschichtet läge, somit fast ganz Italien oder die Summe von beinahe 18½ Trillionen Körner oder 37½ Billionen Scheffel erforderlich sein würde [27].

---

[27]) Die sich von 1. 2. 4. 8. 16. 32. 64. 128. 256. 512. 1024. 2048. 4096. 8192. 16384. 32768 rc. rc. steigernde Summe beträgt 18‴,446,744″ 073,709′,551,615. So hat sie schon Gustavus Selenus S. IX aus dem arabischen Commentator des Aristoteles, Averröes von Cordova (um 1150), und schon Elzafedi Averröe sagt: **Quemadmodum dicitur de quodam viro, qui petiit a quodam rege, ut sibi exhiberet pro mercede sua frumenti grana in numero multiplicato per numerum domorum ludi Scacchorum. Et recusavit hoc rex, postquam eo inde proveniebat praemium nimis magnum.** — Vgl. Morgenblatt von 1813, Nro. 97, S. 387 und Gutsmuths Spiele S. 444. Etwas Aehnliches begab sich im Jahre 1522: da verkaufte ein Gastwirth Johann Paida zu Skeuditz 90½ Ellen Leinwand unter der Bedingung, daß die erste Elle nur eine Erbse, die zweite nochmal so viel und jede folgende noch einmal so viel als jede vorhergehende kosten solle. Da kostete die 16te Elle schon 32868 Erbsen (2 Mäßchen), die 20ste einen Scheffel, die 21ste 2 Scheffel, die 87ste 47,576 Thürme, 92,168 Braubottiche, 97,792 Tonnen Goldes, 67,304 fl.; der ganze Handel aber 17 Städte, 70936 Thürme, 58,207 Braubottiche, 61,266 Tonnen Goldes, 8135 fl., 2 Scheffel Erbsen. Siehe Hormayers Taschenbuch für die vaterländische Geschichte, 1835. S. 303. Möge hier der sinnigen Aufgabe zugleich Erwähnung geschehen, mit dem Springer (dem Rössel) so über alle Felder des Schachbrettes zu schreiten, daß kein Feld zwei Mal berührt wird, welches man den Rösselsprung (**marche de cavalier des échecs**) nennt. Man sehe darüber in **Horatio Gianutio Libro, nel quale si tratta della maniera di giuocar a scacchi.** Turin, **Bianche. 1597. 4. p. 50. Nic. Ozanam Récréations mathématiques et physiques. Paris 1696. 2** Thle. **8. 1735. 8. 1751. 8. par M. C. G. Fl. Paris 1778. 4.** (Hall. Lit. Zeit. 1825. Nro. 183.) **Emille Gugor Nouvelles Récréations physiques et méchaniques.** Paris, **Gueffier. 1769. 8. II, 230; 1786. III, 94. Dictionnaire encyclopédique des Amuseurs des sciences mathématiques et physiques.** Paris 1792. S. 372. Neue physikalische und mathematische Belustigungen. Aus dem Französischen. Augsburg 1770 — 1778. **C. Alexandre Collini Solution Du Problème Du Cavalier, Au Jeu Des Echecs.**

Wahrlich eine lehrreiche Sage, ein königliches Spiel in jeder Beziehung! [28])

Par Mr. C*** Mannheim, Tobias Löffler 1773. 8. 1783. 8. — Denis Baillière de Laisement, Essai sur les problèmes de situation. Rouen, Racine 1782. S. 67—89. Dictionnaire des Jeux mathématiques. Paris, Agathe. An VII. Leonhard Euler Sclution d'une question curieuse qui ne paroit soumise à aucune analyse (in Histoire de l'Académie royale des sciences et belles lettres. 1759. Berlin, Haude und Spener 1766. 4. S. 310—337). Lettre adressée aux auteurs du Journal encyclopédique sur un problème de l'échiquier, par le chevalier W... capitaine au régiment de Kinski (Prag, 20. April 1773) im Journal encyclopédique. 1773. VI, 125—127. Vandermonde, Remarques sur les problèmes de situation (in Histoire de l'Académie royale des sciences. 1771. Paris 1774. S. 566—574). „Theorie des Rösselsprungs durch Versuche zu finden". Reichsanzeiger 1797: II, 216. 258. 268. 273. 299; 1798: I, 15. 48. — E. v. Warnsdorf: Des Rösselsprungs einfachste und allgemeinste Lösung. Schmalkalden, Varnhagen 1823. 4. S. 68 (mit 96 Figuren). — Joh. Dollinger: 110 ganz neue zusammengesetzte Schach-End-Spiele, dann 24 verschiedene Arten, den Springer durch alle Felder hin und zurück zu spielen, ohne ein Feld doppelt zu berühren. Wien 1806. 8. — Karl Brandan Mollweide in Klügel: Mathematisches Wörterbuch, Bd. IV, 458—467. — Magazin encyclopédique 1817. V, 217—219. — Netto: das Schachspiel S. 211. — Twiss Chess: II. giebt aus einem alten Manuscripte Abarten. — Müllner baute auf den Rösselsprung bekanntlich zuerst in seinem Mitternachtsblatte „Räthsel und Witzspiele".

[28]) Ueber Entstehung und Geschichte des Schachspieles siehe auch: 1) Freyburger Wochenblatt 1813, Nro. 79. — 2) Morgenblatt 1813, Nro. 97; 1825, Nro. 272—275. — 3) Nic. Freret Dissert. de l'origine du jeu des Echecs (Oeuvres. Paris 1796. XVII, 121). Vgl. Histoire de l'Académie des Inscriptions et des Belles Lettres. Paris. III, 375—88; V, 250—259. und Berliner Mannigfaltigkeiten 1782. — 4) Eyles Irwin Essay on the origin of the game vor Bingham's Uebersetzung des italischen: Il incomparabile giuoco degli Scacchi 1769. 1782. 1812 (The incomparable game of chess. London 1820. 8.). — 5) Barrington: An historical disquisition of the game of chess. (Historische Untersuchung über das Schachspiel in Halle's natürlicher Magie, Bd. XIII.) — 6) R. Lambe The history of chess, London 1764. — 7) Andrá: das Schachspiel mit geschichtlichen Bemerkungen. Halle 1796. — 8) Günther Wahl: Geist und Geschichte des Schachspiels bei den Indern, Persern, Arabern, Türken, Sinesen und übrigen Morgenländern, Deutschen und andern Europäern. Halle, Curt, 1798. 8. (vgl. Allg. Liter. Zeit. Ergänz. Bl. IV, 1, 63, Sp. 2501—2504, R. od.

§. 9.

Wir kehren aber durch diese sinnige Erzählung nochmals zu der kriegerischen Urbedeutung des Spieles nach altmorgenländischem Heereswesen zurück, und liegt uns nunmehr ob, dieselbe auch in der abendländisch-mittelalterischen Gestaltung der Spielgesetze und besonders der Gestein-Benennungen wesentlich erhalten nachzuweisen.

Da nun fällt Jedem zunächst und vor Allem auf, daß — wie das Schachspiel jetzt bei uns Abendländern gespielt wird — ein Weib (die Königinn) auf dem Schlachtfelde so keck, so vorherrschend auftritt, eingreift, entscheidet, wie die Königinnen und Frauen Asiens nie gepflegt; während der König des Spieles so knapp berechtigt und so machtlos, unthätig, schwerbeweglich, ja so schneckenhaft einherschreitet, und nur einmal im ganzen Spiele (wenn er mit dem Thurme wechselt) zwei Schritte thut. Er ist und war freilich von vorn herein nicht der kühne, rasche Herr des Feldes oder der Feldherr; er ist eben der unthätige, goldthronige Orientale, und stand als König schon in der frühesten Gestaltung des Spieles geschont und geschützt im Hintergrunde [29]). Ueberall behielt er deshalb auch den ursprünglichen Namen des Königs [30]). Was aber bei uns Königinn, mittelniederländisch **coninghinne**, bei den verbrüderten Schweden und Dänen im selben Sinne **drottning**, **dronninge** [31]), bei den Isländern **drotning** und **frú** [32]), bei den Russen gleichbedeutig **Korolewna** und

B. LXIII, 576—580). — 9) Netto: das Schachspiel. Berlin 1827. 8. — 10) Koch: Codex der Schachspielkunst. 1823. — 11) **Couvret Recherches historiques sur le jeu des échecs. Paris 1817. 16.**

29) Er hat bei Indiern und Persern sogar Freistätten (auf 16 Kreuzfeldern).

30) Persisch **Schâh**, **schach**; eben so arab. türkisch. Deutsch **kuninc**, **künec**; **konig**, König; schwed. **konung**, isländ. **konungr**, dän. **kongen**, englisch **king**. — Französisch **Roi**, italisch **Rè**, spanisch **Rey**; bei Karl dem Großen **Rex**; Malayisch, Indisch **Radscha**, **Raja**; Türkisch, Tatarisch **Khan** und **Krâl**; polnisch **Krôl**; russisch **Korolle** (und **Zâric**, **tschâr**); Hebräisch **Melek**, arabisch **Malk**; d. i. überall: König.

31) Vom altnordischen **dróttinn**, d. i. althochdeutsch **truhtîn**, **truhten** (mittelhochdeutsch **trëhten**, **trëhtin**), angelsächsisch **dryhten** — der Herr; vom gothischen **drauht's** (Heerde, Schaar, Volk). Wie gothisch **thiud-an's** (der König) von **thiuda** (das Volk, **diet**).

32) Olafsen und Povelsen Reise nach Island. Soroe 1772. 2 Bd. 4.

Krâla, bei den stamm- aber nicht sinnesverwandten Polen Krôlwa [33]), bei den europäischen Juden Malkha (Königinn), in Karl's des Großen Spiele schon Regina heißt; bei den Engländern dagegen seit Heinrich dem Achten [34]) allgemeiner Quên, queen [35]), bei den Franzosen, Italienern, Spaniern Dame, Dama [36]), bei den Polen sogar selbst bâba d. i. Alte, Hebamme, bei den Franzosen aber früher in ritterlicher Frauenhuldigung sogar Vierge, d. i. Jungfrau [37]) mit unwiderstehlicher Macht begabt, hieß, von Pamphilius Maurikianus aber vermittelnd Regia Virgo genannt wird, das war des morgenländisch ruhliebigen Königs erster Minister oder Großvezier und Feldmarschalk, der für Jenen den Krieg führt und, bei Arabern und Türken noch Vesir, Vezir [38]) genannt, in Indien Mâhamantrî [39]), in Persien aber, welches uns Abendländern durch die Araber seine Sprachnamen überlieferte, Ferz [40]) hieß; aus welchem Namen

---

[33]) Bei den Russen auch Tsaritsa (Kaiserinn).

[34]) Madden a. a. O. 222 und Hormann Vulgaria. London 1519. 4.: „We shulde hawe 2 kyngs and 2 quyens, 4 alfyns, 4 knyghts, 4 rokes, and XVI paunys".

[35]) D. h. jetzt Königinn, früher allgemein Frau; goth. quinô, althochd. quënâ, chënâ, angelſ. cuën (engl. queen), altnord. kona, griech. γυνή. — Nebenform gothisch quêns, altnord. quân (uxor).

[36]) Bei den Franzosen auch Reine; doch sagt Etienne Pasquier (Recherches de la France. 1560. 1633): „Cely qui appelle cette piece Dame et non Royne, dit le mieux". Auch Jacob Köbel sagt 1520: „So das fendelin die ſpang erreycht, ſo hat es erlangt die freiheit der frawen, alſo das er darnach widerumb heim gehen mag, als die Künigin über ort" etc. — Ein weiter unten zu nennendes lateinisches Gedicht hat Regina, Femina, Mulier abwechselnd; Cessolis (um 1290) nennt sie auch Domina („Super solium collocata est domina quaedam pulcra cum corona in capite, vestimento deaurato, et chlamyde circumamicta varietate").

[37]) Die Marokkaner nennen die Königinn Lella, wie ihre Prinzessinnen Lâlâ, was im Persischen Tulpe heißt. Leila ist der Name einer schönen Araberinn.

[38]) Bei den Türken auch Beglerbegk. — Ἐπίτροπος τοῦ βασιλέως, Consiliarius, summus dux — ἀρχιστράτηγος.

[39]) Daher des Hesychius Μαμάρτας· στρατηγοὶ παρ' Ἰνδοῖς.

[40]) Ferz, Fers, Ferzân, Ferzîn (d. i. Verstand, Weisheit). — Ferz hat Aben Esra, Lydgate etc. Pedro de Alcala hat Firic, Fircîn für Cavallero noble. Siehe nachher alfierez.

das mittellateinische Ferzia, Fercia für den zur Königinn (also Feldherrn) erhobenen Fußsoldaten oder Bauer [41]) verblieb und die gewelschten Ueberklänge Fierce, Fierche, Fierge [42]) endlich zu Vierge (Virgo, wie noch in St. Vierge) calambourisiert wurden [43]). Durften die Frauen doch auch in diesem ritterlichen Spiele des frauendienstlichen (galanten) Mittelalters nicht fehlen, das sogar seine Sainte Vierge (Holy Virgin) hatte. Und die Frau

---

41) Cum Pedester usque summam venerit ad tabulam,
Nomen ejus tunc mutetur, appelletur Fercia
Ejus interim Reginae gratiam obtineat. (Hyde, I, 179);

und:

Si valet extremum tabulae perstringere demum
Tunc augmentatur, tunc Fercia jure vocatur. (Hyde, I, 181).

Im Persischen heißt das Ferswerden des Bauern Fersîn schuden, im Arabischen te fersan. — Der deutsche Cessolis (Cod. Mon. germ. 49. Bl. 54a) giebt's: Sie (die venden oder Bauern) gênt ouch nur für und niht wider; nur sie verdienen dan daz sie komen an die spang unûfgenomen, sô gewinnent sie die wirde daz sie künigin werdent.

42) Auch bei den Engländern Ferz, Feers, Fierges, Fierce. Lydgate von Edmunds-Burg (in s. Lobgedichte) nennt 1408 die Königinn noch Fers (der König) was of a Fers so fortunate
into a corner drive and mat

d. i. der König ward von einem Weibe in die Ecke des Schachbrettes getrieben und schachmatt, womit das Spiel schloß; Chaucer (Dreme of Love) sagt: The stale on me and toke my feers,
And whan i sawe my feers away,
Alas, i conthe no lenger play.

Vgl. Chaucer Book of the Duchess, v. 654.

43) Pseudo-Ovidius (De Vetula libr. III. Una cum Vigelli Brunello seu speculo stultorum [s. später]. Guefferbyt. 1661. 8.): Miles et alphinus, roccus, rex, virgo pedesque. — La Vieille (Cod. Paris. F. 7235): La Royne que nous nommons Fierge
Tient de Venus, et n'est pas Vierge
Aimable est et amoureux.

Ebendas.: Et quand le Peon fait sa trache
Si qu' il est au bout de l'Escache
Lors de Fierse fait tout l'office
Et est de pareil office.

Siehe Le Grand Fabliaux ou Contes du 12. et 13. siècle. 1779. — Freret, Oeuvres, Paris 1796. XVIII, 121 (über Fierge und Vierge). Vgl. Roman d'Alexandre, Roman de la Rose (Fols chevaliers fierges ne ros), Roman de Cassamus (Li Badraint trait sa fierce por son paon garder).

kuniginn gewann den wichtigsten Einfluß auf das ganze Spiel. Früher, werden wir sehen, durfte sie, gleich König und Bauer, nur einen Schritt ziehen [44]); das mochte aber wohl für die Herrinn eine Sklaverei erscheinen, und ihr Zug wurde immer mehr ausgedehnt zur größten Freiheit, rechts, links, vor, zurück, grad, schräg; nur nicht springend.

Sinnig beantwortet schon das alte deutsche Schachzabelbuch [45]) die Frage, die wir eben zu lösen gesucht haben, wie nämlich eine Frau Königinn zur Feldherrinn [46]) werden konnte, und die auch Gustavus Selenus 1616 (I, 59) bespricht, indem er sagt: »Es mag eben Vielen etwa wunder nehmen, warumb eben den Weibern dieses hohe Ampt (des obersten Feldmarschalks) abfalle« [47]) — durch folgende Auslegung:

Nu ist einiu frage, sît daz schâchzabel ist ein urlingspil [48]) wârumbe diu künigin under urliuger sî gesezzet ze urliugen und doch die frowen ze sölhen sachen niht gehôrent? Daz ist geschehen, daz man vindet in ëtelîchen landen den sit [49]), dâ sich die frowen legent ze velde mit den mannen als in der Tartarei. da phlegent die frowen mit bogen ze schiezen und tuent den vîenden schaden [50]). Ez ist ouch geschehen dem künege ze kurzewîle und ze fröuden, daz sie erzeige waz siu liebe ze dem künige habe und daz ouch daz rîch belîbe bi dem erben und daz sie suln besorgen

---

44) Le Roy, la Fierge et le Peon saillent un point (La Vieille. Cod. Par. F. 7235).

45) Cod. Mon. germ. 49. Bl. 52b.

46) „Vīr făctūs mūlĭēr".

47) Deßhalb sagt 1549 Petrus Bellonius Cernomanus, Medic. gall. (in Observationes lib. III. lat., übersetzt von Carolus Clusius Atreb.) von den Türken: „Ea, quam reginam nos vocamus in latrunculorum ludo (Turcae) nobis carere visi sunt, aliamque ejus loco substituere"; was sich aus Garcia's ab Orta (eines Persers) Epitome (a Car. Clusio, II, 28) unter Xa (Shâch) erklärt: Regem xa nuncupant, reginam appellant Goaziv i. e. praefectum regni sui quem connestabilem vocant.

48) urliuge, Orlog, Krieg.

49) die Sitte.

50) Das Buch Le plaisant jeu des eschecz (Paris, 1560. 8.) nennt la Royne: „Amasone, la meilleure piece du ieu".

des riches strethêrren und sîne burgere [51]). — Aehnlichermaßen deutet 1507 Dr. J. Mennel in seinem Schachzabelbuch das damals noch giltige Gesetz, daß die Königinn, die anfangs aufs dritte Feld ziehen darf, »dann aber darnach nit mer anderſwo hingât denn aufs nächſt« — also:

Das frowen anheimyſch mûgen ſyn
Inn beſſer hût, dann wo ſy hyn
Sunſt komm oder wöll gon
Darumbs vſſwendig ſöllen hon
Nit allo eyn freyen mût etc.

§. 10.

Zu beiden Seiten des Königs und seines Feldherrn (der Königinn) hielt im alten indischen Heere bald die Wagenburg (ratha) der Streitwägen, bald die Reiterei, deren willkürliche Stellung das alte Spiel noch durch Versetzfreiheit nachdeutete.

Diese wurden im germanischen Mittelalter zu Rittern (rîtaere, ritter, mittelniederländisch ridder, d. i. Ritter und Reiter) [52]), im Latein des §. 35. mitgetheilten Gedichtes Eques und Cabellarius, §. 36. eques und miles; wie sie noch bei den Franzosen cavaliers, spanisch cavallero, bei den Engländern knight [53]), im Dänischen gleichfalls ridder, isländisch riddare heißen. Eben so im Polnischen rycer [54]). Nun ſeynd — heißt es 1450 in Meister Ingold's »guldin spil« czwen Ritter auff dem Spil, eyner tzû der gerechten ſeitten Der ander tzû der lincken ſeyt-

---

51) Anders die Moralisatio de Scaccario (des weiblosen Mönches): „Regina que dicitur Ferce, vadit oblique et capit indirecte quia cum avarissimum sit genus mulierum, nihil capit (nisi mere detur ex gratia) nisi rapina et injusticia“.

52) Vgl. Maneſſ. Samml. II, 146a; Wartburgkrieg (rîter unde roch).

53) In früherer Zeit horse und so abgebildet, wie auch die Italiener und Spanier ein Roß abbildeten. Saul schildert sie 1640 als Ritter mit „heads cutte a slaunte as though they wore a feather or plume at their helmes“.

54) Im Indischen faradsch (Reiter), persisch-arabisch farass. Eben so nennt Gustavus Selenus 1616 seine Springer Reuter (doch steht bei ihm im Ströpke'schen Spiele Sp.), seine Läufer aber Schützen. Auch die schachspielenden Bauern von Ströpke nennen sie zum Theil noch heute Reiter.

ten vnd die springent gar Ritterlich [55]) auffz auff das dritt veld. Der eyn behiett dem Künig seyn hůtt das sye nicht gebrochen werd Der annder behüt der künigin ire hůtt das sy nicht gebrochen werd. Sye varent auffz auf raub, Sye ziehent wyder hynder sich vnd beschirmen sich selber. Schon in dieser Schilderung ist der Ausdruck gebraucht, welcher — bei Erlöschung des ritterlichen Heerbildes in der Phantasie der spätern Schachspielerwelt — von der Art des Vorschreitens oder Bewegens dieser Figuren jetzt sonderbar auf jenen haften blieb: Springer, so daß selbst das Französische neben Cavalier (Chevalier) span. Cavallero, auch sauteur sagt, gleich dem Schwedischen springaere [56]) und Dänischen springeren. Von dem alten Ritter zu Rosse blieb unsern Schachgebilden die Gestalt des Rosses, wie auch italisch cuvallo, spanisch cavallo, russisch konie (Pferd), jüdisch ssûss (Pferd) [57]) gesagt wird, wie auch im Schwedischen, im Deutschen aber vorzugsweise auch vom Rösselsprung [58]) die Rede ist; vielleicht auch in dem doppelrössigen Schachwappen der Troßburg von 1497, was weiter unten beigebracht werden wird, d' Roß-Burg genannt oder doch gedeutet sein möchte.

Aehnlich dem Springer hat sich der Name Läufer, gleichfalls aus der Art der Fortbewegung, entwickelt. Ein anderer Beweggrund für diese Benennung wird sich weiter unten ergeben. Das frühere Spiel kannte einen Courrier.

§. 11.

Jedes Volk, jede Zeit schuf sich bei diesem schnell in jedem Volksthum des dennoch menschheitlich stärker, als man gewöhnlich glaubt, verbundenen Mittelalters heimisch werdenden Spiele sein eigenes Ab- oder Spiegelbild, und trug seine Welt darauf über. Wie sich so nach dem bisher Betrachteten neue Namen und Ge-

---

[55]) mit den Rossen, auf denen sie abgebildet wurden. Zu Karl's des Großen Zeit Centauri.

[56]) Doch dieses vom Thurme!

[57]) Persisch asp (Pferd) ssuwâr, ssuwâra, indisch cahûra, malayisch cûda, türkisch ât, ûc, jûnd camend. Siehe Günther Wahl S. 170. (der Hund). — Von den Persern sagt Garciasab Orta (Epitome a Carol. Clusio, II, 28): Equitem (in latrunculorum ludo) Guora i. e. Equum vocant.

[58]) Davon oben §. 9.

stalten, mit ihnen wahrscheinlich, ja gewißlich auch neue Spielgesetze bildeten, so ist schon früh aus gleichem Grundzuge aus dem indischen Namen der auch wohl mit Thürmen versehenen Streitwägen — ratha, rath, roth [59]) — der verwandt klingende persische Name rukh, ruch (d. i. Thurm oder Vogel) auf die jetzige Figur übergegangen, welche noch jetzt, vom ursprünglichen wehrthurmbelasteten Elefanten oder Kameel [60]) (persisch ruch, das Dromedar) des indischen Heeres her, auf unserm Schachbrett als wandelnder Thurm (fr. tour, engl. castle und rook, ital. il roccho [61]), spanisch roque [62]), altfranz. roc [63]), polnisch roch, rock, jüdisch rûk, rîk, mittelhochdeutsch roch [64]), mittelniederländisch roc [65])) einherrückt, während im schwedischen und dänischen Namen Elefant (rook) [66]) die alte Beziehung und Be-

[59]) So giebt Jones des Wortes Form, bengalisch roth. Vergl. Hyde Th. I. und Wahl S. 196.

[60]) Jener althd. helfant, dieses olbend (goth. ulbands).

[61]) Franc. Alunno (Fabrica del mondo. Ven. 1584. fol. p. 697): Scacchi — cavaliere — Rocco.

[62]) Don Quixote cp. 53: à Rei ni à Roque. Eben so im spanischen Wörterbuch der Madrider Akademie, 6 Bde. 1737: ni rey ni Roque. In Palsgrave Esclarcissement de la langue Francoyse. 1530. fol. „Roke of the chesse, roc".

[63]) Woraus öfter ros wird; doch ist dieß nicht das deutsche ros (Roß), welches Ettmüller in seinem Singerkriec ûf Wartburc (Ilmenau, 1830. S. 200 und 88, 148) in „ritter und roch" umschwärzen will. Freilich ist ihm „roch unverstehbar". Auch im Altfranz. heißt es neben roc — ros; wie auch im Mittelniederländischen für Felsen bei Jan van Helu, Diederic van Assenede ꝛc. roke, bei Melis Stoke reimt roche auf Antioche, bei Jakob van Maerlane dagegen rootse, im Ferguut rootsche steht. Das Roß aber ist der Springer.

[64]) Der Roch, roches: Wilhelm von Oranse I, 50. 54. 65. Maness. Samml. II, 13. 146. 222 ꝛc. — Siehe §. 26.

[65]) Diederic van Assenede, Floris ende Blancefloor V. 2745: een riddere ende enen roc van sinen spele ende ooc van sinen venden vele (verloos hi).

[66]) Roche; davon rochen oder rochieren (französ. rocher) wie im Englischen the king castles (rochiert). G. Selenus hat es gleichfalls, Dr. Mennel 1507: Roch, Ruch, Rach. — Beiläufig stammt die jetzige Art zu rochieren erst von Gioachimo Greco aus Calabrien (wovon weiter unten); daher es auch alla calabrista genannt wird.

deutung blieb [67]). Zu jener ungetrübten Beibehaltung aber des persischen Wortes **Roch** in den meisten europäischen Schachsprachen, auch im Deutschen — nur der Russe machte ein Schiff oder Boot (lodya) aus dem Thurme (wegen der Schnelle meint Hyde S. 78) — mochte das in den romanischen Sprachen vorhandene Wort **Roca**, **rocca**, **rocha**, **rochus**, **roccus** (franz. **roche**, **rocher**) d. i. Fels mit der darauf stehenden Befestigung oder Burg (ital. **rocco**) [68]), altfranz. und spanisch **roce** (Thurm) Einfluß üben, wenn nicht das Schachspiel das Wort erst in jene Sprachen einbrachte [69]). Uebrigens sind die Rochen im mittelalterlichen Schachspiele Ritter zu Roß (**roci veloces** §. **36.**, **ad currendum agiles** §. **35.**), doch auch zu Fuß, mit Schwert und Schild, zum Unterschied von **knight** im Englischen (**Lewis**), wo sie **warders** heißen [70]). Jene Wehrthürme auf Elefanten und Kameelen bildeten und deckten die Flügel des indischen Heeres. So stehen die Thürme noch an den äußersten Enden oder Banden unseres Schachbrettes.

Der Elefant heißt im Sanskrit (neben **barî**, **brî** [71]) **etc.**)

---

[67]) Wie auch der Franz. Damian (**Le plaisant jeu des eschez. Paris, 1560. 8.**) sagt: **Les Rocz sont Elefans, portans tours sur leurs dos et des hommes dans les tours**; und noch 1677 **Olyoke Dictionary (fol.)**: **Rook at chess, Elephante.**

[68]) Schon Dante in **Purgatorio**: **Si cura quasi rocca in alto monte.**

[69]) Weßhalb Salmasius es auch daher leitete.

[70]) Das Wort Roch ist noch andere Deutungen durchlaufen. Man hat außer dem Vogel Rock auch an das persische Rokh (Krieger, Pilger) gedacht (s. **d'Herbelot in Bibl. orient. III, 129**: **Ce mot signifie dans la langue des anciens Persans un vaillant homme, qui cherche des avantures de guerre, un héros et ce qu'on appellait autrefois dans nos romans un preux et un chevalier errant. C'est d'où vient le nom de Roch, dans les Echecs, dont le jeu est venu de Perse jusques à nous**), wozu das isländische **Hrôkr** (**gloriosus, thraso**) paßt, wovon Gundling zur **Orhunginga-Sæga** sagt: **In ludo latrunculorum Skák vulgo dicto miles hrôkr appellatur, elatus quippe superbusque**; eben so **Haldorson**: **Hrokr, vir fortis et grandis, en stor oy stark mand. Longurio, latrunculorum satella, Brikke i Skakspil**; eben so in Olaffen's und Povelsen's Reise nach Island (Soröe, 1772. I, 462): „**hrokur, en kiaempe eller Fribytter**".

[71]) Ob daher sein römisches Geschrei **baritus**?

pîlu, daher auch im Persischen und Arabischen fil (syrisch filo, hebräisch fil) und auch pil (Pil und Phil) [72].

§. 12.

Aus diesem persischen fil wurde im Abendlande mit Hülfe des arabischen Artikels, jedoch für den Springer (und wie wir sehen werden, durch Verwechselung von Fil und Fers auch für den Läufer) al-philus [73], alphinus [74], alpinus [75], ulficus. Im altenglischen Schachspiele daher alphyn, alfyn, awfyn [76]; im Altfranzösischen: auphin, aufin [77], d'auphin; im Altitalischen d'elfino, alfil, alfiro [78], alfino [79]; im Spanischen d'elfil, alfil, arfil, arfel, alfère, alfèrez, alfieres [80]; im Italienischen alfino, alfière, welches hier noch der Fähnrich heißt, wie im Spanischen alferez, alferes, alfieres [81], und im Mittellatein al-

---

72) So bei Firdusi. Aben Ezra (12. Jhd.) behielt פיל (Phil).

73) z. B. Cod. Argent. Bibl. Univers. C. VI. 7. f. 120c etc.: Alphiles. Die Drucke haben alphiles und alphili.

74) z. B. bei Alanus (Parabol.): Sic inter Scacchos
Alphinus inutilis exstat, Inter aves bubo.

75) z. B. Pseudo-Ovidius lib. de Vetula: Miles et alpinus, roccus, rex, virgo pedesque.

76) So bei Lydgate. Elphyn. Palsgrave Esclarcissement de la langue Francoyse. 1530. fol. „Alfyn, a man of ye chesse borde, aulfin". Hyde, p. 95. Douce Archaeol. XI, 400—404. 406—8. Jetzt bishop.

77) Roman d'Alexandre (1200), Roman du voeu de Paon.

78) Alfil und Alfiro bei Damiani 1524 noch.

79) Alfino und delfino bei Damiani 1524 noch. Neugriechisch Ἐλφινος, δελφινος. — Auch im Jüdischen Schendofin, d. i. persisch Sen-de-fil (großer Elefant), sanskrit Sanda-pila: Elfenbein. — Bis ins Koptische geht der Name delfinos, alfinos. Garcias ab Ortâ (Epitome a Carolo Clusio II, 28) sagt (unter Xa) von den Persern: Delphinum seu Sagittarium fil i. e. Elephantem vocant.

80) Die letztere Form scheint aus Vermischung mit dem besprochenen Firz hervorgegangen. Schon früh steht neben alfil — alfirg (die Königinn): so beim Spanier Covavruvias.

81) für den Läufer, und für Fähnrich Lieutenant. Arabisch ist alferes ein Ritter, feres persisch das Roß, fâris der Reiter. Mauritanisch heißt der Springer el fers (der Läufer el fil), persisch der Springer Fil, der Läufer Feres. Türkischtatarisch heißt der Läufer Jeghân und At; indisch Hâtehi; malayisch Gkâdscha; äthiopisch Nage (d. i. indisch nag: der Berg).

ferus [82]). Die morgenländischen Elefantenthürme trugen sachgemäß ein Banner. Aus den Formen Alfin, Alfen bildete der Deutsche sich für sein verdeutschtes Schachspiel die beiden Alten (mittelniederländisch oude) [83]), die beiden greisen und weisen Räthe, die deßhalb so auch abgebildet wurden. So heißen sie noch 1507 bei Dr. Mennel, so zum Theil noch heute im Schachdorfe Ströpke. Aeltere Beispiele werden wir im Fortgange ersehen. Selbst das Latein nahm daher wieder den Namen Senex [84]) auf. Der Franzose aber, wie er sich aus dem Feldherrn (Ferz) eine Vierge drechselte, die er allmählich zur Dame, ja zur Reine sich erhob, witzelte und welschte sich aus dem Elefanten (Fil) [85]) eine Mücke, einen Fol oder Hofnarren [86]), der freilich bei den Königen an den Höfen des Mittelalters als ihre Folie, wie sie im Schachspiel neben König und Königinn stehen [87]), nicht fehlen durfte. Der Engländer aber erhob diesen Fol zum Bischofe (bishop) [88]), eben so der Däne und Isländer (isländ.

---

82) Welches Einige aus aquilifer oder alifer (G. Selenus S. 70) haben deuten wollen, wie der Läufer bei Karl dem Großen sagittifer hieß. Ueber die Wortformen alfere, alferez, arfel u. s. w. siehe Du Fresne und L. Frisch französisches Wörterbuch.

83) Worin nun fast nichts als der arabische Artikel al noch nachklingt.

84) Cod. Monac. pictūr. 73. 4to. Bl. 91b: Roch. pedes. regina. senex. eques. insuper et rex. Das alte Gedicht (Hyde 179) nennt ihn Calvus: Juxta illam (reginam) Calvum pone, quasi pro custodia; und: Cedit Calvus per transversum, tertiam ad tabulam.

85) Das Schachspiel „Karl's des Gr." hat noch den Elefanten, den Madden (a. a. O. 228) fälschlich archer nennt.

86) Fol, fou. (Roman de la Rose, s. oben) Roman du Voeu du Paon. Archaeol. XI, 401. Schon im lat. Gedicht des 13. Jhd. heißt es:

Rex et Regina stolidorum corpora bina —
Stultus Saltator trivius quasi fur speculator
Si rubus in primo, nunquam candebit in imo.

R. Twiss (Chess. London, 1787. I, 3) sah in Rotterdam noch ein Schachspiel beim Maler Van der Werf (ein Theil von Bux, die andere Hälfte von Ebenholz), wo die fouls oder Bischöfe noch ihre Narrenkappen mit Schellen trugen, darunter mit grellen Gesichtern. Die Neger stellten 8 Neger und 8 Weiße von verschiedenem Alter dar.

87) Les fous sont aux échecs les plus proches des Rois (Roquier sat. XIV.).

88) Ob, wie Barrington (Archaeol. IX, 38) meint, erst seit der Reformation?

biskup, dän. bispen) [89]) und der Portugiese. Das oben genannte altschottische Schachspiel bildet daher den Läufer durchweg als Bischof, wie auch das Regensburger Elfenbeinstück. Das dem Pamphilius Mauritianus zugeschriebene lat. Gedicht (De Vetula) hat noch beide Ausdrücke Alphinus und Episcopus vereint [90]). Eben so sagt die Moralitas de Scacario: Alphini sunt Episcopi. — Der Pole nennt ihn ähnlich pôp, wie auch der Franzose (fol) schelmisch prestre (prêtre), wie Weickhmann 1664 ihn Geistlicher nennt. Jener Bischof aber heißt auch Alficus cornutus [91]), wie er noch ein getheiltes Haupt trägt, wodurch wohl die Bischofsmütze noch nachgedeutet wird, welche früher Cornu hieß. Auch im altfranzösischen Schachspiele heißt daher der Springer cornu [92]), und Rowbotham sagt 1562: The

89) Ueber Island sagt La Peyrere im Brief an M. La Mothe le Bayer 1644, von Kopenhagen geschrieben, gedruckt 1663. Paris. 12°. S. 56: La difference qu' il y a de leurs pièces aux nôtres est, que nos Fous sont des Evecques parmy eux, et qu' ils tiennent que les Ecclesiastiques doivent estre près de la Personne des Rois. Leurs rocs sont de petits Capitaines, que les escoliers Islandois que sont icy apelent Centurions. Ils sont représentez l'espée au costé, les joues enfiés et souuant de cor (Horn), qu' ils tienent des deux mains. Aehnlich sagt eine Handschrift des John Gage Esq. aus der Zeit Jakobs I. (s. Madden S. 242): In extremo agmine sunt Centuriones, anglice Rockes. Sunt enim hi quasi milites triarii, fortissimaque regis propugnacula. Si quando Rex periclitatur, locum mutant seque periculo opponunt, regem vero quasi in arce includunt. Collocantur enim in cornu exercitus, seu in extrema ala, ut prospiciant ne hostis a tergo regem adoriatur. — Vida sagt:

Extremis bini, referunt qui vasta Cyclopum
corpora, considunt in sulcis, agmina utrimque
claudentes sua quisque altis prope arcibus astant.

90) Rex est Sol, pedes est Saturnus, Mars quoque miles
Regia virgo Venus, Alphinus Episcopus ipse est
Jupiter, et Roccus discurrens Luna. — In Fabricii Bibliotheca Med. et Inf. Lat. v. 356; gedruckt durch Goldast. 1610. 8.

91) Moralisatio de Scaccario: Alphini praelati sunt ecclesiis proprii, scilicet archiepiscopi et episcopi cornuti.

92) Cod. Cottonian. Cleop. E. IX. Bl. 4b (nach Archaeol. XI. 403. B. IX.) Jeux partis;

Al neofisme vient (der König) auaunt li cornuz,
Si li mostre ses corns aguz.

Bistoppe is niode with a sharpo toppe and cloven in the middest, not muche vnlyke to a bishops myter [93])

Hier drängt sich abermals die Bemerkung auf, daß, wie der anklingende indische Name ratha (Wagenburg) auf die Wahl der persischen Benennung für den Elefanten oder vielmehr seinen Thurm (ruch, roch) einfloß, so umgekehrt der ächte Name des Elefanten (pilu, fil) in dem angeführten wild ausgewachsenen Namen auf den Läufer übergesprungen ist, ganz wie weiter im Schwedischen der Lôpâre (dän. löberen oder bipen) den Springer bezeichnet [94]). Uebrigens hat der jüngere Name Läufer vielleicht von dem französischen Fol seine ihm noch angedrechselte Haidukkenkappe mit der Feder angenommen.

Rabelais (1550) und andere französische [95]), eben so englische Werke [96]) nennen den Läufer Archer (d. i. Arciero, baye-

---

Si compainz commenca la medlée
I cist Cornu corne la menée; — und Bl. 7:
Ore uient le giu des alfins,
Ke n' est pas poure ne srarins,
Tut seit iceo qu' il seit cornuz
Ne deit estre pur fol tenuz;
Kar mult par ad grant mestir
Li aufins en l'eschekier.

Le Roman d'Alexandre (bei Carpentier Supplement zum Du Cange):
Roy, fierce, chevalier, auffin, roc et cornu
Furent fet de saphir. —

Madden will richtiger lesen: Roc et auffin cornu.

93) Aehnlich sagt eine Handschrift aus der Zeit Jakobs I. (Madden S. 228): In prima acie collocatur peditatus, his proximus est equitatus. Hos vero sequuntur satellites, qui a forma mitrae episcopalis Episcopi nominantur. Und Arthur Saul (Famous game of Chesse play, 1640): The bishop whih high cloven heads like a bishopes miter.

94) Oder vielmehr das Wort laufen hieß ursprünglich springen: so das gothische hláupan und das angelsächsische hleapan (salire).

95) Le plaisant jeu des eschecz (Paris, 1560. 8.) hat archers-fols-princes. Rowbotham Pleasant playe of the Cheasts, 1562. hat fooles, princes, archers.

96) Rowbotham (Pleasaunt and wittie Playe of the Cheasts renewed. London, 1562. 12°.), eben so Beale in der Uebersetz. von Bicchimo Royal Game of Chesseplay 1656. S. 2: Next to the kings other side place a Bishop or Archer, who is commonly figured

risch Hartschier), d. i. Bogner, Schütze, wie auch Vida (1540) in seinem lateinischen Gedichte ihn schildert [97]), er früher wirklich Sagittarius hieß und G. Selenus ihn 1616 noch Schütz nennt. Colonna nannte ihn »Secretair« und Gutsmuths [98]) nennt die beiden Läufer die Adjutanten des Feldherrn.

§. 13.

Die ganze Vorderbreite, das erste Treffen des altindischen Heeres bildete das Fußvolk, welche persisch padeh, piadeh, pijadè, pijadegan hießen [99]), und vom selben Wortstamme [100]) im Mittellatein neben pedites [1]) — pedones, im Altfranzösischen piéton, péon, pionnes, jetzt pions; englisch poun, pawns [2]), paon, paonnet, paonnez, paonniers, poons, poonnes, pionnes; spanisch peones; italisch pedoni, pedina. Die letztere Form kennt auch das kaiserliche Schachcartel bei Selenus 1616 (I, 115): »Pedina oder Bauer«. Das frühere deutsche Schachspiel

with his head cloven. Eben so abgebildet in Caxton's Uebersetzung von Jakob von Cessolis.

[97]) Sagittiferi Centauri.

[98]) Spiele zur Uebung und Erholung. Schnepfenthal. S. 447. vgl. S. 454.

[99]) Arabisch beidak, beiâdik. Türkisch bajdakler. Mauritanisch el-hári. — Garcias ab Orta sagt: Peditem piada h. e. virum, qui pedes proeliatur, vocant (in latrunculorum ludo).

[100]) Sanskr. pada, griech. ποδὶς (ποῦς), lateinisch pedis (pes), gothisch fôtus (althochd. fuoz): der Fuß.

[1]) So bei Karl dem Großen u. s. w. je nach dem Versbedarf.

[2]) Wie auch französisch: paon, paonnés, paonniers; poonnés, poons. Mögen hier nochmals alle Schachnamen beisammen stehen; a) französisch: En deux parts veoir y pourré, Roy, Roc, Cheualier et Auphin | Fierge et Peon (La Vieille: Cod. Paris. F, 7235); Li Roys, la Royne, li Aphins, li Chevalier, li Roch, li Pouons und Powons (Cod. Bern. Mscr. Jur. Pol. 275); b) englisch: Rei, Fierce, Alfin, Chivalir, Roc et Poun (Gedicht: Cotton. Cleop. B. IX, 1.); unter Heinrich dem 8ten Kynges, Quuens, Alfyns, Knyghts, Rokis, Paunys (Hormani Vulgar. 1519). Die neuern stehen beisammen in einer Stelle bei Dryden (On the young Statesman. 1680):

So have i seen a King on Chess,
(His Rooks and Knights with drawn,
His Quuen and Bishops in distress)
Shifting about, grow less and less,
With here and there a Pawn.

hatte zum Theil pedûn, nordisch ped [3]), was auch im Englischen vorkommt. Auch im Russischen und Polnischen heißen sie Fußsoldaten (peschkie — pieszck), wie auch G. Selenus sie nur Soldaten nennt [4]); und Le plaisant jeu des eschecz (Paris, 1560. 8.) sagt: »Les Pions sont soldats à pié«. Im altfranzösischen Roman de la Rose heißen sie garçons, d. h. Knappen (garzune mittelhochdeutsch). Aus den ritterlichen Knappen und Knechten aber wurden nach dem Wechsel des Kriegswesens bloße Bauern, wie sie auch im schwedischen und dänischen Schachspiele Bonde — Bonder heißen, im Englischen zuweilen auch paysans, im Dänischen dagegen auch kneyterne. Im Französischen aber wurde Pion allmählich gleichbedeutend mit misérable [5]). Im Türkischen sind sie sogar Sclaven (kûl), aber auch Kriegsknechte und Fußgänger (zandâsch und tschâgker, wie im Indischen tschâgkêr); im Malayischen Kriegsmann (orangh, bâprangh, pongaba); im Jüdischen Fußgänger (rôgil, peragle). Nach der mittelalterlichen Eintragung der verschiedenen europäischen Stände und Gewerbsthätigkeiten in das Schachspiel waren auch die acht Bauern verschieden gestaltet, wie wir weiterhin ersehen werden. Der vor der Königinn stehende war in England (noch 1474 bei Caxton) der Apotheker (Queens-Spicer, Apothecary).

Im ältern deutschen Schachspiele hießen sie Venden, Fenden, Fendlin [6]), ein Wort, das schon sehr früh, in Glossen des 9. Jahrhunderts vorkommt, in der Bedeutung von Fußgänger: »vendo, fuozfendo« — fender, fendel [7]), mittelniederländisch vent [8]). Dieses Wort findet vielleicht Anklang im

---

[3]) Eggert Olaffen Reise nach Island 1757 und 1772. — Altsächsisch hieß eine Rune peord, pert; eben so der Bauer im Schachspiele. Im Slavischen heißt ein Buchstabe phert, fert; gothisch pertra. — Wahrscheinlich aus dem besprochenen Namen der Königinn pherz, ferz, wie der Bauer, zur Königinn geworden, noch lange Fercia.

[4]) Doch im Ströpke'schen Altspielbrauch „fenden und bawren".

[5]) Wozu vielleicht der neuere Anklang an épion (früher espion, Späher) beigetragen.

[6]) Letzteres 1507 bei Dr. Mennel (Köbel): „Fußknecht (das seind Fendelin)".

[7]) Erklärt durch Pedissequus, pedestris. Woraus das Altfranzösische (neben pieton, pion) auch pedistre entnahm.

[8]) Diederic van Assenede, Floris ende Blancefloor V. 2746: verlor

italienischen **fante**, welches noch neben pedone gilt; womit das spanische infante (Knappe, Fußknecht) [9]) zusammenhängt, und wovon **Infanteria** (Fußvolk) herkommt; wie in Franken und Niederdeutschland [10]) **Fant, Fantel, Fäntelein, Fantelich** für einen jungen Menschen, in Baiern **Spadi fantl** (il fante di spade, le valet des piques) [11]). Die Vergleichung des Wortes **Vende** mit den **Wenden** (es heißt nie wend!), welche **Nachtigal** [12]) und darnach das **Conversationslexicon** [13]), eben so **Netto** [14]) meinen, hält nicht Stich, wenn schon Stellen, wie die folgende von Nachtigal aus Gildebriefen beigebrachte, verglichen mit einer weiter unten mitgetheilten Darstellung der ältern deutschen Gestalten der Schachbauern, jene Meinung zu bestätigen scheinen. Dort heißt es nämlich: »dafs der aufzunehmende sey aus einem reinen ehebette echt und recht gezielet, guter **deutscher** und freyer geburt, niemans eigen noch lathe, keiner **wendischen art** oder tadelhaften geschlechts als Bachmüller, Zöllner, Balbierer, Bader, Pfeiffer, Leineweber, Schäfer oder andere **verächtliche** Leute, wie die namen haben mögen, so man in ehrlichen gilden ampten und innungen zu verwerfen pfleget«.

§. 14.

Nach dieser Prüfung der einzelnen **Namen** der Schachsteine [15]) blicken wir nochmals auf die kriegerische Anordnung des

---

der portwerder én **riddere** ende énen **roc** van finen fpele ende óc van finen **venden** vele.

9) Daher der Infant Spaniens? oder Infano — das lallende Kind??

10) Pommerisch Fentken (Beckmann's Stralsundische Chronik, herausgegeben von Mohnike und Zober).

11) **Schmeller** Bayerisch. Wörterbuch, I, 545. — **Frisch**, deutsch-lat. Wörterbuch, I, 248b.

12) Deutsche Monatschrift, 1797, S. 109.

13) Unter Schach.

14) S. 7 **.

15) Wer Weiteres nachlesen will, nehme zur Hand: a) Jacob **Mennel**, Auslegung des Schachzabels, woher sein Anfang. Costnitz 1507. 4°; Oppenheim 1520. 4°; Frankfurt 1536. 4°. b) Jean Francois **Sarasin** Oeuvres (Paris, Courbé, 1656. 4°) p. 259—277: Opinions du nom et du jeu des eschets (Amsterd. 1694. 12. I, 392). c) David. **Clerici**, Orationes, computus ecclesiasticus et poemata (Amsterdam, Henr.

ursprünglichen Schachspiels zurück und überschauen nun leicht darin die vier Bestandtheile des alten indischen Heeres: Elefanten, Wagen, Reiterei, Fußvolk; von welchen vier Gliederungen dasselbe auch ursprünglich den Namen Chatur-angu, d. h. vierleibig, Viergliederung [16]), die vier Waffengattungen erhielt. Und aus diesem alteinfachen Namen hat sich erst die persische Benennung des Spieles (altpers. Chatrang) [17]) Shatrenj gebildet (arabisch Shatranj), oder Shatreni, woraus im Abendlande die im richtigen Selbsttriebe alles umgriechenden Griechen sich das Wort

Wetsten, 1687. 8.) Oratio VI, p. 86. d) Ph. Stamma, Account of its antiquity, derivation of its terms in the noble game of chess. London, 1745. kl. 4°. e) Angeli a Josepho, Gazophylacium linguae Persarum. Amsterd. 1684. fol. f) The Hyde, De ludis orientalibus (Oxford, 1694. 8.) I, 69: de Scacchorum nominibus et materia. g) R. Twiss Chess. London, 1787. S. 22—23. h) Aben Ezrae Carmen. deutsch. Frankf. u. Leipz. 1743. 8. i) Die persischen und arabischen Namen (Goazir, Fil, Guora, Rocha, Piada) siehe Gorcius de orta dellos Aromas e simples medicamentos, que nacemem a India. Bd. II, cp. 28. (lat. v. C. Clusius, Exotica. Antwerpen, Plantin. 1605. S. 242). Nic. Antonii Biblioth. Hisp. I, 395. Ueber die morgenländischen Namen der Schachsteine schrieben ferner die Engländer William Dones, und besonders Francis Douce (Some Remarks on the European Names of Chessmen in der Archaeologia or miscellaneous tracts relating to Antiquity, published by the Society of Antiquaries of London. 1794. XI, 397) veranlaßt durch Daines Barrington (in derselben Archaeologia XI, 16: An Historical Disquisition on the Game of Chess). Einen Auszug aus Douce gab Karl Gottlieb Anton in Görlitz (im Allg. Literar. Anzeiger, 1798. Nro. 53. S. 545—549 und Nro. 163.) veranlaßt durch Nachtigal's Aufsatz über das Schachspiel der Deutschen im 15. Jhd. (Deutsche Monatschr. 1797, S. 109). Endlich siehe: Bohlen, das alte Indien. 1830. Th. II, S. 67. k) Ueber Zara, Scach, Tavoliere, Cavaliere, Rocco s. Franc. Aluño Fabrica de Mondo. Venedig 1184. fol. S. 697 unter Gioco.

16) Sie heißen im Spiele Hasty (Elefant) = Läufer, Aswa (asp d. i. Pferd) = Springer, Ratha (Wagen) = Thurm, Padatam (Fußgänger) = Bauern.

17) Das Indische spricht auch Tschatur. — Vgl. Al-Eddin Comment. De ludo Schatrangi; und Al-Razi Apologia pro ludentibus al Schatrangi, s. Olearius, Sadi's Rosengarten, Hamb. 1696. VII, 13, S. 84. Siehe auch Angeli a Josepho Gazophylacium linguae Persarum. Amsterdam 1684. S. 370, und J. Wallisius De progressione geometrica cp. 31, p. 159 (Opp. Oxon. 1699, I, 59).

Zatrikion (ζατρίκιον) mundgerecht machten und schachen, schachspielen hießen sie davon ζατρικίζειν [18]). Den Spaniern aber blieb aus diesen Formen (Schatrenj und Ζατρίκ-ιον) die arabische Form A-xedrez aus Al xadrez [19]).

So ergeht es den Wörtern im Leben wie den Münzen; nur daß jene immer eine geistige, immer verjüngte Lebensbedeutsamkeit selbst im abgeriebensten Gewande behalten! Die Perser bürgerten das mit dem Spiel, nicht mit dem Kriegswesen, zu ihnen gekommene, schon umgemundete Wort (Schatrang, Schatrenj) dadurch immer mehr bei sich ein, daß sie ihm eine durch heimische Anklänge ermöglichte Bedeutung ab- oder angewannen [20]). Man deutete aus Chaturanga (bengal. Sutringe) Schadrangk, Schatrack (dem das griechische Ζατρίκ-ιον [21]) sehr nahe liegt) d. i. 100 Beharrlichkeiten, 100 Kunstgriffe und Wendungen; Schatrandsch oder Schatranj, arab. Schitrendj, mauritanisch Satrendj, armenisch Schadraedsch [22]), d. i. 100 Mühen, 100 Sorgen [23]), 100 Schmerzen [24]) und andererseits schah-renj: Königsschmerz [25]), »auf den Ausgang nämlich zielende, so die vornehmste Person

---

[18]) So bei der Anna Komnena im Anfange des zwölften Jahrhunderts. Man vgl. Du Cange Glossar. med. et infimae Graecit. unter Ζατρίκιον. Auch lateinisch nannte man es daher Ludus Zatricius: Apomasaris Apotelemata durch Leunclavius (Frankf. 1577. 8.) cp. 24, p. 331. und Theveriti Scholiast. ad Idyll. O, V, 18. (Heinf. S. 65.).

[19]) Die Uebergänge Xatrang, Xatreny, Al-xedrez, al-yedrèz, ayedrèz, axedrez kommen im Spanischen früher alle vor.

[20]) Suchte man doch auch für Roch schon im Persischen und Arabischen manche andere Bedeutungen, z. B. einen Vogel Roch, Ruch. Eben so sagt Garcias ab Orta: „Turrim seu quam Elephantum“ dicimus, Rochha i. e. Tygridem vocant. — S. G. Wahl.

[21]) Darneben kommt, näher dem Schatrandsch, vor Σαντράζ, Σαντράτζ, statt Σαχτρανζ. Siehe die Alexias der Anna Komnena.

[22]) Schata, szad, shad (d. i. κοτον, centum, hund-ert) in vielen asiatischen Sprachen.

[23]) Vgl. Mandelslo, Olearius Reise in Persien, 1634; Olearius zu seiner Uebersetzung von Saadi's Persianischem Rosenthal (Nürnberg, 1696) S. 84; Jones's Asiatic Researches. p. 161.

[24]) Sad rendj.

[25]) Schah rendj. Auch Schod rendj (abiit dolor), selbst Schesch reng (sex diversae in lusu figurae). Siehe Freytag's Lexic. arabicum sub Schitrendj (d. i. Schitrendsch).

der König bekömmt«, wie Paulini 1700 in seinem philosophischen Feierabende (S. 814) sagt [26]). Solche Deutungen und Deutschungen sind überall volksthümlich [27]). Man denke nur an das hebräische Sanhedrin und das griechische Συνέδριον, das griechische Συνόδος und das deutsche Sent, an das Wäldchen Philomele's-Lust bei Braunschweig, das sich der gemeine deutsche Name in Vielmannslust verständlicht, wie er radical in ratzenkahl sich umdeutscht.

§. 15.

Eben so gieng es mit den übrigen Kunstausdrücken des uns beschäftigenden Spieles. Die Deutung Schah-treni führt unwillkürlich auf die Benennung des ganzen Spieles: Schach, nach dem persischen Namen der Hauptgestalt, des Königes (schâh) [28]), der überall König (mittelniederländisch coninc) heißt. Hienach wurde das abendländische Schachspiel allgemein im Latein des Mittelalters Scacci, Scacchi, italisch scacchi, scaccho, französisch eschec, echecs [29]) (altfranzösisch eschas, eschac, eskas, eschets, eschetz, eschez, eschecs), spanisch (neben axedres) xaque, escaque, jaque, portugiesisch xaque, escaque, englisch chess (tsches), deutsch Schâch, slavisch Szache, polnisch Szachi, hebräisch Eskâki, eskakî (אשקאקש, אישקקיש) [30]) genannt. Eben daher entwickelte sich der Name für das Schachbrett: mittellateinisch Scaccarium, altfranz. scacchier, eschaquier,

---

[26]) Eine Anzahl anderer Deutungen s. noch bei Hyde und Günther Wahl.

[27]) Vielleicht deutete ganz ähnlich das Chinesische aus Schâch (wie die Japaner aus dem portugiesischen xague sich Schogui entnahmen) seine Benennung des Spieles in Sciang-ki (d. i. Elefantenspiel) hinüber.

[28]) Darnach auch deutsch das „Königsspiel". So nennt es Gustavus Selenus 1616 das „Schach oder Königsspiel", so noch 1701 Nathanael Schlott in seinen Erneuerungsreimen des alten Lübecker Todtentanzes „das Schach und Königs Spiel"; und 1664 gab Chr. Weickhmann zu Ulm sein „Neueröffnetes großes Königs-Spiel" heraus. Aehnlich wurde eine besondere Art des Schachspieles im Mittellatein Regineta (reinette), rianata genannt. Die Stellen darüber aus Statut. Massiliens., Vercell., Astens. siehe bei Du Fresne s. v.

[29]) Eschecs, eschéz eigentlich die Figuren, wie im Spanischen escaques.

[30]) Aben Jachia hat Haschâk (השאק).

eschequier, eschiquier; jetzt eschecquier, englisch chequer, eschequer, excheqher.

Von diesem Schâch entnahm man den Ausruf Schach dem Könige ꝛc.; wofür das Englische das besondere Check, das Italische Scaco, [31]) Scacco, das Französische échec au roi, wie im mauritanischen Cschéch [32]) gebraucht. Ursprünglich wurde, wenn der König des Gegners durch einen Stein, z. B. Roch (Thurm), bedroht wurde, und gegen den Thurm seinen Platz wechselte (rochirte, zuckte), gerufen (persisch) Schah-Ruch, [33]) wie solche Formel im Mittelalter noch oft vorkommt. So z. B. in einem lateinischen Gedichte des 12—13ten Jahrhunderts [34]):

Victus ab hoste gemat qui dum fit schâch roch et hic mat!

oder in einem deutschen Gedichte des 12ten Jahrhunderts: [35])

Diu angest tet im ofte wê,
Wâ er ein wîp naeme,
Diu dem rîche reht kaeme.
Dâr umbe sorget maneger noch —
Ez ist ein schedelich schâch roch [36])

---

[31]) So 1481 Platina de honesta voluptate (Rom).

[32]) Höst, Marocco, S. 111.

[33]) Oder Schach fil, Schâch ferz, je nach dem Steine, durch den der König bedroht wurde. Wie es z. B. in Boner's Edelstein (S. 54, v. 46.) heißt: „Ein vent dem künge sprichet mat"; — oder: Schâch sprechen einem mit venden und mit alten (Suchenwirt's Gedichte: S. 20, 19). In Dideric's van Assenede Floris ende Blancefloer V. 2745.: der portwerder — verlôs
ên riddere ende ênen roc van sînen spele
ende ôc van sînen venden vele.
des sach'en Floris harde ontdâen:
mit crachte quam hi ôp hene ghegâen,
hi vant'en ghesconfiert ende sonder cracht
ende sett'en binnen der derden dracht (Zug)
met ênen ouden (Läufer) scâce ende maecten mat.

Der Italiener sagt noch Scacco-Rocco, Scacco Dame, Scacco di Cavallo, Scacco Tavola (engl. blindes mat).

[34]) Cod. monac. pictur. 73. 4°. fol. 9, b.

[35]) keiser Eraclius von Meister Otte (Codd. monac. et vindobon. membr.) V. 1602.

[36]) Daher der mittelhochdeutsche Ausdruck ich schrîge den roch uber iuch: (Mor. 27a.)

Der sêle unde dem lîbe,
Der bî eime bôseme wîbe
Alten ande wônen muoz!

Aus diesem Ausdrucke entwickelte sich allmählich die sonderbare Wiederholung Schach dem Könige! [37]) Der Ausdruck Schach hatte eben lange schon seine ursprüngliche Bedeutung verloren, so daß man dafür auch im Deutschen deutsche Ableitungen aufsuchte, wie wir gleich sehen werden und auch aus der Zusammensetzung schach-matt erkennen, welches der Russe (Schahmata) selbst für das ganze Spiel und das Brett gebraucht. **Schâch mât** heißt ursprünglich im Persischen: der König ist todt, besiegt, verloren, entkräftet. Das Italienische hat daher sein **Scacco matto**, das Spanische und Portugiesische **Xaque mate (xaque y mate)**, das Französische **Eschec et mat**, das Englische **Check mate**, der Däne **Skåk og mat**, der Isländer **Skaka and maata**. [38]) Das Englische entwickelte sich aus dem Worte Schach (**Check**) sogar ein Zeitwort **to check**, mit der Bedeutung verhindern, belästigen (**cohibere, increpare**), daneben **to mate**: beunruhigen, aufregen (**exagitare, vexare**). Im Italienischen ist **matto stolidus**, unsinnig, kindisch [39]), im Spanischen **matar (mactare?)** tödten. Bei den deutschen Völkern klang das deutsche matt hinein, [40])

---

37) Das ist ungefähr wie: **Vivat er lebe!** Fälschlich deutet Jos. v. Hammer dasselbe aus dem Persischen Kesch, d. i. Zieh! verdorben oder verdreht. (Wiener Jahrbb. d. Literat. 1827. Bd. XXXVII. S. 203.)

38) Eben so heißt es unter Anderm in „Eyn Gemeiner Dorffryde | der Bawren, den sie in diesem Jar uff- | gericht vnd zusamengeschwo- | ren haben x̄ || (Geben zu Schnerßheym am Kochersperg, inn der Weltzmülen 2c.)

„Drum laß vnnß denn auch dencken nach
Das wir nit werden matt vnd schach.“

39) Andere haben an $\mu\acute{\alpha}\tau\alpha\iota o\varsigma$, $\mu\alpha\kappa\tau\grave{o}\varsigma$ gedacht; **Verelius index linguae Scytho-Scanticae** (Upf. 1691. fol.) an das isländische **mat**.

40) Oder ist **mat** erst aus dem Schachspiel neben **muodi (můd' und matt)** getreten? — Die ältere Sprache setzte zusammen: **ledic unde mat** (Boner's Edelstein: IX, 18), **sagte alles trôstes mat** (Ebds. XII, 46). Hieher gehört die Stelle aus Fischer's Gedicht von Erfindung des Schachspieles (Deutsche Monatsschrift: 1797, S. 271):

Doch nun begann der Kampf
Von neuem; Schach auf Schach drang Nassir vor,
Bis müd und matt, obgleich in Einem Schritt

und bei dem ersten dachte man gleichmäßig gern an das deutsche skach, schâch, [41]) d. i. Raub, schâchen, [42]) skâhhâri, [43]) das später als Schächer, d. i. Raubmörder, Verbrecher, durch Luthers Bibelübersetzung geläufig blieb. [44]) So sagt ein altes Vocabularium von 1482 [45]: »Schach, der Ober=Räuber, rex in ludo latrunculorum.« Der Dichter Suchenwirt sagt einmal im 15ten Jahrhundert (XXXVII, 67):

Chrieg sagt lant und leüten schâch!

Da konnten sich leicht die beiden gleichklingenden Wörter (das persische und das deutsche) in dem Anklangsstreben des Geistes begegnen. Deutelt doch das Volk — nach verändertem Sprachgeiste — noch bei schachmatt gern an schwachmatt, und ist solches Bestreben des gemeinen Mannes immer noch sinniger und triftiger, als wenn Salmasius [46]) das Wort Scacchi von calculi, Polydorus Vergilius [47]) von scandere calculorum

---

Nur stets mit Würde that, des Königs König
Das Treffen schloß und sich gefangen gab.

[41]) Das schon in dem langobardischen Gesetze (I, 2, 55, 37) vorkommt: de furto aut schaco; schachator (latro). Isidor. 3, 27: et erunt praeda — enti sie uuerdant zuo scahhe.

[42]) Welt ir schâchen riten? Nibelungenlied 1784, 3.

[43]) Nibelungenlied 941, 4. 986, 4.: schâchaere. Im Augsburger Stadtbuch „Nachtschach" der Räuber. Im Renner schâchrouber (v. 7384), schâcher und rouber (7508); swelhe sich alsô bergen (verbergen) müezen, die müegen schâch mit schanden büezen. (7071.) u. s. w. Vgl. Schmeller's Bayr. Wörterbuch III, 315. Deutet doch auch Ziemann in seinem mittelhochdeutschen Wörterbuche S. 345. unter schâch (Raubmord, Mordraub) dieses auch als „Räuberspiel, Schach, das man bietet".

[44]) Wunder, daß man dabei nicht an den jüdischen Schacher dachte; oder mit G. Selenus (I, 124) an das hebräische „Scacha: adorare".

[45]) L. Frisch, Wörterbuch.

[46]) Zur Historia Augusta, S. 459. (Calculi, scalculi, scalclus, scalcus, scacus!). Siehe auch Sarasin Oeuvres: Paris, 1656. 4°. S. 262: als Ansicht des Saumaise und des Joh. Scaliger (de emend. temp. S. 338). — Das ist ungefähr wie des Menage Herleitung des Lakayen aus Verna (Verna — Vernacula — Vernaculeja — Vernulakeja — Lakay!)

[47]) De rerum inventoribus (II, 13). Besser wahrlich immer noch das Figmentum poeticum des Vida von einer Nymphe Scachis!

ableiten d. i. abdeuteln will. Besser David Clericus 1687, [48]) der schaken, schäken (expropellere) aufführt, etwa wie das angelsächsische scacar (quatere). Schon Herzog August von Braunschweig (als G. Selenus: I, 42) denkt an ein solches deutsches »schacken, vertreiben«. [49]) Eben so sagt Leonhard Frisch in seinem Deutsch-Lateinischen Wörterbuche: [50]) »schacken: ist ohne Zweifel von Schaek, Schachspiel, da ein Stein den andern wegnimmt«. Das Schachspiel hieß im ältern Deutsch das Schâchzabel-spil, oder der Schâch'zabel [51]), woraus selbst Schafzabel und Schafzagel wurde [52]), welches letztre (der

[48]) Orationes. Amsterdam, 1687. 8. S. 90. (orat. 7.)

[49]) Wovon das italische scacciare aussagen, vertreiben komme (statt ex-cacciare). Eben so: Vitus Amerbach Exposit. de Tristibus Ovid. II; wie um Memmingen schächen, treiben, jagen (Schmeller's Bayer. Wörterbuch III, 316). — Netto (das Schachspiel, 1827) beginnt ganz unklar: „Das Wort Schâh oder Schach bezeichnet im Persischen einen König, daher ist die älteste Benennung des Schachspiels bei den Indiern oder in der heiligen Sanskritsprache der Braminen, arabisch-persisch schatrandsch, Tschaturangka d. h. die 4 angka oder Theile des Heeres." Und doch leitet er S. 3. eschec, echec wieder von schachen, schächen, Schächer, Schachern. Hienach hätten die Deutschen diesem Spiele den Namen gegeben!!!

[50]) Th. II, S. 156. — Niederländisch ist schaaken: entführen, rauben, Schaaker: Räuber, Schacher. Siehe die obigen Formen Schach, skacho. — Ueber solche deutsche Ableitung des Wortes Schach s. auch Jugendzeitung 1807, n. 145. und Verkündiger 1803, n. 38. — In dem Hannov. Magazin (1763) I, 102, S. 1627. wird schachen, schächen (schlachten) aufgeführt.

[51]) Schmeller Bayerisch. Wörterbuch III, 315.

[52]) Tristan 2219. 13510.: schâchzabel. Das Vocabularium von 1419 für Scacabulum, ludus tessalorum schon schafzagl; ja im Regensburgischen Verbote der Spiele von 1393 schon: Schafzaln (Gemeiner Chron. v. R. II, 301). Ingold's guldin spil (1472) hat schafzabel und schafzagel. Gloss. Herrad. 185a haben schazabel scacariis; eben so Cod. palat. 312, Bl. 202: Zwey die zugen Schazabel Spil. — Dem Schafzagel gemäß hat Fischart 1595 auch „des Wolfzagels, des Wolfschwarzes" spielen. Uebrigens geht Schafzagel vorher (z. B. um 1433 „Den Schachzagel ziehen" in Westenrieders Beyträgen VI, 181; zum Jahre 1433 (ebendas. III, 139) „Das acht Essen was ain Schachzagl von mandleidch prawn und weiß, di Roch und all stain waren von Zucker; im Jahr 1560 (Kochbuch. Cod. monac. germ. 997, Bl. 48): „Ein hübschen Schachzagel machen."

Schafzagel, Schafzaigel, das Schafzaigelgespiel) in Franken zum Mühlenspiel sank. [53]) — Auch das Schwedische entstellte Shaft-tafel. Die Limburger Chronik braucht (§. 95. S. 46) in einem im 14ten Jahrhundert gesungenen Liede **Schach-Tafelspiel**, worin klarer die Herkunft des Wortes **zabel** von **tabula** [54]) erkannt wird; wie denn auch **Gustavus Selenus** (I, 42) sagt: »Heutiges Tages, wird es fast überall, das Schach-Spiel, oder das Schach-Zabel-Spiel, für dem, alß wir itzt reden, das Schach-tafel-Spiel genand.« Aber schon in alten **Glossae** des 9ten Jahrhunderts wird **ludere tabulis** übersetzt **za spilonne zaples**, wie im Französischen gesagt wird **jouer à tables**, d. i. Trictrac, welches im Wigalois (v. 10601) daher **zabelspil** heißt. [55]) Dieses heißt sonst genauer **Wurfzabel**, [56]) worauf wir unten noch einmal zurückkommen. Auch die nordische Sprache hat den Ausdruck Tafel für das Schachbrett angewendet: sie nennt sie **huesatafl** oder **huottafl** [57]); eben so das Spanische: **Tablero axedrez** (Schachbrett).

§. 16.

Die Kunstsprache des deutschen Schachspieles (die **zâbel-wörtelîn** [58])) finden wir sehr früh ausgebildet. So wird im dreizehenten Jahrhundert im Gedichte vom Sängerkriege auf der Wartburg [59]) gesagt aus der Schachsprache:

Diu freude mac sich wol vergân:
er ist gerukket sô daz er stêt sunder huote dâr,

---

[53]) Schmeller Bayer. Wörterbuch III, 334.

[54]) Wie Zabern aus Taberna (Tafern). — Der Ausdruck: **Tabula** wird schon bei Th. Actius eigen angewendet (**Cum neuter vincit, ludus nuncupatur tabula**). Aehnlich **robada, tavola** bei Selenus S. 115; neuerdings **échec perpétuel**. — Italisch **Scacco tavola** (engl. **blindes mat**).

[55]) Doch vergleiche weiter unten.

[56]) Wigalois v. 10582. Was in **Cod. palat.** 313, Bl. 202 zusammengezogen erscheint: **Zwey spilten wirtzblspil.** — Vielleicht hat sich aus diesem **Wurfzabel** das genannte Wolfzagel (wie aus Schachzabel — Schafzagel) entwickelt.

[57]) Hervarar Saga, Str. 26 u. 32. — Siehe Mohnike zur Fridthiofssaga (Stralsund, 1830) S. 84.

[58]) Gottfried von Straßburg Tristan, v. 2287.

[59]) Münchener Hdschr. 171.

dâ riter unde roch [60]) gewaltic stân,
der nimt ein meister wâr.
zwô clamanie an sternen tuot dîn singen mir bekant.
die geliche ich zuo dem vender, [61]) als ich bescheiden wil.
die sibenzic sint dir unbekant.
des hân ich riter unde roch in mîner künste zil.

Allein aus dieser Stelle lernen wir schon außer den Namen der Steine (**vend, riter, roch**) noch zwei Spielausdrücke kennen: **rucken** [62]) und **diu huote** [63]). Man sagte **in der huote, sunder huote stân.** Der Ausdruck **huote** (Hut) galt auch später noch im 15ten und 16ten Jahrhundert [64]), wie folgende Stellen zeigen, wo es noch bestimmter der ritterlichen Kunstsprache des Fechtens entnommen klingt. Meister Ingold im guldinen spil sagt: »**Der ein (ritter) behüett dem künig sein huot, daz sie nicht gebrochen wierd**«; und in der Frankfurter Ausgabe von **Dr.** Mennel (1536) heißt es: »Ein ieder Schachzieher thut weißlich vnnd wol wenn er in seinem spilen erstlich den König in ein sicher hut stelt, vnnd demnach mit dem übrigenn zeuge gegen den feinden arbeittet. Nün ist ein hût anders nicht denn dz der König mit etlichenn gepreüchlichē steinen also versehen vnnd versichert wirt, das er ruig stehe; vnd des Schachbiettens, durch solchen schirm seiner stein, sicher sein möge, welches dann gar ein grosser vortheil vnd behelff in diesem spil ist, dann so der könig bloß steht, vñ zun seittenn odder sunst mag alweg mit dem

---

[60]) Springer und Thürme.

[61]) Ettmüller (Ausgabe, S. 203) deutet auch hier ganz falsch „Vielleicht der Auffinder, Entdecker".

[62]) Man sagte auch, wie jetzt, Schach ziehen, der Zug (persisch rânden); z. B. im Renner des Hugo von Trimberg (5409.):

Got lâ mich niemer dô gesizzen
Dô man mit brotes snizzen
Schâchzagel ziuhet uber den tisch.
Möht ich ein künc da derwischen
Oder ein roch, so füere ich wol,
Mit venden wird ich dô selten vol.

So auch 1507 **Dr.** Mennel und 1617 Gustavus Selenus: der Schachzieher.

[63]) Auch: **dâ riter unde roch gewaltic stân.**

[64]) Ja eben so noch 1507 bei **Dr.** Mennel, die Hütte; und 1616 bei G. Selenus S. 433.

Schach reycht werden, so wirt er gar leichtlich veldtflüchtig, vnnd muß einn statt nach der andern raumen, dessenn er dann alles durch die hütten gesichert sein kann.« — Hut ist hier Schirm, Deckung (Parade): einen Hieb abwehren hieß sonst »versetzen« — schirmen [65]) — brechen. Von der Huot leitete man hüeten, behüeten. Schachbieten, wie wir jetzt noch sagen, kommt früh vor. [66]) Daneben sagte man schâch sprechen [67]) und schâch sagen [68]); aber auch schâch tuon [69]). — Eben so mat sagen, [70]) mat sprechen, [71]) einem mat tuon nâch sînem schâche [72]); den mat ziehen ûf einen [73]); wie den Schâchzagel ziehen. [74])

Man sagte daz schâch und der mat. [75]) In der Ma-

---

[65]) Schirmschlag war Gegenhieb; schirmen und fechten drückt Angriff und Vertheidigung aus. Schirm (scirm, scherm) ist der Schild.

[66]) Suchenwirt's Gedichte, S. 38, 140. Eben so 1513. („Die welsch gattung". Straßburg. 4°. Bl. zi):

Dan man biet jm gar manig schach
Das doch den alten wer ein schmach,
Sô hab der ritter des kain eer
Solt also werden mat sein herr,
Die weil er heb sein frauw gantz frej
Der gleich, euch bede roch darbey
Auch heb der fenden er nit vil
Verlorn, wolt man nûn recht jns spil
Sehen, vnd aufs der hûtt nit gonn
So mûfs der künig bleiben ston
Inn seiner eer etc. — (Vgl. Bl. 41[a]).

[67]) Suchenwirt, S. 20, 19; Trojan. Kr. daz im gespreche ir zunge schâch und inir hant gelêret mat.

[68]) Ebds. S. 37, 67.

[69]) Ebds. S. 28, 307; Wilhelm v. Oranse I, 50; Herbort Troj. Krieg 14558. (si tâten im einen schâch. „si wârn vil nâch worden mat).

[70]) Wigalois: 7829.

[71]) Boner Edelstein S. 54, 46; Maneff. Samml. II, 16; Müller's Samml. III, (oeinem mat und schâch sprechen).

[72]) Wigalois: 9934.; Maneff. Samml. I, 138; Goldne Schmiede; Trojan. Krieg.

[73]) ûf einen ziehen des galgen mat. Boner. 57, 93.

[74]) Westenrieder, Beyträge, VI, 181.

[75]) Fischart (Gargantua, cp. 1.) sagt schon: „Der Brettspiler Lurtsch, das Schachtisch Matt"; wie daz roch (Cp. 25.: Schachmatt).

nessischen Liedersammlung heißt es einmal [76]): **Fliuch den mat, ich sage dir schâch!**

So rief man im Spiele: **dâ schâch! ab[s] schâch!** [77]) d. i. Schach hin und zurück. Verschieden von Letzterem ist aber **abschâch**, was früh vorkommt und noch spät bei G. Selenus (I, 119) und noch heut gebraucht wird [78]). In einer schönen älteren Stelle aber heißt es von einem König und einer Königin, die mit einander spielten, zugleich überaus lebendig [79]):

Den künec unt die künegin
gar minneklîchen vant er
fizzen bî einander,
dâ fi ein schâchzâbel zugen.
ir ougenblikke lieplich vlugen
uber daz bret oft entwer
von eime hin zem andern her,

---

[76]) MS. II, 45[b].

[77]) Tristan, v. 4144 ꝛc.

[78]) Ueber fernere Sprache des Spieles siehe Culmbacher wöchentliche Unterhaltungsbl. 1817. n. 32. 33. — Das Spiel ist sehr reich an Kunstausdrücken. So spricht man noch von Doppelbauern, Mittelbauern, Verbundenen Bauern, Gelösten Bauern, Freien Bauern, Gebotenen Bauern, Entblößtem Könige u. s. w. — Gustavus Selenus (I, 119 ꝛc.) hat die Ausdrücke: das Schachmatten, schachmatten, das Ab-Schach-Mat (doppelt Schach), Blinder Schachmat (ungemeldet: das auch — blindmate, blindesmate neben smolberedmate und scholarsmate, auch das Englische kennt), Schach geben und bieten; Anführung, Anfall, in Haftnehmung, Beschützung, Beschanzung, Vertheidigung, Raubung ꝛc. Aus dem Französischen hat man auch Pat (le Pat, lo Stallo, the Stale mate) herübergenommen, wie J. P. Friedrich Richter (im Titan) mal gebraucht: „Es fächelte den schachpatten Mann wieder frisch und kühl, der ein schachmatter werden wollte"; giuoco patto, partie remise, a drawn game, la Tavola, échec perpétuel. Scacco tavola. Far tavola (far nulla); non fece tavola (Boccaz Decamerone. Ausgabe 1510. Venedig: non facesse tauola). Francesco Alunno Fabrica del Mondo (Venedig, 1581. fol.) sammelte alle Ausdrücke aus Petrarcha, Dante, Boccaccio (Il Philocopo. Venedig, 1538. 12°, Buch 6: spielen 2 Spieler: französ. 1542. fol.) Ariosto, Sannazaro, mit lat. Erklärung. Englische und italienische Schachausdrücke stellt Twiss Chess I, 137—138. II, 14 zusammen (passar bataglia — to pass battle etc.). Fools mate, dead game, partie remis; pion mat, pion doublé, roi dépouillé, scaco dire u. s. w.

[79]) Heinrichs von Friberg Fortsetz. des Tristan, v. 4144 ꝛc. vgl. 1561.

von eime her zem andern hin.
. . . . . der künec ſprach
zuo der küneginne „dâ ſchâch!
„dâ ſchâch“ ſprach diu künegin,
„hie buoz mit dem riter mîn!“ —
„ab ſchach!“ ſprach der künec ſân.
. . . .
Nu wart verrukket ein ſtein.
des huop ein kriec under in zwein.
. . . .
der ſtein wart ûf dem brete entwer
gerukket hin und her,
er rukt' in her, hin rukt in ſie.
. . . .
Zehant Iſôt diu künegin
huop ein kleinez kriegelîn
mit dem künege umb daz ſpil
ſi ſprach: „künec, ich enwil
nit mê ſpiln ze diſer zît:
habet iu ſpil unde ſtrît,
habet iu verluſt unde gewin!“
unde ſtiez daz bret von ir hin.

§. 17.

Schon dieſe Stelle zeigt uns zwei Geliebte einander gegenüber. Nicht alſo erſt Gottſched in ſeiner »Gräfin G.« läßt zum erſten Male die Liebe zweier Spielender über dem Schachbrett ſich entzünden. Göthe läßt eben ſo (in Götz von Berlichingen) den Franz von Bamberg und Adelhaid von Wallendorf beim Schachſpiel ihre Liebes- und Todeszüge ziehen. Auch jene ältere Stelle iſt nicht die einzige ihrer Art. In der nordiſchen Gunnlaugrſaga des 12ten Jahrhunderts ſchach ſpielet Skalde Gunnlaugr mit der ſchönen Helga. Er und Skalde Rafn entzünden in Liebe zu ihr: beide fechten und fallen von gegenſeitigen Wunden. Frau Libanet ſagt (im Beliant oder Wittich vom Jordan):

Ich hab vil von der lieb vernumen
Her bi mînen tagen vast vil:
Wer ſich wider ſie ſezzen wil
Den ſiu ankumt als ſiu iuch hât
Daz ſie dan ſaget ſchâch und mat.

Auch Ulrich von Thürheim [80]) ſchon läßt die Frau

[80]) In Wilhelm von Oranſe. — Hier möge erzählt ſein, wie (nach

Minne am Schachzabel die Herzen entbrennen. Er erzählt von der heidnischen Königin Arabele und dem christlichen Markis Willahelm, ehe sie zu Tische gehen:

Dô sîn was zît do tete man hin
die tisch unde gup wazzer sâ.
Die kuningin bat in sizzen nâ.
Des wert durh zuht der markis sich.
Arabêl dô sprach: unt vorhtet ir mich
Ju geschiht niht me dan iu ist getân:
Wir woln iuch ze gesinde hân
Die wîle ir lept. daz nemt vor guot.
Der markis sprach: swaz man mir tuot,
Daz dult ich wan daz muoz nu sîn.
Dô hiez brengen diu künegin
Ein schâchzâbel von elfenbein.
Ouh brahte man zweier hande gestein
Von zweier varwe daz edel schein.
Hie was smareis unde saphier.
Ouch was von rîcher gezier
Daz schâchzabel gemachet,
Daz ez Arabêlen niht enswachet:
Ez wart ir braht von Arabî.
Killois sizzet sîner saelden bî.
Vrowe Minne den zwein hie zuosiht,
Von der helfe lîhte ein blick geschiht
Der zît in nu niht bevilt.
Ez wirt lîthe ambe ez gân gespilt.
Ich waen er habe hie gerne phliht,
Wil ez der pfander krenken niht.
Diu künegin spilt mit im nu hie.
Den Markis ir minne niht spilen lie.
Die minne ze lîbe nu boten sande
Den zwein daz si mit liebe mande.
Des zôch er hie niht als er kunde
Arabêl mit ir rôtem munde
Tet im wol schâch, als ir gezam.
Ir minne süeze im benam

Gottfried's Historischer Chronik. fol. 1674.) Kaiser Valentinian (um 455) mit Consul Maximus „im bret spielt“ (— die Schachfiguren sind abgebildet), der Kaiser in Maximi schönes Weib verliebt. Der Consul verliert Geld und — Ring. Diesen schickt der Kaiser, zum Zeichen, daß sie fortan sein sei, und thut ihr seinen Willen. Der Hausherr erzürnt, der Kaiser wird erschlagen.

Mit gedanken spiles kunst.
Doch nam er daz minne ir gunst
Im gebe vor den besten schâch.
Mat hie volget dem schaden nâch.
Ob ez geschech, so lachet mir.
Arabêl nu sprach: wes sizzet ir?
Ir trahtet und ir kundet siu niht."
Wilhalm dô sprach: mîn herze des giht,
Daz ir sît meister uber mich.
Doch hüet iuch nu, daz rât ich:
Mîn kunst gein iu diu meldet sich.
Vrowe minne schâch iu niht verbirt."
Arabêl sprach: als daz nu wirt,
Sô hüete wir unsih danne aber baz.
Ez ist reht daz wir us tragen haz.
Ich und mîn hêrre tuont iu niht wol."
Der Markis sprach „mîn zuht daz sol
Vertragen als ich nu beste kan."
Ein roch nam er erst san:
„Ez ist noch iwer, geruochet ir sîn —
Sprach der Markis zer künegin.
Den Margraven sach siu an.
Daz Schâchzabel nam man nu dan.
Ander rede sie vil begunden.
Nu zergie des abendes stunden

. . . .

Nâch dem tische sâ ze stete
Brâht man aber daz schâchzabel dâr.
Arabêl sprach: nu wil ich gar
Mich mit willen an iu rechen.

. . . .

Daz schâchzabel siu vor sich nam.
„Hêrre Markîs, ir sît uns sêre gehaz.

. . . .

Arabêl zoch unde der Markis.
Daz spil sich werte in manege wîs
Jê zu hin, dar nâch her.
Nu was der küniginne ger
Daz siu daz spil gewünne im an.
Zuo dem Markîs sprach sie san,
Dô siu gein dem zuge sich bot
„Nu trahtet wol, des ist iu nôt,
Unde sehet iuch vor, ich tuon iuch schâch:
In vil kurzer zît dar nâch

Tete siu schach roch ûf der kunegin [81])
Siu sprach: „vür wâr ir müezet sîn
Mîn schimpf, sît dirre zuc ist mîn.

§. 18.

Schon die beiden bisher mitgetheilten Stellen älterer Gedichte oder die Einflechtung des Schachspieles in solche ist hinlänglicher Beweis, wie gebräuchlich und allgemein das Spiel in früheren Jahrhunderten, besonders in der Ritterwelt, an den Höfen gewesen sein muß. [82])

Zwei Spiele werden wesentlich genannt: Wurfzabel (Tables, Brettspiel) und Schachzabel. Eben so in englischen Gedichten [83]) The playe of the Chesse and tables; im Französischen Eschez et des tables; [84]) im Italienischen a scacchi ea tavole. [85]) Auch im Deutschen wird früh geschieden zabal, zabil, zaphil, das Zabel, eben so isländisch tabl, [86]) angelsächsisch täfl für alea. Ludere tabulis ist spilôu Zables, jocum facere in zablo. Jablbord ist isländisch das Spielbrett, deutsch Zabelbret für den Wurfzabel oder das Brettspiel«, was selbst ins Polnische überging, wo war-zab ein Stein im Brettspiel ist, war caby das Brettspiel, war-cabrica das Da-

---

[81]) Siehe oben S. 32. Anmerk. 35.

[82]) Unrichtig daher die Angabe Günther Wahl's (S. 24): „In Deutschland ist das Schachspiel ungefähr um die Mitte des 16. Jahrhunderts in eine größere Aufnahme gekommen.“

[83]) König Arthur. Strutt (View of the manners and customs of the English) aus alt. Manuscr.:

When they had dyned, as I you sage,
Lords und Ladyes yede to playe
Some to Tables, und some to Chesse,
With ollir gamys more and lesse.

[84]) Tristan. Im Roman de la Rose jouer aux eschiecs aux de ou aux tables“. Noch 1673 bei Jaques Henricourt (Miroir des Nobles de Hasbaye, S. 6.): Joiveir aux Eskas et es Tables. In den Statut. Massiliens., p. 505: Ludere ad Scaccos et tabulas. Im Romanischen juer as tables, venezianisch zogare a tola, im Brett spielen.

[85]) Boccaccio Decamerone, 1350: Tavoliere e Scacchiere-Chiando a dormire, chi a giuocare a scacchi, e chi a tavole (II, 1.).

[86]) Sächlichen Geschlechts, verschieden vom weiblichen tabla, Tafel. Tebla ist Schachspielen.

menbrett; wie im Deutschen Wurzabelstein, Zabilstein Stein im Brettspiel ist. [87]) Aber Schachspiel wird vorzugsweise gepriesen. In der Orkneyinga-Saga [88]) heißt es: »Ich weiß neun Künste: Schachspiel, Runenschrift, Lesen, Schmieden, Eislaufen, Bogenschießen, Singen zur Harfen und manche Lieder.« In einem schwedischen Liede von Karl und Gryner wird gerühmt: »Er war, als er aufwuchs, gewöhnt, sein Schwert zu röthen, auf die Eisberge zu klimmen und hinab zu gleiten, zu ringen, Schach zu spielen, Sterne zu erkennen, Steine zu stoßen und andere Spiele zu treiben.«

Von einem guten Rittersmanne wurde auch in Deutschland außer Tapferkeit, Ringfertigkeit des Leibes, Jagdlust rc. auch gerühmt:

Schâchzabel unde seitenspil
Daz was sîn kurzewile. [89])

Und ein allgemein in Deutschland gesungenes Lied um das Jahr 1365 konnte anheben mit den Worten:

Schach-Tafel Spil
Ich nu mer beginnen wil [90])

Vom Helden Tristan heißt es, als er zur Erziehung zum Könige Pharamund ging: Tristan tant creust et amenda tant que chascun, s'en merueilloit, il sceut tant des Eschez et des tables que nul ne l'en peult macter. [91]) Dasselbe wird

[87]) Siehe Schmeller's Bayerisches Wörterbuch IV, 215.

[88]) Koppenhagen, 1780. 4°. S. 150.

[89]) Konrad v. Würzburg, Der werlde lôn, V. 28. Ähnlich im Beliant, wo nach der Tafel

Dort tanzen, hie werfen den bal,
hie treten, dort springen,
dort sagen, hie singen,
schâchzabel und bretspil,
darzuo ander kurzwîl vil.

Eben so wird in Diederic's van Assenede Floris ende Blancefloer der Erstere gefragt (V. 2690.): wildi comen corten uw tijt: Ende spelen scaec? wonach es V. 2700. weiter heißt: Men brochte hem een scacc van yvorenbêne, dat scône was ende rijclijc.

[90]) Limburger Chronik.

[91]) Französischer Tristan, 1120 (engl. 1290). Im Ms. Reg. B. A. XVIII. f. 190b. Ms. Cott. Cleop. B. IX. f. 5. heißt das Spiel le long asise, wo nach bestimmter Anzahl Zügen matt gemacht werden müßte.

von König Arthur erzählt, wie er, 9 Jahre alt, zu einem edlen und weisen Meister (Gouernar) zur Erziehung gebracht wurde, who amonge other thynges dydde teach this noble chylde Arthur the playe of the chesse and tables so yt non was in coninge lyk unto hin. [92])

Von König Arthur's Krönung (im J. 542) aber sagt Robert von Gloucestre: Somme wyth lance, ſomme wyth ſuerd, without vylenye, wyth pleyinge at tables other atte chesse.

Karl der Große, den wir oben den ersten Schachspieler des Abendlandes nennen hörten, durfte auch als solcher in den Gedichten seines Sagenkreises nicht fehlen. Das schöne Gedicht des »phaffen Kuonrât« von Roland und Runzeval [93]) aus dem zwölften Jahrhundert erzählt, wie die Boten des heidnischen Königs Marsilia aus Spanien zu Karl kommen und ihn mitten in dem bunten ritterlichen Leben seines Hofes beim sinnigen Spiel finden:

Die boten ſâhen zuo dem geſezze
manigen helt vermezzen.
Si kômen zuo einem boumgarten,
der was gezieret harte.
dâ vunden ſi inne
die lewen alſô grimme
mit den beren vehten.
ſi ſâhen guote knehte
ſchiezen unde ſpringen.
ſi hôrten ſagen unde ſingen
vil maniger ſlahte ſeitenſpil.
aller wunne was da vil.
die kuonen Vranken
von einander wanchen.
ſi huwen mit den ſwerten
ûf den vlins herten, [94])

[92]) The hiſtory of the mooſt noble and vallyaunt knyght Arthur of lytell brytagne, translated by the noble Johan Bourgcher knyght, lorde Barners newly imprynted London, by Roberte Redborne. 4°. v. J. Hptſt. II. Eben ſo Hptſt. VI.: And Arthur and Gouernar ware playing at the Chesse.

[93]) Cod. palat. N. 112. 4°. (12. Jhd), Bl. 9a.

[94]) Klage, 590: flins herte ringe, d. i. brünnie, Kettenhemder.

daz daz viur dâ obene ûz ſpranc.
ſi ſâhen daz die adelâren
darzu gewent wâren,
daz ſi ſcatte bâren.
ſi hôrten die phaht [95]) leren
die edelen iunchêrren. —
unde ſchermen mit den ſchilten;
wie die valhen ſpilten
unde ander manic vederſpil.
aller werlt wunne was dâ vil. [96])
vil manic edele wîp
zierte wol ir lîp
mit phellel unde mit ſîden
mit guldînem geſmîde.
ſît ſalomôn erſtarp
ſône wart ſô grôz hêrscaft
noch newirdet niemer mêre.
Karl was aller tugende ein hêrre.
Die boten verre giengen.
vil dikke ſie neder vielen
in phellîhem gewande,
die palmen in den handen.
ie mêre unde mêre
vielen ſi zuo der erde.
ſi vunden den keiſer zwâre
ob dem ſcâchzable. [97])
ſîn antlizze was wunneſâm
iâ lûhten ſîne ougen
ſam der morgenſterre.
man erkante in vil verre.
nieman nedorfte vragen,
wer der keiſer wære.

---

[95]) Pacta, Geſetze.

[96]) Wie Robert Monachus (Historia Hierosol. B. 5., S. 51.) ſagt: Aleae, ſcaci, veloces cursus equorum flexis in frenum gyris non defuerunt.

[97]) Ganz eben ſo wird von Tamerlan erzählt (Chronic. Tarvis. bei Muratori Script. rer. ital. XIX, 801): „Tamberlanus suo in popillone tunc forte conludebat ad Scacchos.“ Eben ſo ſpielte König Johann Schach, als die Abgeſandten von Rouen im J. 1213 zu ihm kamen, Hülfe gegen König Philipp Auguſt zu bitten, der die Stadt belagerte. Er ließ die Flehenden warten, bis er ausgeſpielt. (Dictionn. des Anecdotes. 1753.)

In einem andern alten Romane [98]) wird von Karl dem Großen ferners erzählt, daß er mit Guerin von Montglave Schach gespielt, sein Reich auf das Spiel gesetzt und das Spiel verloren habe. Jener erläßt es dem Kaiser unter der Bedingung, sich ein Reich von den Sarazenen erobern zu dürfen, wozu Karl seinen Söhnen Girard und Regnier ein Heer gibt.

§. 19.

Aus Karls Geschlechte erzählt die Sage von einem todbringenden Schachspiele. In den zeiten — erzählt Andreas von Regensburg in seiner Chronik [99]) — wâren in dem lande ze Baiern zwên brüeder Albertus und Ockarius genant. Derselbe vater was von Burgundia und diu mueter von Baiern, und wâren reich und fürhtten got und wâren gar nâhent von der geburt künig Pipîno, der kaiser Karles vater was. Nû was der einer mit wesen zuo Baiern und het darin zwelif graveſchaft; sô was der ander genant Ockar, der älter an iâren und besaz daz herzogtuom in Burgundia und het einen volgeſchikten ſun an dem hove künigs Pipîni. Dô derſelbe mit adelîchen wolgezierten ſiten uber des küniges Pipîni ſun was, dô was îm die ahtbarkeit edeler ſiten urſach nei-

---

[98]) Guerin de Montglave: Lyon (Bibliothèque des Romans. Oct. 1771. II, 8. Siehe auch Twiss Chess, François Douce und Madden.). Karl bietet Guerin an: Je parie que vous ne voudriez pas jouer contre moi vos espérances sur cet eschiquieier à moins que je ne misse gros au jeu. Si fait, repondis-je, les jouerai, pourvu que gagiez contre moi seulement votre royaume de France. Non de par S. Martin de Tours! repris-je vivement. Eh bien voyons, dit Charles, qui se croyait fort aux échecs. Taupe, lui dis-je, Nous jouons; je lui gagne son royaume; il se met à rire, moi je jure par Saint Martin et par bien d'autres saints de mon pays d'Aquitaine, qu'il faut bien qu'il me paye par quelque accommodement. — Girard und Regner sagen zu Karl: Le noble Duc Guerin ne vous gagna-t-il pas votre royaume dans une partie des Echecs? l'avez-vous payé? Und zu anderer Zeit: Sir! vous êtes plus grand Seigneur que Guerin, mais il ne vous cède point en courage: vous devintes son égal le jour que jouant aux Echecs avec lui, vous perdites votre royaume, qu'il vous a laissé.

[99]) Andreas Ratisbonensis, deutsch in Cod. palat. 96 (und 94), Bl. 6[b]. Vgl. Gustav Selenus. S. 14.

des und hazzes, wann ez ist gar hart, daz einer im gelücksamen wesen âne neid sei. Wann wenn sie zugen den schafzagel, so kund er daz alweg bezzer dan der sun Pipîni und lac im ouch gemeiniclich des ob. Nu trost sich Pipîni sun vil leicht seines vater vermügen und huob mit im ein' kriec an und sluoc im so sêr [100]) zum slaf daz er starb. [1])

Von solcher heftigen Leidenschaftlichkeit im Schachspiele sind besonders die altfranzösischen Romane und Volksbücher voll, aus denen wir hier einige Züge beibringen wollen, und zugleich das Bild des früheren Schachspieles immer lebendiger hervortritt.

So heißt es in dem Volksbuche von Ogier dem Dänen [2]): Et quãt ce vit sur le vespre tournoierent ung peu a la salle.

---

[100]) Mit dem Schachbrett. Frisch (im Wörterbuch II, 123) sagt ganz naiv zu dieser Geschichte: „Es müssen die Schachsteine damals schwerer gewesen seyn als jetzt. (Er weiß nämlich, daß er ihn mit dem Rochen an den Schlaf getroffen.) Die Ursache scheint nicht nur der Schimpf des Verspielens, sondern des Verlusts gewesen zu seyn; denn wenn einer dreymahl hinter einander verspielte, muste er dem andern geben was er am liebsten hatte.“

[1]) Otkar und Adalbert verließen aus Leid den Hof und gründeten Tegernsee und Illmünster. Auch Metellus Tegernseefis (Quirinalia) um 1060 kennt die Sage.

Huic ludo tabulae regis erat filius obvius,
Donec doctior hic, obtinuit promptius aleam
Rixam victus agit, corde patris, forte potentior,
Et Rocho jaculans, mortifere vulnus adegerat.

(Canisii Thes. Msn. ed. Basnaep. III, 2, 134. Acta Benedict. saecul. 3. I, 603. Madden in Archaeol. 1832. XXIV.; S. 206. macht aus jener Stelle einen Otkar namned Roch, und setzt des Quirinus Tegernsee in Upper-Bavaria, neer the lake of Zurich!! — Vgl. Freher S. 17. Ähnlich heißt es in Miracul. S. Bertini (Acta S. Benedictini sec. 3. tom. I, 151): Eodem anno Johannes Presbyter de Rabroch cum talis ludens ad aleas nescio seu ad scacos.... alapam magnam in maxilla recipiens super Scacorum vel alearum tabulam recidit. Man würfelte vormals, welcher Stein ziehen durfte, auch im alten Indien schon, wo doch sonst alle Hazardspiele verboten sind. (Vgl. „Das Schachspiel mit Würfeln zur Belustigung freundschaftlicher Zirkel. Leipzig.“)

[2]) Ogier le Danoys. Paris, Anthony Verard, 1500 fol. Eine Zeichnung dazu steht in Ms. Reg. 15. E. VI. Bl. 82. in London.

Et il priat voulente a charlot de iouer aux eschez: si demāda a baudouin sil y scauoit rien et il respōdit q, ouy. Adonc lui commanda quil allast querir leschequier ꝛt le fist ꝛt si tost quil fut venu chascū assist son ieu. Et quant Charlot commenca a iouer tira ung petit paonnet et point ung Cheualier et baudouyn q fin ꝛt soubtil estoit tira le sien ꝛt leua ꝛt print deux cheualiers. De son rey lui dist eschac. Em lui disant mon seigneur nous auons tantost le fin de ce ieu. Puis couurit charlot sō roc ꝛt pris ung paonnet. Adonc baudouin trayt son cheualier et la mis au plus pres de son roy. Et charlot ne ꝓnoit point a plaisir, mais lui dist plusieurs fois laissez cette raille ou ie vous iure ma foy q vous en repentirez Monseigneur se dist baudouyn cela vault mieux que tout le ieu car le ieu des eschez est de telle propriete quil ne demāde que langaige ioyeulz. Touteffois charlot tout mal content de baudouin ꝛt de ce quil lui sembloit ql se truffoit de lui. Il lui dist. Ha filz de putain auoultre qui te fait ainsi truffer de moy ton pere Ogier ne moseroit aīsi oultrager en ieu come tu faiz si respondit baudouin vous dictes, mal daīsi oultrager ma mer car elle nest pas telle que vous la dictes, se mon pere cest voulu esbatre auec elle amoureusemēt elle ne fit tort a nully Et si vous asseure et iure par mon dieu que se vng aultre me auoit autāt dit de ma mere ie vous prometz que je le mettroye en tel estat que iamais ne lui souuiendroit den parler. Et charlot saisit leschequier ꝛt dist ainsi. Et paillard bastard vous en fault il tant parler Et haulse leschequier ꝛt lui en donna si grāt coup quil lui effondra toute la ceruelle et lui fist saillir les deux yeulx hors de la teste ꝛt cheut tout mort au milieu de la place. Et quāt charlot apperceut quil fut mort lors sest print a fouyr incōtinent. Car il craignoit grandemēt la fureur de sō pere ogier le dañoys. [3])

---

[3]) Gewöhnlich im Romane Galyen rethore (Anthony Berard, 1500. Pergament). Galyen, Großvater von Hugo in Mesopotamien, dem Jerusalem gehorchte: Lors advint qune fois apres soupper ung de ses oncles nome thibert appella son nepueu galyen ꝛt lui demanda sil uouloit iouer aux eschetz, ꝛt il lui respondit q ouy

In den Vier Haimonskindern [4]) spielt Reynold (Aymon's Sohn) mit seinem Vetter Herzog Richard, einem der zwölf Pairs von Frankreich, Schach. »Et apres disner les Barons se leuerent et saillirent. dehors pous eux esbatre, ‚t Barthelot, neueu du roy Charlemaigne, appella Regnaut pour iouer aux eschetz: ‚t il y alla, dont a grand peine luy en conuint partir, ‚t plusieurs bons cheualiers apres en perdirent la vie, ‚t plusieurs enfans demourerent sans pere, comme cy apres vous pourrez ouyr. Lors sassirent Barthelot et Regnaut pour iouer aux eschetz, lesquelz estoyent diuoire, ‚t leschiquier estoit dor, ils iouerent tant que debat sesmeut entre eux, tellement que Barthelot appella Regnaut filz de putain, ‚t le frappa au visage tant que le sang en saillit. Et quand Regnaut se vit ainsi ontrāge il en fut moult dolent, ‚t iura que mal luy en prendroit. Adonc il print Leschiquier ‚t en frappa Barthelot si fort quil luy fendit la teste iusques aux dents. Et lors Barthelot tomba mort deuant luy, ‚t a lheure commenca grand cry parmy la salle.

In demselben Volksbuche [5]) heißt es ferner: Apres que leschelle fut dressee aux fourches sur le portail Regnaut appella dix de ses gens, ‚t leur dist. Barons allez querir Richard: car ie vueil qu'il soit pendu. Sire, dirent ilz, nous le ferons. Si allerent en la chambre ou Richard estoit ‚t le

voulontiers. Si escheut q galyen fut meilleur ouurier que son oncle ’t tint ung roc ‚t il va dire a haulte voix col en ce raillant. Beau oncle, vos estes mort. Et thibert q eut despit de quoy galyen lauoit gagne eut ung courage mauuais ‚t selon ‚t lui dona de leschequier si grāt cop sur la teste q le sang en saillit a grāt randon sur les carreaulx ‚t lappella, bastard filz de putain (d'Olivier) vos mocques vos de moy. Adonc quāt galyen se vit blece il dist a son oncle. Grāt tort auez de me ferir, ia porcoy maintenāt que ne maymez pas, ie ne vos cognoissoie nul, mais maintenant ie vos cognois ie vous prometz ma foy que une fois men souuiendra se ie viz. Vgl. auch das Volksbuch Guy von Warwick.

[4]) Les quatre filz Aymon, Duc de Dordonne. Paris pour la Vefue Jean Bonfons. (1554) 4°. cp. 2, c. 4. Die Stelle in alter englischer Übersetzung v. Copeland 1504. bei Madden Archaeol. XXIV, S. 210.

[5]) Ebds. c. 3.

trouuerent iouant auec Juonnet filz de Regnaut, si le prindrēt ⁊ lui dirent. Sire venez auant: car Regnaut a commande que soyez pendu. Quand Richard les entendit il les regarda de trauers ⁊ ne leur daigna respōdre: mais dist: Mon amy Juonnet hastez vous de iouer: car il est temps de manger. Quand les Barons virent que richard ne disoit mot, si le prendient en disant, leuez sus richard: car en despit du roy vous serez maintenant pendu. Quand le Duc Richard vit qu'il estoit prins il tenoit en sa main une dame diuoire de quoy il vouloit mater Juonnet, si en dona a un de ses sergens parmy le fronc si fort quil le ietta a ses piedz. puis print un roc ⁊ en frappa. un autre parmy su teste si durement quil luy froissa toute, si en frappa un autre du poing tellement quil luy rompit le col ⁊ tomba a mort, ⁊ quand les autres virent leurs compagnons ainsi tuer ilz commencerent a fuyr, ⁊ quand Richard les vit fuyr il leur dist. Aller ribaux Dieu vous maudie, ⁊ quant il eut ce dit il dist a Juonnet qui estoit tout esbahy. Jouez bien mō enfant: car vous serez mate. Je croy que ces ribaux estoient yures qui ainsi me vouloyent mener: mais mal leur en est prins. Quand Juonnet louyt ainsi parler il ne losa contredire pource quil le vit si courrouce, si ioua de son roc pour soy garder de mater: mais il ne peut, ⁊ quant il leut mate il appella un varlet ⁊ lui dist: Va prendre ses vilains qui sont mors ⁊ les iette par les fenestres, et le varlet le fist: car il ne luy osa cōtredire de paour quil ne luy fist comme aux autres quil auoit veu occire.

Nach der Olufssaga kam König Kanut [6]) zum Jarl Ulfr. Beide spielten Schach (at skåktafli). Da that der König einen falschen Zug, wonach Ulfr des Königs Ritter (riddara) nahm. Der König wollte mit seinem Steine (sahl) zurückziehen und forderte den Jarl zu anderm Spiele auf. Dieser aber ward heftig,

---

[6]) In der Geschichte des Klosters Ramsey (Histor. Rames. ap. Gall. I, 442.) unter Heinrich I. gefertigt heißt es: Ipse (Autharicus, episc.) quoque manuum curiam aditurus ascendens, ipsumque calcaribus urgens, Regem (Canutum) adhuc tesserarum vel scacorum ludo longioris taedia noctis relevantem invenit.

warf das Schachbrett um und gieng fort. Da rief ihm der König nach: Ulfr, du Feigling, fliehest du so?

Da wandte der Jarl im Thor um und sagte: Ihr wäret wohl weiter geflohen am Flusse Helga, wenn ich euch nicht zur Hilfe gekommen wäre gegen die Schweden. Wenige Tage darauf war er auf des Königs Befehl ermordet.

§. 20.

Aber nicht bloß die Sage [3]) erzählt solche blutige Schachspiele; auch die Geschichte selber kennt sie. 1087. Heinrich der Erste, jüngster Sohn Wilhelms des Eroberers, gewann als Prinz gegen den Daufin Ludwig, des Königs Philipp I. von Frankreich ältesten Sohn, ein Schachspiel, worauf dieser ihn Bastard nannte und das Schachbrett nach ihm warf. Da nahm Heinrich das Schachspiel und schlug Ludwig nieder. Robert wehrte seinem Bruder und beide bestiegen ihre Rosse und jagten fort [4]). — Auch von Wilhelm dem Eroberer selber wird es erzählt, daß er in jungen Jahren mit dem Daufin von Frankreich spielte und matt hörend mit dem Schachbrett nach jenem schlug, woraus die spätere Feindschaft beider Länder sich entspann [5]). Eben so spielten Johann, der Sohn König Heinrichs, und Fulco Schach und geriethen in Streit [6]). Ein spanischer Herr hatte mit Philipp II.

---

[3]) Auch von Buovo d'Antona (Reali di Francia).

[4]) Daniel Collection. De Serres Inventaire general de l'histoire de France (im Leben Philipps I.). Carte, Hayward, Burton (der es fälschlich von Wilhelm dem Eroberer erzählt). Wieland, deutscher Merkur 1791. — Eine Chronik der Normandie (Rouen, Pierre Regnault) erzählt diesen Vorfall so: Et une fois entre les autres Lois le filz du roi Philippe ioua aux eschez apres disner au dit Henri le quel fist mat le dit loys et de grãt despit quil eut apella le dit hẽri filz de bastard et luy ietta des eschetz au visage. Henri leua leschiequier et en feris lois tant quil le fist seigner et leust occis si neust este Robert q soubvint. A tant sen partirẽt Robert et Hẽri et sen allerent vers põtoise et le roy de France les fist poursuiuir.

[5]) Robert Burton. The Anatomy of Melancholy by Democritus unior. Oxford, 1624. fol. — Hayward, Leben Wilhelms des Eroberers. 1613. — Twiss Chess, Th. II, p. 139. 140. 451.

[6]) Twiss, II, 36. (aus den Gestes of the Warins bei Leland Collectan. I, 230.)

lange im Schach gespielet. Weil er nun alle Partien gewonnen hatte, neckte er am Ende des Spiels, daß der König darüber verdrießlich wurde, und ließ daher, sobald er nach Hause kam, folgende Worte von sich hören: »Meine Kinder, wir werden künftig nicht viel mehr nach Hofe kommen, denn es ist der König über mich erzürnet, daß er mir im Schachspiele nichts hat abgewinnen können« [7]).

Die Geschichte hat uns auch andere großartige Schachspiele in der Stunde der Gefahr und des Todes aufbewahrt. Timur oder Tamerlan spielte im Feldlager Schach, da erhielt er Kunde von Einnahme einer Stadt am Jaxartes und zugleich von der Geburt seines vierten Sohnes, und nannte die Stadt **Schâch rochia** und den Sohn **Schâchroch** [8]). Der Kalif **Al Amin** saß in seinem Zelte und spielte mit seinem Günstlinge Kutar Schach, während seine Truppen Bagdad belagerten. Als man ihm Sieg meldete, rief er: »Laßt mich mit Kutar allein, ich werde ihn bald schachmatt machen« [9]).

Eben so spielte Karl XII. von Schweden, nachdem er bei Pultawa geschlagen zu den Türken floh, in Bender mit seinem Lieblinge und Schatzmeister Grothusen, und General Poniatowsky in größter Ruhe Schach.

König Karl I. von Schottland spielte 1646 Schach, als ihm der Beschluß der schottischen Nation zu Ohren kam. Er spielte fort und spielte aus. Erst dann erbrach er das Schreiben, das ihm davon nähere Meldung that [10]).

Als im Jahre 1547 dem bei Mühlberg gefangenen Kurfürsten Johann Friedrich von Sachsen im Lager vor Wittemberg das Todesurtheil vorgelesen wurde, saß er gerade mit Herzog Ernst von Lüneburg am Schachbrett. Und als die Verkündung und

---

[7]) **Balthasar Garcian**, Uomo di Corte, übersetzt von Heinrich Schweinsleben. Altenburg, 1723. Maxime 7, S. 15. Anm. d.

[8]) **Herbelot** Bibliothèque orientale, 1697; nach Ducas byzantinischem Geschichtschreiber (abgedr. bei Hyde). Vgl. Ges. v. Hammer in den Wiener Jahrbüchern der Literatur 1827. Bd. XXXVII, S. 204 — 205.

[9]) Hyde und G. Wahl aus arab. Büchern (Elmakhin, saracen. Geschichte). — Modern Universal history. Th. 2.

[10]) **Hume**, History of England. VII, 80.

Anhörung beendet war, sagte er ruhig: »Weiter im Spiele!« [11]) Er hatte aber auch kurz vorher das geistliche Lied gedichtet: »Wie's Gott gefällt, so g'fällt mir's auch Und laß mich gar nicht irren«, das noch Manchen tröstet.

Eben so wird von Konradin von Schwaben erzählt, wie er im Gefängniß, sein Todesurtheil empfangend, mit dem Herzog von Oesterreich Schach spielt [12]). Er starb 18 Jahre alt, im Jahre 1268, nachdem er noch in der wenigen Zeit, die ihm blieb, gespielt und seinen letzten Willen niederschrieb.

Kaiser Rudolf aber ritt vom Schachspiele zu Germersheim zwischen zweien Geistlichen, die ihm von Gott vorsprachen, gen Speyer zur Gruft [13]).

Der Bischof Olaus Magnus von Upsala sagt in seiner 1555 lateinisch abgefaßten Beschreibung mitnächtiger Völker (Bd. XV, Hptst. 5) von den nordischen Völkern: »Es ist bei den erlauchten und hohen Personen in Gothland und Schweden der Brauch, daß, wenn sie ihre Töchter in ehrlicher Ehe verheirathen wollen, sie die Gemüther der jungen Gesellen, die um sie werben, auf seltsame und wunderliche Art versuchen, erkundigen, insonderheit aber in dem Brettspiel oder Schachspiel, dann in diesem

---

11) Nach Gregorio Leti Leben Karls V. habe sogar der Kurfürst erst nach Anhörung des Todesurtheiles das Schachbrett bringen lassen und habe zwei Spiele gewonnen. — Thuanus (Historia sui temporis): Haec fatus Brunsvicum ad latrunculos secum ludendum invitavit; hac etiam securitate contemtum mortis et hostis pariter prae se ferens. — Sonst siehe Hartleder vom Teutschen Kriege, II, 722. — Robertson, Gesch. Karls V. III, 184. Aehnliche ältere Züge s. Seneca Epist. 15 (von Julius Canues) und de tranquillitate animi, cp. 14. Siehe auch Ch. A. Ruperti diss. et observ. ad Valer. Max. II, 2. Nürnberg, 1663. 8. S. 215.

12) Tischbein mußte den Gegenstand für den Prinzen von Sachsen-Gotha malen (Memorie per le belle arti. Rom, 1785. 4.). Siehe Fr. v. Raumer, Geschichte der Hohenstaufen. IV, 615.

13) Ottokar von Horneck Reimchronik (Schacht, S. 232). Aehnlich erzählt schon Paulus Diakonus, Warnefried's Sohn (de Gestis Langobardorum, B. 1, 20) von Rudolfs Namensvetter Rathaulfus oder, wie er ihn nennt, Rodulfus (d. i. Hruodolf): Convenerunt utrorumque in campis patentibus acies. Rodulfus suos in pugnam dirigit, ipse in castris residens, de spe victoriae nihil ambigens, ad tabulam ludit.

Spiel lasset sich geminlich Zorn, Lieb, Muthwill, Geiz, Faulheit, Zaghaftigkeit und andere Untugenden des Gemüthes, desgleichen auch das Glück, wie günstig oder ungünstig es dem Menschen sei, sehen. Derohalben haben sie auf solches Acht und ob er ein bäurisch Gemüth habe und sich unbescheidenlich vor Zeit des Sieges berühme, ob er seinen Schaden und die Schmach mit Fürsichtigkeit dulde oder mit Bescheidenheit (d. i. Gescheidtheit) abwende und fürkommen könne« [14]).

Das ferne Island spielt in seiner monatlangen Winternacht noch heute [15]) fleißig Schach. In einem alten isländischen Sa-

---

[14]) Auch von G. Selenus 1616 (S. 13) mitgetheilt.

[15]) **La Peyrere Relation d'Islande** S. 56 (Brief an **La Mothe le Vayer**) **1644** sagt: **J'obmetois de vous dire une particularité de l'esprit des Islandois, qui n'est pas à mépriser. C'est qu' ils sont tous joueurs d'eschets, et qu' il n'est point de si chetif paisan en Islande, qui n' ait chez lui son jeu d'eschets, faits de sa main, et d'os de poisson, taillé à la point de son couteau.**

Noch 1750 rühmt Honebow in seiner **Natural History of Iceland** (London, 1758. f.) **cp. 109.** S. 139. das isländische Schachspiel, eben so **Dr. Von Troil** (**Lettres on Iceland, 1774**; und **1778**. Thorkelin **Fragmenta, p. 52**): **Etenim tessera, latrunculi, scacchicus ludus seculis 10. 11. 12. principibus in deliciis erant, qui ludus in Islandia ab incolis multa cum dexteritate hodiedum exerceatur.**

Von 1563 sagt **Purchas Pilgrimage (1625. f.** B. **IV.): In the winter time they keep in their beds for many days in succession, and exercise tem selves in the game of Chesse;** — aus **Dithmar Bletken (Islandia,** gedr. Leyden **1607. 12.** S. **30) 1562: Hiberno tempore ad multos dies lecto se continent, atque ludo scaccorum exercent. Interdum cibum famuli illis praeparatum ad lectum deferunt.**

Von Troil 1774 schildert zwei isländische Spiele: **jungfra schach** und **riddare schach**, letzteres das gewöhnliche. Olaffen und Povelsen besuchten Island auf Befehl des Königs von Dänemark in statistischer Hinsicht 1752—1757 (Ihre Reise, dänisch Soroe 1756 und 1772. 2 Bde. franz. durch Gauthier. Peyronie. Paris, 1802. 8. 5 Th.), und erzählen, daß der südliche Theil des Landes (Kiosar, I, 50) verschiedene Spiele habe, die sie mit großer Lust spielten, besonders den Schach (**kotra, mylna, foeringartafl, godutafl etc.**); eben so in Westisland (I, 186. 462. vgl. Von Troil S. 93), dessen Bewohner sehr gut spielen, so daß schlichte Bauern große Meister im Spiele sind. —

gen-Bruchstück vom Einfall der Dänen in Northumberland [16]) wird erzählt, wie Sigurd Snakeseye mit Huitserk Schach spielte. Da kamen Engländer, welche Ivar zum König Ella sendete, den Tod seines Vaters zu melden. Jene beide saßen am Schachbrett und vernahmen nichts. Biörn, der im Saale das Speereisen säubert, drückt dem Speer seine Fingermale ein, und der Speer zerfällt in Stücke. Huitserk drückte einen Bauer so mit seinen beiden Händen, daß er brach; Sigurd aber schabte an seinen Nägeln mit einem Messer und merkte nicht, daß er sich bis auf den Knochen schnitt.

In einer andern isländischen Sage von Fridhthiof [17]) wird erzählt, wie Fridhthiofs (der Sohn von Thorstein Vikingson) Erzieher Hilding zu ihm gesendet wird, um Hülfe für König Bela's Söhne zu bitten. Da saß Fridhthiof und spielte Schach [18]), und Hilding sprach: »Unsere Könige senden dir Gruß und bitten, daß du ihnen zu Hilfe kommen mögest zum Streit gegen König Hring, der ihr Reich mit Uebermuth und Ungerechtigkeit erobern will«. Fridhthiof antwortete ihm nichts und sagte zu Bjorn, mit dem er spielte: »Da ist ein leerer Platz, Streitbruder; dein Stein dort steht entblößt; doch brauchst du deßhalb deinen Zug nicht zu ändern, denn ich will gegen den rothen Stein ziehen [19]) und sehen,

Der Norden hatte einst sogar eine Rune, um das Schachspiel zu gewinnen

(Siehe Finn Magnusen Mscr. in Bodlei. Bibl. n. 93). In der Hervararsaga gibt selbst Odin, als der blinde Gast verkleidet zu König Heidreck kommend, diesem Schachräthsel auf und in der Völuspa spielen die Götter selber Schach.

16) Nordymbra, übs. von Thorkelin. (Fragment of Engl. and Irish 1562). History S. 13. London 1788. 4. Müller, Sagenbibliothek II.

17) Fridthiofsaga, übs. von Mohnike. Stralsund, 1830. S. 84. Hptst. 3.

18) Friththjofr sat at hnefatafli (saß an der hnefa-Tafel. Neben Hneflatabl sahen wir oben auch Hnottäfl gebraucht, in der Hervarar-Saga 26 und 32. (Fornaldar Sögur Northrlanda, I, 474. 476.)

19) Heldr mun ek setj at hinni rauthu töflunni, nach anderer Lesart in Rafn's dänischer Uebersetzung thi eg ril ungribe den röde Brikke. Ist der Thurm gemeint? fragt Mohnike.

wie er gedeckt ist«. Hilding sagte hierauf: »So gebot mir König Helga, dir Fridhthiof zu sagen, du sollest den Heerzug mitmachen, sonst würde es dir theuer zu stehen kommen, wenn sie, die Brüder, zurückkämen«. Da sagte Bjorn: »Zwischen zweien ist die Wahl, Waffenbruder, und zwei Wege giebt's zu spielen«. Fridhthiof sagte: »Dann wird es rathsam sein, zuerst den Königsstein [20]) anzugreifen; darnach wird die Wahl unter zweien nicht nöthig sein«. Einen andern Bescheid erhielt Hilding auf seinen Antrag nicht; er fuhr schnell zurück zu den Königen und sagte ihnen Fridhthiofs Antwort. Die Könige sannen nach über seine Sprichworte und fragten Hilding, welche Deutung er diesen Worten gebe. Hilding sagte: Als er von den leeren Plätzen sprach, da dachte er wohl an Aufschub zu dieser Fahrt mit Euch; aber als er sich äußerte gegen den rothen Stein, da dachte er daran zu Eurer Schwester Ingobiörg zu ziehen; verwahret sie also sicher. Aber wie ich ihm die Gefahr sagte, die ihm von Euch bevorstände, so wurde Bjorn zweifelhaft, ob Fridhthiof sagte, daß der Königsstein zuerst weggefangen werden müßte: damit meinte er den König Hring.

§. 21.

Lebendig und anschaulich ist auch die Darstellung zweier Schachspieler bei Boccaccio im 14. Jahrh. (Filocopo, Bd. 6):

Et dopo questo entrati in molti et indiversi ragionamenti à Filocopo, andò l' occhio ad un canto del luogo, dove dimoravano, dove egli vide appicciato uno scacchiero, nobilissimo et ricco, il quale veduto disse: „Sire, dilettatevi di giuocare à scacchi, ch' io vi veggio si bello scacchiero?“ Rispose Sadoc „si molto et tu sai giuocare?“ A cui Filocopo rispose „alquanto ne so. Disse all' hora Sadoc: Hor, giuochiamo insieme, infino à tanto, che questo caldo passi et che tu possa, alla città tornare“. „Cio mi piace molto, signor mio“ rispose Filocopo. Fece adunque Sadoc in una fresca loggia distendere Tappeti et venir lo Scacchiero et l' uno dall' una parte et l' altro dall' altra s' assettarono. Ordinoronsi da costoro gli scacchi et cominciosi il giuoco, il quale accio

[20]) Rafn meint, hnefi (tha mun râth at sitja fyrst at hnefanum) sei die Königinn.

che puerile non paresse, da ciascuna parte gran quantita di bisanti si posero presti per merito del vincitore. Agiuocare adunque costoro l' uno per quadagnare i posti bisanti, si pose l' altro per perder quelli et per acquistare amisted [21]). Filocopo giuocando conobbe, se più saper del giuco ch' il Castellano; ristrinse adunque Filocopo il Re del Castellano nella sua sedia con l' uno de suoi Rocchi, et col Cavaliero, havendo il Re, alla sinistra sua l' uno degli Alfieri. Il Castellano assedio quello di Filocopo con molti scacchi et solamente un punto per sua salute gli rimase nel salto del suo Rocco. Ma Filocopo, à cui giuocar conveniva, dove mover deveva il Cavaliero suo secondo per dare scacco matto al Re et conoscendo bene, mosse il suo Rocco et nel punto, rimase per salute al suo Re, lo pose. Il Castellano lieto cominciò à ridere veggiendo che matto era Filocopo, dove Filocopo haria lui potuto mattare, et dandogli con una pedona, pingente scacco, quivi il matto, à se tirando poi li bisanti et ridendo disse: „Giovane, tu non sai del giuoco, avenga che ben si fosse aveduto di ciò, che Filocopo haveva fatto, ma per cupidigia de' bisanti l' haveva sofferto, infengendosi di non avedersene. A cui Filocopo rispose: „Signor mio, cosi apparono i folli". — Acconciossi il secondo giuoco et la quantità de bisanti si raddoppiò da ciascuna parte. Il Castellano giuocò sagacemente et Filocopo non meno. Il Castellano niun buon colpo moveva, che non dicesse: „Giovane, meglio ti era il tuo. Falcon lasciare andare, che quà seguirlo". Filocopo tacque mostrando, che molto gli dolessero i bisanti, et havendo quasi a fine recato il giuoco et essendo per mattare il Castellano et mostrando con alcuno alto di ciò avedersi, tavolò quel giuoco. Conobbe in se medesimo il Castellano la cortesia di Filocopo, il quale più tosto perdere che vincere desiderava, et fra se disse „Nobilissimo et cortesissimo giovane è costui di quanto io mai nevedessi". Racconciarohsi gli scacchi al terzo giuoco et crescendo anchora de bisanti la quantità, prima ch' al giuocar si desse principio lo Castellano disse à Fi-

[21]) Um dadurch auf den Thurm zu gelangen, wo die schöne Bianca fiore gefangen saß. Sadoc, der Araber, war Hüter des Thurmes.

locopo: „Giovane, io ti priego et scongiuro per la potentia di tutti gli Iddj, che tu giuocchisi, come tu sai lo meglio, ne si come hai infino à qui fatto, rispiarmarmi". Filocopo rispose: „Signor mio, mal pote il discepolo col maestro giuocare, senza esser vinto, ma poiche vi piace, io giuocharò si com' io saprò. Incominciossi il terzio giuoco et giuocato per lungo spatio Filocopo n' hebbe il meglio et lo Castellano ciò conoscendo si cominciò à crucciare et à tignersi nel viso et à sottigliarsi, se potesse il giuoco per maestria recuperare; ma quanto più giuocava, tanto più ne haveva il peggio Filocopo gli levò con uno Alfino il Cavaliero et diegli scacco. Il Castellano per questo tratto crucciallo oltre à misura più della perdita de bisanti che del giuoco, die delle mani, ne gli scacchi et quelli et lo scacchiero gittò à terra.

Questo vedendo Filocopo disse: „Signor mio, per ciò che usanza è, de più savj de crucciarsi à questo giuoco, io voi men savio non reputo, perche contra gli scacchi crucciato siate; ma se voi haveste ben riguardato il giuoco, prima che guastatolo, havrestre conosciuto che io era in due tratti mattoto da voi. Credo ch' il vedeste, ma per essermi cortese, mostrandovi crucciato, voleste il giuoco haver perduto ma ciò non fia cosi. Questi bisanti siano tutti vostri et mostrando di volere i suoi adequare alla quantità di quelli, del Castellano ben tre cotanti ve ne mise de suoi, li quali il Castellano mostrandosi d' intendere ad altre parole, gli prese dicendo: „Giovane, io ti giuro per l' anima del mio Padre, che io ne miei giorni, con molti ho giuocato et mai non trovai, chi à questo giuoco mi mattasse, se non tu et similmente più cortese giovane di te non trovai ne giorni miei".

§. 22.

Hierauf blicken wir noch einmal auf Deutschland zurück, wo das Spiel im Anfange des 16ten Jahrhunderts fast von allen großen Männern der Zeit eifrig gespielt und gut gespielt wurde. Das galt nicht nur von Kaiser Karl dem Fünften und Pabst Leo dem Zehnten, sondern auch von Kurfürst Johann Friedrich von Sachsen, Landgraf Philipp von Hessen, welcher letztere sonderlich mit Eobanus Hesse oft spielte und sich ungemein freute, wenn er diesen, der doch auch ein guter Schachspieler war, einmal nach dem andern schachmatt machen konnte [22]). Gern und gut aber spielte es vor Allen Dr. Martin Luther, was auch so bekannt war, daß einst ein verdächtiger Jude unter dem Vorwande in sein Haus kam, daß er mit ihm Schach ziehen wollte. So erzählt Matthesius in seiner 14ten Leichenpredigt; in der 17ten [23]) aber theilt er folgende sinnigheitre Schachgeschichte mit, worüber sich Gottfried Arnold in seiner Kirchen- und Ketzer-Historie (II, 51.) natürlich sehr aufhält. »Dieser Faßnachttage liefen junge Leute nach alter Weise in der Mummerey — der kommen etliche für des Doctors Luthers Haus oder Kloster, aber Aergerniß und böse Nachreden zu vermeiden, wird Keiner eingelassen. Unter andern ist ein gelehrter junger Mann, der nachmals großen Kurfürsten mit Ehren gedienet, der thut sich herfür mit seiner Gesellschaft, die laßen ihnen Bergkleider anschneiden, und rüsten sich wie Schieferhauer, mit ihren Scheidhammern, ohne Leichtfertigkeit, zur höflichen Kurzweil. Wo Tugend innen ist, als bei denen, die fein studiert haben, da kommet sie auch heraus. Ob nun wohl diese ehrliche Companei eine Mummerei anrichtet und läßet sich beym Herrn Doctor angeben, als der von einem Bergmann [24]) geboren und auf dem Bergwerk erzogen war, weisen sie sich doch selber wie Bergleute und kommen nicht mit gemalten Königinn, Päbsten, Carniffeln, Teufeln und Säuen oder mit abgeeckten Schelmebeinen für den großen Mann, sondern staffiren sich mit einem künstlichen Schachspiel [25]), da-

---

22) Siehe C. Fr. Lossius, Helius Eoban Hesse und seine Zeitgenossen. Gotha, 1797. 8.

23) Mathesii, Predigten von der Historie Dr. M. Luthers, XVII, S. 209. (Güstrow, 1715. S. 583.)

24) Zu Möra.

25) Es gehet von hier an der (oben nicht erwähnte) Sprachanklang von Schach und Schacht durch, in welchem Sinn auch Frisch (Wörterbuch, II, 155b) sagt: „Schacht, eine viereckige Oeffnung, als im Schach-Spiel, in der Erde“. Auf jeden Fall leitet sich vom Schachbrett die Vierung der Fußböden, was im Mittellatein **scacatus** (quadris diversi coloris distinctus, ut scacorum), altfranzös. escnequé hieß; mittelhochd. schächzableht, geschächzabelt, geschächet (Troj. Kr. 23a, Westenrieder 493); schackieren (Herbort von Fritzlar 1312, Frisch II, 156a); vergl. von Kleidern bunt-scheckig, gescheckt, wie die

rin Doctor, wie viel große und theure Leute, gern pfleget' zu ziehen. Wie es Doctor höret, daß eine Mummerei von ehrlichen Schieferhauern vorhanden, »die laßt mir herein — spricht er — das sind meine Landsleute und meines lieben Vaters Schlegelgesellen. Den Leuten, weil sie die ganze Woche unter der Erde stecken, in bösem Wetter und Schwaden, muß man bisweilen ihre ehrliche Ergötzung und Erquickung gönnen«. Darauf tritt die Gesellschaft für des Herren Doctors Tisch, setzt ihr Schachspiel auf. Der Doctor, als ein geübter Schachspieler, nimmts mit ihnen an. »Ihr Bergleute — sagt er — wer in diesen und andern Schachten ziehen und nicht Schaden nehmen oder das Seine mit Unrath verhauen will, der soll, wie's Sprichwort lautet, seine Augen nicht in die Tasche stecken, denn es gibt an beiden Orten Aufsehens. Darauf mattet Doctor seinen Schachtgesellen, der läßt ihm das Schachspiel [26]), und blieben bei ihm, und sind in Ehren und Züchten fröhlich, singen und springen; wie denn unser Doctor von Natur gern zur Gelegenheit fröhlich war, und sah nicht ungern, daß junge Leute bei ihm, in ziemlicher und mäßiger Leichtsinnigkeit fröhlich und lustig waren«.

Schecke (s. Schmeller's Bayer. Wörterbuch III, 318). In der Wappenkunde redet man daher auch von Insignia scaccata (s. John Bossewell's Works of Armorie. London, Richard Tottel 1572. 4.) a quadrate checkye; französ. echiqueté (de la Colombiere, La Science heroique des armes Paleurs Blasons. 1694. fol.). Von solchem gevierten Fußboden (Scacarium de auricalco et marmore in pavimento chori de proprio fecit. Necrolog. ecclesiae Carnotens. bei Du Fresne) oder von einem gevierten Tische (eschaquier) hieß in der Normandie und in England die Gerichtsstube, der Gerichtshof, selbst der königliche Schatz Scacarium, the eschecquier, eschequer; Scacarii magistri die Oberrichter. Siehe Gerras. Tilbur (Neffe des Königs Heinrich II. von England) Dialog. de Scaccario ap. Madox f. 1711: Disc. Quae est ratio nominis? Mag. Nulla mihi verior quam quod Scaccarii lusilis similem habet formam. Andere Stellen bei Du Fresne. — Im Dänischen heißt schach schräg, wie in Indien und Arabien gestreifte, gewürfelte Zeuge (Teppiche) noch Shitrundschi heißen, von den Teppichen, darauf gespielt wurde.

[26]) Gleichwie einst der überwundene Ritter Roß und Rüstung an den Sieger verlor.

§. 23.

Diese Reihe zusammengestellter Schach-Erzählungen, an sich ergötzlich und ansprechend, beurkundet in sich schon hinlänglich die große Lust, welche frühere Jahrhunderte an dem Spiele fanden. Die Schachsteine wurden früh Handelsgegenstand. Ein englischer Parlamentsbeschluß vom dritten Jahre König Eduards IV. verbietet einzuführen: cysours, rasers, Chesseme-playing, cardes, cobes, patyns, paknedels, französisch übersetzt (Statutes in barbarous Law; by Richard Pynson, 1491. fol.): Cisours, Rasours, Shetes, cardes a juer, Espings, Patins, aguiles pur Sakkes vulgarament nommes paknedels. (Siehe Statuts from the tyme of kyng Henri 3 unto the fyrste yere of the reigne of Henry 8. London, 1543. Berthelet. fol.)

In Irland giebt es noch vornehme Häuser oder Geschlechter, welche ganze Landgüter und Gebiete allein unter der Bedingung inne haben, daß jährlich eines dieser Häuser das andere auf dem Schachspiele besiegt nach älterer Forderung. Welches noch mit Ernst getrieben und von einem öffentlichen Notarius protocolliert wird. Doch hat man schlau den Ausweg gefunden, jährlich nur einen Zug zu thun, das andere Jahr den Gegenzug, so daß das Spiel etwa 100 Jahre währen würde [27].

Von Karl dem Großen sahen wir in einem altfranzösischen Romane erzählt, daß er sein Reich auf ein Schach-Spiel gesetzt habe. Aehnlich sagt im 13ten Jahrhundert das Gedicht vom Sängerkriege auf der Wartburg, wo Luther die Bibel übersetzte:

Schächzabel half er sider spilen
dem edeln künic Tirol, der truoc ez, an den henden sîn.
Ez galt dri künecrîch und zwelif lant.

Die Schachfelder und Schachsteine gingen in Ritter- und Städtewappen über. Die Stadt Aschersleben und das Schach-Dorf Ströbeck oder Ströpke unweit davon führen ein Schachbrett im Wappen; die Stadt Rochlitz (anspielend oder andeutschend an Roch —) einen Rochen oder Thurm [28]), wie 26 englische Familien den Rochen im Schilde führen. — Auf der Troßburg aber führt ein Grabstein-Ritter auf dem Brustschilde das

---

27) Hyde. Wahl.
28) Math. Dresser, Descriptio urbium Germaniae.

Rössel (»1497«) doppelköpfig (wie bei Selenus 1616 auf dem Titel zu Buch I.) vielleicht anspielend an t' Roßburg.

Bekanntlich geht der Springer noch heute den Rösselsprung. Die Schlösser Zabelstain im Würzburgischen am Schwarzwald rc. haben gewiß auch vom Schachspiel ihren Namen. Ein gewiß nicht geringer Beweis für die Allverbreitung des Schach ist die künstlichere — man möchte sagen — liebvollere Schnitzung der Schachfiguren oder — wie sie schon früh, weil sie es waren, hießen — der Steine [29]), in jenen gern überall sinnbildenden Jahrhunderten. Die Neugriechen nennen sie — nach jetziger Bearbeitung — ξύλα (Hölzer) oder auch ψήφη. Die Perser nennen sie **nuchrahâi** d. i. Steine [30]) oder peikhêr, Gestalten, Bilder. Die Franzosen sagen éschecs, éschez, die Engländer chess; das Mittellatein **Scaci** [31]). Die Schachgebilde waren, im eigentlichen Sinne des Wortes, Bilder, wirkliche Gestalten und überaus prachtvoll gearbeitet. Während unsere besten Schachfiguren meist nur von Ebenholz und Elfenbein, höchstens von Perlmutter gefertigt werden (bei den Isländern von Meerpferd-Zähnen), wird uns im Alterthume von Jaspis, Calcedon, Krystall u. s. w. erzählt.

Der persische König Kosra, Pervitz Sohn, gebrauchte eines Schachspieles von Hyacinth und Smaragd [32]). Ein anderes soll 3,000 Goldstücke werth gewesen sein. Eben so sandte ein

---

[29]) steine, gestein. — Gustavus Selenus (S. 52 rc.) hat auch Schachmännlein; wie im Englischen **Chessmen**. — Dr. Mennel nennt sie 1507: „bylde oder steyn".

[30]) So schon Firdusi.

[31]) So z. B. Polydorus Bergilius.

[32]) Nach dem Geschichtschreiber Medschdi.

sehr schönes Schachbrett König Robert von Ungarn 1335 an den Böhmen König Johann [33]. Unter König Eduards I. von England Nachlaß befanden sich Una Familia pro Scaccario de jaspide et cristallo in uno coffro; und Una Familia de Ebore pro ludendo ad Scacarium [34]. — Eben so werden genannt in einem Pariser Befehl vom 9. Mai 1320: Item unum Scacarium de jaspide et calsidonio cum familia [35] videlicet una parte de jaspide, et alia parte de cristallo; ferner kommen vor Scacchi crystallini et lapides pretiosi et auri plurimum, welche König Pipin im J. 764 dem Kloster Maussac überließ [36]. Jehann de Joinville erzählt in seiner Geschichte des heiligen Ludwig (IX) 1547: Le Vieil de la Montaigne Roy de Haussassis, envoia au Roy jeuz de tables et des eschez, fleuretees de ambre lie sur le cristal à beles vignetes de bon or fin (1235). — 1644 erzählt La Peyrère [37], daß er mit der Gräfinn Ilfeld, der natürlichen Tochter des Königs von Dänemark, auf einem Schachspiele von Gold gespielt habe. König und Königinn saßen gekrönt auf einem Thron, die Bischöfe geschmückt mit ihren Mitren und Pontificalibus, die Ritter auf reich gezäumten Pferden; die Rochen waren Elefanten mit Thürmen auf den Rücken, die Bauern Soldaten mit Gewehren. — Eben so sah noch 1747 Philidor zu Rotterdam in einem Kaffeehause ein Schachspiel, das für Prinz Eugen bestimmt war, ziemlich groß, von lauter Silber gearbeitet, nicht verschieden an Farbe, aber hinlänglich unterschieden als Europäer und Asiaten [38]. — Wie denn noch in neueren Zeiten mitunter die kostbarsten Schachspiele gefertigt wurden. Im 17ten Jahrhundert

---

[33]) Joann. de Thwrocz Chron. Hungar. cp. 97. (in Schwandtner Scriptor. rerum Hungaric. I, 206): Tabulae pro scacis.

[34]) Vgl. Twiss Chess. II, 350.

[35]) So hießen die Schachfiguren in Pabst Innocenz III. Moralisatio de Scacchorum ludo.

[36]) Acta Benedict. Saec. 3. Th. 2, 192. Du Cange, Gloss. sub Scacchi.

[37]) Relation d'Islande. 1644. p. 63.

[38]) R. Twiss Chess. London, 1787. I, 3. — König Ludwig XIII. führte ein Schachbrett im Reisewagen, dessen Figuren zum Einstechen zugerichtet waren. Das Brett war mit Wolle gefüttert. (Twiss I, 5.)

durch Gottlieb Leygebe, Eisenschneider [39]), die weißen Steine von Silber, die schwarzen aus Eisen, Alles ganze Figuren, die in die Kunstkammer zu München kamen [40]). In neuerer Zeit schnitzte Van der Werf 13 Jahre an einem Schachspiele, und Pfarrer Gräff im Schwarzburgischen schnitzte 1817 als Lehrer Rudolstädtischer Prinzen ein schönes Schachspiel, Römer und Germanen (Arminius, Thusnelda rc.). Schachspiele auf den Raum eines Federkieles gedrechselt führt M. Zeiler in s. Itinerar. German. (I, 11, 254) an.

Nach solchen Anführungen werden die Schilderungen von kostbaren Schachspielen in Gedichten des Mittelalters nicht übertrieben oder erfunden erscheinen.

Nach einem altenglischen Manuscript besaß Prinz Gwenddole ab Ceidio ein Schachbrett von Silber, die Bilder waren von Gold [41]).

In dem altfranzösischen Roman vom Trojanischen Kriege heißt es:

A un scacchier d'or et d'argent
Jue o suen cheuallier;

und in einem andern altfranzösischen Gedichte [42]):

Li Eschequier est tel, onques miendre ne fu:
Les Lices sont d'or fin à tri foire fondu.
Li Paon d'Esmeraudes vertes com pré herbu,
Li autres de Rubīs vermaus com ardant fu;
Roy, Fierce, Chevalier, Auffin, Roc et Cornu
Furent fet de Saphir et fi ot or molu;
Li autre de Topace; o toute lor vetu
Moult sont bel à veoir drecié et espandu.

Im Roman d'Alexandre [43]):

Roy, fierce, cheualier, auffin, roc et coru
Furent fet de saphir;

---

[39]) Geboren 1630 zu Freystatt in Schlesien, lebte 1643 — 1668 in Nürnberg, dann in Berlin, wo er 1683 starb.

[40]) Siehe Joh. Gab. Doppelmeyer, Historische Nachrichten von den Nürnbergischen Mathematicis und Künstlern. Nürnberg 1730. S. 237 und 40 und Bayerische Annalen 1833. N. 3. S. 24.

[41]) Twiss II, 195: The chequers were of silver, and the men of gold. (Vgl. New Mon. Magaz. V, 125. (1822.))

[42]) Charpentier, Supplement zu Du Cange.

[43]) Bei Charpentier zu Du Cange.

wofür Cod. Bodl. n. 264 in dieser Stelle setzt:

Li eschec de saphirs, le roi Assueru,
E de riches topasses, a toute lor vertu,
Pigmalyun les fist, li fiex (fils) Candeolu.

In deutschen Gedichten heißt es ebenfalls:

Dô hiez bringen die künegin
Ein schachzâbel von elfenbein.
Ouch brâhte man zweier hande gestein
Von zwier varwe daz edel schein.
Hie was smareis unde saphir.
Ouch was von richer gezier
Daz schâchzabel gemachet.
Iz wart ir brâht von arabi. [44]

Eben so im Tristan des Gottfried von Straßburg [45]:

Von aventiure ez dô geschach
daz Tristan in dem schiffe [46]) ersach
ein schâchzabel hangen, [47])
an brete und an den spangen [48])
vil schône und wol gezieret,

---

[44]) Wilhelm von Oranse. I, 49.

[45]) V. 2217 ꝛc.

[46]) Eben so fand es sich in Schlafgemächern vor. Tristan, V. 13510:

Nû er in die kemenaten kam
Brangaene ein schâchzabel nam,
für daz lieht leinde si daz.

[47]) Hier wegen der Schiffsbewegung; aber auch sonst wurden die Schachspiele in einem Beutel aufgehängt. Im Parzival des Wolfram von Eschenbach (408, 19):

Dô vant diu maget reine
ein schâchzabelgesteine
und ein bret, wol erleit, wît.
daz brâht si Gâwine in den strît.
an eim isenînem ring' ez hienc,
dâ mit ez Gâwîn enphienc.
uf disen vierecken schilt
was schâchzabel vil gespilt.
der wart im sêr zerhouwen.

So in Miracul. S. Fidis c. 19: „Tabulam Scacorum ibi pendentem". Die Araber hatten schöne Teppiche, darein die Figuren gewickelt wurden. (Niebuhr, Reise I, 171 und Günther Wahl a. a. O.)

[48]) Spange, (diu spange) ist der Rand, die Bande. So spricht noch 1507 Dr. Mennel von Schachbret und Spangen neben Leisten.

ze wunſche gefeitieret;
da bi hieng ein geſteine
von edelem helfenbeine
ergraben wol meiſterliche.

Hier ſind Geſteine die Gebilde, die Figuren. In folgender Stelle bedeutet es zugleich Edelſtein:

Dâ lagen von der frouwen vier
Wurfzabel und kurrier
Geworht von helfenbeine
Mit edelem geſteine
Spilten ſi, mit holze niht,
Als man nu frowen ſpilen ſiht. [49])

§. 24.

Auch in anderer Art noch trieb man das Schachſpiel wahrhaft großartig. Man richtete Säle, Felder dazu ein, man nahm lebendige Menſchen. Und nicht nur in Gedichten, wie es z. B. im Lancelot heißt, daß ein Saal zum Schachbrett verwendet worden ſei, deſſen Felder von ſchwarzem und weißem Marmor unterſchieden waren; die Figuren aber ſeien, von Edelſtein und Gold, lebensgroß geweſen und hätten ſich ſelbſt bewegt durch Berührung mit einem Stabe. Es galt Spiel, Saal und Schloß gewinnen oder der Herrinn Sclave werden. Gauwain gewann und erlöſte alle Ritter auf den vierten Zug, ſo daß von dieſer Zeit dies Spiel l'eschec de Gauvain hieß [50]). Auch die Geſchichte weiſt ſolche wirkliche Schachſpiele nach. Auf dem Felde bei Roßwald im Oeſterreichiſchen wird noch der Platz gezeigt, wo Graf Albrecht Joſeph Hoditz mit Friedrich dem Großen Schach ſpielte, worin angemeſſen bekleidete Bauernbuben die Stellen der Figuren vertraten.

Herzog Johann von Oeſterreich, Philipps des IV. Sohn [51]), beſaß ein ſolches Schachſpiel mit lebenden Perſonen; eben ſo hatte ein Herzog von Weimar in ſeinem Schloßhof einen ſolchen Platz von weißen und ſchwarzen Marmorfeldern, wo er mit lebenden Soldaten ſpielte [52]). Gonſalvo da Cordova [53]) erzählt

---

[49]) Wigalois, V. 10580.

[50]) Jetzt l'Echec de Berger. Siehe Deutſch. Merkur. 1781. I, 66. — Gutsmuths Spiele S. 453—455.

[51]) Don Juan di Austria.

[52]) Siehe Th. Hyde. Auch Innocent. Ringhieri ſpricht 1551 in

sogar, daß im Jahre 1408 Sultan Mahomed alle die tödten ließ, welche in solchem lebendigen Schachspiele todt wurden. Dadurch werden wir an einen Vergleich erinnert, den die ältere Zeit gar zu gern zwischen dem Tod und dem Schachspiele anstellte. Kybler erzählt 1644 in seinem Wunder-Spiegel [54]) von einem Todtenschach, das Kaiser Karl dem Fünften vorgestellt worden sei, um ihm Kunde von der Kaiserinn Isabella Tode beizubringen. Den Anschlag zu diesem Sinnspiele habe Franz Borgia, Herzog in Gandien, gemacht. Alle Figuren aber saßen zu Pferde. »Beide Troppen gehen an, und stellen sich auff offenen Plan, bede auf ihre verordenete Plätz, weiß und schwarz gegen einander über: das Fechten gehet an, die Parteien auf einander, nach Ordre und Befelch beyderseits Schach-Königen und Feldherrn. Kaum aber (wie vorher bedinget war) geschahen 3 oder 4 Züge, sihe, da wird Lärmen, das Geschrey ergehet, die Königin seye hin und gefangen, womit beyde Parteyen die Waffen einstecken und abziehen. Der Kaiser was mehreres erwartend, wäre mit so schnellem Ab- und Aufbruch nicht zufrieden, fraget, warumbe man in dem Spiel nicht fortfahre und so schnell abbreche. Da dann Borgia der Fürst, mit wenigem antwortet und sagt: **Capta est Regina**: die Königin ist gefangen: und was sollte dieses **importiren**? Fange man noch einmal an. **Capta est Regina**: es lasset sich nicht thun, die Königin ist gefangen. Mache man selbige loß und ledig, ich will die Rantion selbsten entrichten: und wann Ihre Majest. all ihr Reich solten darauf spendiren, wäre es doch vergebens. **Capta est Regina**, die Königin ist gefangen, wird nimmer loß noch ledig. Das Meer last und gibt die Todten wiederumben her, der Todt ohne höhern Befelch, last sie nicht mehr aus den Klauen. Was heißt das? **Capta est Regina**: die Königin ist gefangen,

---

seinem Werke **Cento giuochi liberali et d' ingegno, novellemente ... ritrovati et in dieci libri descritti** (Bologna, Anselmo Giaccarelli. 1551. 4.) S. 157—158 vom Spiele mit Menschen, woher es Harsdörfer 1657 im zweiten Theile seiner Frauenzimmer Gesprechspiel (Nürnberg, qu. 8. S. 76—84) entnahm, dem er im 6. Theile S. 195—198 ein ähnliches lebendiges „Damspiel" nachbildete. — Vgl. auch in **Maison académique par de la Marinière**. Paris 1634. 12. S. 214.

[53]) I, 249.

[54]) München, fol. 87a.

Isabella todt. So ist dann meine Königin todt? so ist sie gefangen! Ach! bey mir wird es bald heißen Schachmatt!«

Die schöne Predigtsammlung des viel gewallfahrteten Hermann von »Fritschlar«, welche um das Jahr 1345 niedergeschrieben worden ist [55]), sagt sinnig:

Ein meister [56]) glîchet dise werlt eime schâchzabele: dâ stên ûfe künege unde küneginne unde ritare unde knappen unde venden. Hie mite spilen si. Wanne si müede gespilet haben, sô werfen si den einen unde den anderen in einen sak. Alsô tuot der tôt, der wirfet ez allez in die erden: welich der rîche si oder der arme si oder der babes si oder der künec, daz schowet an deme gebeine. Der kneht ist dikke über den hêrren geleget, sô si ligen in deme beinhûse [57]).

[55]) Sie liegt in Cod. palat. N. 112 und 113 membran. 8°.

[56]) Das Spruchgedicht, der Renner, sagt:

Diu werlt ist als ein goukeltabel
denn sie hât als ein schâchzabel
künic und darzuo künegin,
roch, riter und ouch vendelin.

[57]) Vergleiche damit, davon ganz unabhängig, Morgenblatt 1813. N. 98. S. 392: „Unter den moralischen Betrachtungen, die sich beim Schachspiel anstellen lassen, ist eine der natürlichsten diejenige, die sich nach geendigtem Spiele, wenn die Steine in den Sack zurückgeworfen werden, fast unwillkürlich aufdringt. Die Komödie oder Tragödie, die uns einige Stunden oder einige Jahre so sehr interessirt hatte, ist nun vergessen, aller Zwist und Hader, Neid und Furcht ist vorüber, alle Verhältnisse und aller Unterschied des Standes hört auf, und auf das Gewühl und die Stürme des Lebens folgt die Ruhe des Grabes. Ein Sack oder ein Grab umschließt Freund und Feind, das Pferd und seinen Reiter, den König und den Bauern. So natürlich diese Betrachtung ist, so mag sie doch wohl eben so selten am Ende des Schachspieles gemacht werden, als beim Herausgehen aus dem Theater. Auch hier, wie beim Abtritt von der Bühne des Lebens, erscheint Jeder in seiner wahren Gestalt wieder, die Maske der Heuchelei fällt ab, und der Purpurmantel gilt nicht mehr als der Sclavenkittel; nur die Leidenschaften und Zänkereien dauern noch oft hinter den Coulissen fort". — Das heißt in Luthers Sprache (s. f. Tischreden): „Gott achtet die großen Potentaten, Könige, Fürsten und Herren, gleichwie die Kinder eines Kartenspieles achten. Weil sie spielen, haben sie die Kartenblätter in der Hand. Darnach, wann sie des Spieles müde werden, werfen sie dieselben in ei-

Dasselbe Gleichniß findet sich in Johann Raulin Doctrinale mortis (Paris 1518, kl. 4. Bl. 5a): Accidit eis sicut accidit in familia ludi scacarii: ludo enim durante rex omnia personagia excellit, ubi perdatur, et accipit; sed in fine, cum clauditur in sacculo cum cetera familia, aliquando est profundius in sacco quam ceteri. Sic erunt novissimi primi et primi novissimi. Auch Sancho Panza [58]) kennt dieses tiefe Bild, indem er sagt: Come aquella del juego del Axedrez, que mientras dura et juego, cado pieza tiene su particular oficio, y en acabandose et juego, todas se mescoan, juntan y barajan, y dan con ellas en una bolsa, que es comodar con la vida en la sepultura. Auch die Italiener kennen dieses Gleichniß, indem sie sagen: La vita dell' uomo esomigliante ad una partita di Scacchi, in cui ciascuno conserva il suo grado secondo la propria qualità. Finita che sia, re, regine, pedoni, cavalli, alfieri sono tutti messe indistentamente nello stesso sacco.

Im Münster zu Straßburg an der Mauer hinter dem

---

nen Winkel unter die Bänke oder ins Kehricht. Also thut Gott auch mit den großen Potentaten und Herren. Weil sie im Regiment sind, hält er sie für gut. Aber so bald sie es übermachen, stößet er sie vom Stuhle, wie Maria singt, und läßt sie liegen. — Wenn ich reich wäre, so wollte ich mir ein gülden Schach und silbern Kartenspiel werklich lassen zurichten zu einer Erinnerung. Denn Gottes Schach und Karte sind große, mächtige Fürsten, Könige, Kaiser, da er immer einen durch den andern sticht oder schlägt, das ist aushebt und stürzt. Nun ist Ferdinand die vier Schellen, der Pabst die sechs Schellen, der Türke die acht Schellen, der Kaiser ist der König im Spiel. Letztlich kommt unser Herr Gott, theilet das Spiel aus, schlägt den Pabst mit dem Luther, das ist sein Tauß." Im Jahre 1624 benutzte Thomas Middleton das Schachspiel zu einem Lustspiel gegen die päbstliche Kirche (A Game of Chesse as it hatt bine sundrey Times acted at the Globe on the Banck Fide. 4to) und 1643 erschien Game at Chesse in metaphorical Discourso shewing the presens Estate of this kingdome. London, 1643. 8. Andere Zeiten, andere Sitten: 1784 erschien zu Dessau das Schachspiel, ein Bild des menschlichen Lebens, in dreißig philosophischen Skizzen. 8. und 1836 benutzte Retzsch das Spiel zu einem sinnigen, fast süßen Bilde, wo Jüngling und Satan um die Seele spielen. Vgl. Foreign Review, 1836. N. 35.

[58]) Don Quixote: Hptst. 64.

Thore befand sich, aus dem 15. Jahrhundert, [59]) ein schon gegen Ende des 16. Jahrhunderts sehr verblichenes Gemälde, in welchem ein Engel, das Stundenglas in der Hand haltend, sagte:

O mensch, merck gar eben,
Es giltt dir sele vnd leben.

Ihm gegenüber erschien der Tod, mit einem Schachspiele vor sich, sprechend:

Ich sag dir, es ist daran,
du solt totlich schachmatt han.

Neben dem Engel stand der Reigen aller geistlichen und weltlichen Herren — Päbste, Kaiser, Könige, Bischöfe, Priester, Ritter, Grafen, Frauen u. s. w., und darüber:

„In diszem spil, o herre myn,
myn sele loss dir beuolen syn.

Unter dem Tode aber stunden folgende Reime:

Alles dz do lebt gross vnd klein,
Dass muss mir werden gemein.
Bobst, könig vnd cardinal
Bischof, Herzog allzumal,
Grauen, Ritter vnd Frawen,
Burger, knaben vnd Junckfrawē:
Ich sag vch vss fryen won,
keinen ich desz spiles lon
Bewarent vch, junck vnd allt,
Vwer Jare sindt vss gezalt,
Lenger will ichs nit gestatten,
Zu tod will ich vch matten“ [60]).

---

[59]) Es stand 1480 unter den lateinischen Beiversen. 1715 wurde das Gemälde abgetragen mit seinem Kreuzgange, wofür ein Jesuitencollegium erstand.

[60]) Mitgetheilt von F. W. Edel (Die neue Kirche in Straßburg. Straßburg 1825. 8. S. 88—89) aus einer handschriftlichen Sammlung der vorzüglichsten Denkmäler und Inschriften in den Kirchen Straßburgs, angefertigt von Sebastian Mung von Boffzheim. — Nach diesem Straßburger Gemälde hat Sebastian Brand folgende ähnliche Verse gedichtet (Cod. Monac. Emmeram. A. LIII. fol. Bl. 106), vielleicht für eine Auffrischung des Bildes:

De periculoso scacorum ludo
Inter mortem et humanam mentem.
Sebastianus Brannt.

Angelus habens horologium.

In einem alten Kupferstiche von B et R [61]) sieht man auf einer Seite Kaiser, König, Kurfürst, Frauen u. s. w., auf der andern Seite den Pabst mit Cardinal, Bischof ꝛc. Pabst und Kaiser spielen Schach auf einem Tisch, der zusammengeklappt

Vite summa brevis vigili circumspice mente
Signifera extremam denatat hora diem
kurtz ist die czijt lug für dich guott
die stund ist auß. es naht der dott.
Mors loquitur.
Adsum nulla mora et petere invidabile schachmatt
nec facit immunem te pedo siue senex
kein zijt ich beitt, schachmatt ich sprich
kein allt noch venden fristen dich.
Cesar in persona humane condicionis loquitur.
Omnipotens genitor. ludi si talis acerbi
Condicio est animam respice tolle meam
Herre got wie ist diſß spill so herb
Begnad mein sel das sie nit verderb.
Mors inferius loquitur.
Quid tibi mortalis corde est homo quidve superbis
cum capiam juuenes quottidie atque senes.
Non ducis imperium, non regia mitra corone
Pontificis summum cardineus ve chorus
Sceptra nec orbis item item, nec presulis infula sancta
Mortis ab extrema condicione vacant
Omnia disturbans mortalia jura resolvo
Et cadit ante meos quicquid in orbe pedes.
Arbitrii nostri est campo mattare vel albo
vel nigro, tute, ludite victor adest.
Mensch war vff ist Dir hoffart gstalt
Du siechst das ich nim Jung vnd alt
Ich ker mich nit an dheinen gwalt
Babst keyser kunig herzogen gfalt
Hab ich pischoff und cardinal
Frey graffen ritter uberall
Vor meinen fussen braht zu fal
Ich lär all kirchen höff vnd sal
Vnd treib eim gmeynlich uff recht spiel
Eyn yeglich feld mag syn mein cziel
Ich achten auch der hut nit vill
On fürbüſß matt ich wen ich will.

[61]) Museum auf der Bibliothek zu Basel, Mappe der unbekannten Meister (K. 1, 6, S. 39. n. 32.)

werden kann. Hinten steht ein Engel mit der Sanduhr. Rechts beim Pabst der Tod, der Schach geboten hat. Der Kaiser ist betrübt. Vorn guckt ein halber Tod, der auf ein leeres Feld zeigt.

In dem Lübecker alten Todtentanze sagt der König zum Tode: [62])

„Streckt denn des Todes Faust auf Königen ihr Ziel?
So gleicht das Regiment dem Schach und Königsspiel.
Mein Scepter streckte sich vom Süden bis zum Norden,
Nun bin ich durch den Tod besetzt und schachmatt worden."

§. 25.

So entnahm man vom vielgeliebten, vielgeübten Schachspiele die tiefsinnigsten Lebens- und Todesbilder. Im Gedichte Wilhelm von Oranse [63]) wird Jugend und Tugend damit verglichen:

„Vil süezeste aller wibe,
Bedenket schône unde iugent
Unde geloubet an den, des grôziu tugent
Juch niht gerne verliesen wil.
Nu merket hie vor uns das spil
Swô der kuninc ûf dem brete stêt,
Welich stein im ze nâhe gêt
In êren varens willen,
Den kan er sô gestillen:
Balde er in von dem brete nimt.
Wie danne den sînen zimt
Bi im durh helfe in kuote sîn,
Den tuot er ganzer helfe schîn.
Nu merket ditze snelle gahen
Swer sich ze gote wil niht nahen
Unde sines gelouben varet,
Lihte ein tac beiâret,
Daz im gôt iâmers enden.
Sus merket an den venden,
Wie si gênt dem kuninc vor.
Die riter nâch in witem spuor.
Dar nâch die alden an den lît sîn
Den volget dan diu künegin.
Die roch zeigent gotes gewalt.

---

[62]) Nach den 1701 von Nathanael Schlott erneuten Versen.
[63]) I, 56[a].

Die steine die ich hân gezalt,
Der dienst ist gegen dem kuninge balt.
Die steine mit flîze ein ander huetent
in güetlicher güete si guetent,
Wie sie den vênden sich entsagen,
Vor iagen und vor valschen lâgen
Sint sie künege unde küneginne bî.
Alsus wirt man dâ leides frî.
Swer helfe hie an die süezen sinnet,
Des minne von ir wirt sô geminnet
Unde von im, der sie durh minne erkôs
Wan siu magetuomes pâs nie verlôs.
Des sizzet siu in dem trône ime bî.
Geloubet daz siu ist wandels frî,
Der schône der künec hie hat gegert.
Alsô ditze gesteine bewert.
Des himels ordenunge.
Die rîtare alt, wis unde iunge
Gotliche helfe grüezet,
Swer sich mit dienste im süezet
Und in zwên ganzes herzen giht. u. s. w.

Der deutsch und oft vor vielen Tausenden von Linden herab predigende Bruder Berchtold nahm 1260 ein allgemeines Bildniß vom Schachspiele her:

»Wanne iu hât unser hêrre gar grôz êre und guot dar umb verliehen, und schône loben, und hât iu anderes niht ze schaffen geben wan Daz ir in sînem edelen schatz wol behüetet und bewaret, als verre als er iu bevolhen ist und als iu got dar zuo geordenet hât. Ez sol iwer schâchzabel sîn und iwer federspil und iwer tagalt und iwer kurze wile! [64])

§. 26.

Weiter entnahm man vom Schachspiele manche Fabel. [65]) So erzählt der Dichter Spervogel in sechs Zeilen bündig:

Ein wolf und ein wizzic man
sazten schachzabel an:
Si wurden spilende umbe guot.
der Wolf begonde sînen muot

---

[64]) Seine Predigten herausgegeben von Kling. Berlin, 1824. S. 38.

[65]) In einer englischen Handschrift (Cod. sec. XIV.) der Königl. Bibliothek (Sloan. 4029. Plut. XXIIID) steht auch eine Fabula de ludo Scacarii (Twiss. II, 8.).

nach sînem vater wenden:
dô kom ein wider dar gegân: dô gâp er beidin roch
umbe einen venden [66]).

Die anwendende Erklärung dieses Gleichnisses, in dem vielleicht die oben besprochenen Namen Schaf-Zagel und Wolf-Zagel calambourisch wirksam sind, tritt aus der nachfolgenden spätern Ueberarbeitung klarer hervor: [67])

Swer ist gar untugenthaft,
An dem ist al diu Meisterschaft
Vil ofte gerne doch verlorn.
Ez stichet ie der hagendorn.
Mit einem wolf ein grâwer man [68])
Schâchzabelspils began:
Dô sach er dikke über bret.
Nâch sîner art [69]) der wolf tet.
Des strâfet' in der grîse
Und sprach: ir sît unwîse.
Unde missezi mat iuch sêre.
Nu volget mîner lêre:
Ir sûlt gebâren rehte
Gelîch eime werden knehte
Unde sult ouch wesen wolgezogen.
Dar an sît ir unbetrogen.
Wartet et uf in iuwer spil
Genôte gar unz ûf daz zil.

*

Lachen des der wolf began.
Dô sprach aber der wîse man:
Swaz man iu vor spreche für war
Daz hilfet allez niht ein hâr:
Ungenge ist iuwer kamp!

*

Nu kam gegangen dar ein lamp,
Dô begund er âne lougen
Über bret gar tougen

---

66) Bodmer: 222, a. Cod. palat. 357, Bl. 28ª.

67) Laßberg's Liedersaal II, 161. S. 605. Grimm: Reinhard Fuchs, S. 349.

68) Man hatte vielleicht wîzer man gelesen, obschon es nachher neben grawe und grîse auch der wîse man heißt. Aehnliche Verwechselung aus nasewîse in nasew eiß (nasewîz).

69) Spervogel: nâch sîme vater (schlachtete er).

'z ouge zem lampewenden. [70])
Defs gafs er umb ein venden
Da ze mal beidin roch
Er rekripft daz lamp vnt vlôch.

*

Ditze bîfpel ift harte guot
Wil ez merken iuwer muot.
Swie vil man unftaetin wîp
Wîfet, daz fi rehte ir lîp
In wîplîchen ziihten haben,
Doch fo luogents zuo den knaben
Und gereitentz fô verwenden,
Dazs kûme einen venden
Gewinnent, dâ fi ritter und roch
Möhten wol gewinnen doch,
Ob fi durh rehte lêre
Behielten zuht und êre.

Meifter Ingold entnimmt 1450 in feinem »guldin fpil« [71]) ein anderes ernftes Gleichniß: Alfo bedeut der kûng

---

[70]) Spervogel: Nach fîme vater wenden.

[71]) Er verwendet die fieben Hauptfpiele feiner Zeit zu andächtigen Betrachtungen. Das Schachfpiel fteht aber in der feltfamen Sieben obenan. Sein Siebengefpiel heißt: Daz fchafczaelfpil — das bretfpil mit den fcheiblachen umb die iirten (d. i. Zeche, um Gewinn!) — kartenfpil — würffelfpil auff dem bret — walgen mit den kuglen oder durch den ring kuglen fchieffen (Art Ballfpiel) vnd des gleich was mit dem klotz zu gat — lauffen vñ fterck erczeigen vñ tanczen — feitenfpil. Wir fehen hier drei verfchiedene Spielgruppen: Schachfpiel — Leibesübung — das verderbliche Karten- und Würfelfpiel. Und gleich nach dem Schachfpiele um Geldes Werth! Zwei Jahre nachdem Meifter Ingold von Reutlingen aus an die Spielluft feiner Zeit Warnebilder knüpfte, 1452, kam Johann Capiftranus, der Barfüßer Mönch und Cardinal, nach Nürnberg und predigte in feiner Predigt wider die Türken, auch wider Schlitten, fpitze Schuhe, große Wulfthauben, Brettfpiele, Würfel und Karten; und fchaffte, daß am Tage S. Laurentii 76 Schlitten, 3640 Brettfpiele, 40,000 Würfel und viel Karten auf öffentlichem Markte verbrannt wurden. (Meufel, Magazin, II, 163.) Würfel und Karten kommen früh und oft genug neben dem edlen Schachfpiele vor; z. B. im Romain de Parise la Duchesse:

Puis aprist il a tables et a eschas jouer, —

und: et si nos mostreras des eschax et des dez.

Luigi Pulci (in f. Margante maggiore) fagt:

die vernunfft in dem reich der sel, die küngin den willen, die alten gedächtnuss, die rat wolgedenckend — der künig die vernunfft in der sel das gut erwelen, die küngin den freyen willen, die alten die rat der vernunfft, die ritter die krafft zu streiten wider daz bösz zu dem guoten, die roch die richter oder die voegt, Das seynd die kräfft, die da volgend dem rechten vrteyl der sel. Also seynd gestein echt der küng die küngin zwen alten, zwen ritter vnd zwey roch.

§. 27.

Die europäischen Völker entnahmen früh von dem geliebten Spiele sprichwörtliche Uebertragungen. Die Kunstausdrücke des Schachspiels gingen in sprichwörtlichen Gebrauch des Lebens über. Am liebsten das Mat. So vom Gefechte:

»Sin prîs seite in (ihnen) dô allen mat [72]) — Dînem ruome ist gesprochen mat [73]) — In ist gesagt an vreuden mat [74]) — Si tâten sînem vrenden mat [75]) — Wer heftis halp daz mezzer hat, Der mac dem andern sprechen mat [76]) — Einen ziehen an des galgen mat [77]) — Des warf in des gelückes rat Rehte in den ewigen mat [78]) — Unz an sînes lebênes mat. [79])

Eben so schâch: Lion dem fursten wurde mat, Moht er, nâch sînem schache getân. [80]) — So bin ich vrisch und hôchgemuot Mir tuot kein langez beiten (Warten) schach. [81])

— Gridava il gigante:
Tu seigni, Rè de Naibi (Karten) o di Schacchi
Col mio battaglio convien ch' io t'ammacchi.

Und Rabelais (Gargantua; V, 23.): Au fonds d'ice luy iapperceus force dez, cartes, tarocs, luettes, eschets et tabliers auec pleines tasses d'escus au Soleil pour qui iouer vaudroient.

72) Wigalois, 7829.
73) Boner, 86, 30.
74) Nithart, B. II, 429, 3.
75) Barlaam u. Jos., 128, 10.
76) Boner, 77, 40.
77) Ders. 57, 93.
78) Stricker Karl 12a.
79) Reinmar von Zwetern (M. S. 2, 128b. Vgl. I, 137).
80) Wigalois, 9934.
81) Suchenwirt, 28, 309.

Hüet dich vor den hovegallen, Die vor ir hêrschaft reden swach. Darumbe daz si dir gevallen: Ir zungen die kan bieten schâch. [82]) — Im Titurel heißt es von einem Kreuze auf des Thurmes Knopfe, es sei dem Teufel ein Leid, »wan im da wirt gesaget schâch mit allen.«

Eben so vereint Schach und matt: Daz man kos nâch im bluotis phat, Sîn schâch vil heiden sîn dâ mat. [83]) — Jugurtha do er scheit von Rom Do sprach er, o du veile stat, Wie werestu so bald schach und matt. Wann du ein kousman hettst allein. [84]) Desgleichen im Englischen Checkmate [85]) und check-mated; im Italienischen Dar un Scacco matto, dar il Scacco [86]); im Französischen Eschec et Mat. [87])

So tief sehen wir aus diesen Mittheilungen das Schachspiel in die Sitte der europäischen Menschheit im sogenannten Mittelalter verflochten. Die Theilnahme, ja Leidenschaft für dieses Kriegsspiel zweikämpfender Geister war bald so gestiegen, daß es im zwölften Jahrhunderte bereits in den meisten altfranzösischen und mittelhochdeutschen Gedichten genannt, gelobt, gepriesen, benutzt wird als nothwendige, gewöhnliche Erscheinung, und daß man an sein wechselreiches Spiel, an seine Grundbedeutung, wie an seine einzelnen Gestalten bald so bedeutsame, tiefe Lebens- und Sitten-Betrachtungen knüpfte, wie wir sie bisher uns vorgeführt haben, ja es zum Gewebe, zum Fachwerk, zum rothen Faden ganzer solcher Sittenbücher und Gedichte über das Schachspiel selbst, oder die an dasselbe angeknüpft wurden, benutzte.

§. 28.

Schon bei den Arabern entstanden früh Gedichte über das Schachspiel. Bekannt ist der von Aben-Ezra (Carmen rhythmicum de ludo Shamat, seu shahiludio) [88]), deutsch 1743

---

[82]) Suchenwirt, 38, 140.

[83]) Wilhelm von Oranse, I, 15b.

[84]) Sebastian Brand: Narrenschiff. — Auch im Schachspiel selber sagte man „schach und matt". Dr. Mennel sagt 1507: „So ist er alsdann Schach und Matt."

[85]) [86]) [87]) Beispiele bei Twiss. II, 38. 66. (aus Ariost, Dante, Howel, Oberhaus 2c.).

[88]) Siehe Hyde, der es abdruckte, I, 2, 2—9.

Frankf. und Leipzig erschienen. Mehr Schachgedichte entwickelte das Abendland. Lateinische werden wir weiter unten genauer kennen lernen, weil in ihnen die frühere Spielart klarer hervortritt. Ein solches kürzeres aus einer Sallusthandschrift von Deventer (37 Verse) theilte Jakob Gronov an Th. Hyde mit, der es in seine Geschichte des Schachspiels (I, 181 ꝛc.) aufnahm. Es beginnt Si quis Scacorum ludum vis scire decorum. Ein anderes (Bibl. Bodlei. n. 2007. 46.) zu Oxford [89]) (von 52 Versen) beginnt

Sic sit formosa sine sanguine pugna jocosa
Ludum scaccorum si quis vult scire decorum;

somit das gleiche mit dem vorigen; der erste Vers ist dort der fünfte. Ein drittes Gedicht in Cambridge (38 Verse) Modus et scientia ludi Scacorum beginnt:

Egregium Ludum scacorum scire volentes.

Dieses befindet sich nochmals in der Bibl. reg. 13. E. XXI. P. 210. (Modus ludi Scaccorum.) [90])

Ein viertes Gedicht theilt Hyde (I, 179) aus der Bodlejanischen Bibliothek (Cod. 58. p. 110. super Art.) mit: »De Shahiludio poëma tempore Saxonum exaratum Carmine politico seu Pseudo-Trochaico.) [91])

Ein fünftes Gedicht, bisher noch unbekannt (aus Cod. Monac. pictur. n. 73. 4°. Bl. 91ᵇ und Cod. mon. Emmeram. k. 6. 12°. Bl. 41. aus dem 12. Jahrhundert), beginnt:

Qui cupit (vult) egregrium scacchorum noscere ludum; —

(ähnlich dem dritten Gedicht beginnend, im Schluß mit dem ersten etwas zusammenfallend.

Ein späteres und größeres lateinisches Schachgedicht lieferte der Bischof von Alla M. Hieronymus Vida aus Cremona [92]) unter dem Titel Scachia, ludus (760

---

[89]) Twiss, II, 199.

[90]) Twiss, 2, 3.

[91]) Hoeck (S. 173, bei Reinganums Gambitspiel, 1825.) macht hier einen Lese- oder Uebereilungsfehler, indem er die bald zu nennende Moralisatio Scacchorum damit zusammenwirft. Auch Clodius (Bibl. lusoria, 131. 132) theilt es mit.

[92]) Er starb 1566, 96 Jahre alt. Siehe Arisii Cremona litterata, II, 109. — Ph. Arelati Bibl. script. mediol. (Mailand 1742)

Verse) [93]), um 1540 geschrieben. [94]) Er schildert darin den Kampf, die Schlacht des schwarzen und weißen Königs.

II, 1414. — Warton (Essay on P.) rühmt Vida's Klarheit bei der Schwierigkeit des Stoffes, und Pope (Essay on Criticism) nennt Vida unsterblich.

[93]) Es erschien lateinisch 1) Rom 1527 (De arte poetica libri III, de Bombyce lib. II. de Ludo Scacchorum L. I. Rom bei Ludov. Vicentinus 1527, Mai 4°.) 1544. 4°. 2) Paris, 1529 (bei Lud. Blauboom, 8°.). 3) Basel 1534. 8. 4) Lyon 1536 (Hymni Bucolice. ap. Seb. Gryphium. 155 S. 8°. S. 99—122.). 1547 (Opera. Seb. Gryph. 359 S. 16°. S. 305—328). 1548 (Opera. Seb. Gryph. 359 S. 16°. S. 305—328). 1554 (Opera. S. Gryph. 575 S. 16°. S. 520—542 nach der Cremoner Ausg. v. 1550). 1592 (Opera. Ant. Gryph. 573 S. 16°. S. 518—541 nach d. Cremon. Ausg. v. 1550). 5) Cremona 1550 (M. H. Vidae Crem. Albae Episcopi Poemata omnia. Cremona in aedibus Diue Margaritae. 1550. Jo. Mutius et Bernardig Locheta. 8°. S. 49—59). 6) Leyden 1585. 12°. 7) Antwerpen 1568 (Opera ap. Phil. Nutium. 246 Bl. 16°. fol. 222—232). 1585 (Opera. Chr. Plantin. 391 S. 16°. S. 354—389). 1567 (Opera ex officin. Christoph. Plantin. 535 S. 16°. S. 483—504). 8) Florenz 1604 (Scacchiae Ludus emendatus Flor. ap. Junctus. 1604). 9) Straßburg 1604 (Scachia Ludus cum commentariis op. et stud. Lucae Wielii. Arg. Ledertz 1604. 8. Ebert, n. 23570). 1605. Isagoge in Scachiam Ludum. 8. 10) Oxford 1701 (Poeticorum libri 3. Oxoniae, e theatro Sheldoniano, impensis J. Crosley. 8°. S. 107—132). 1722. 11) London, 1732 (Vidae Crem. Albae ep. Poemata quae extant. Lond. Lawton, Gillwer et Joh. Nourse. 1732. 2 Bde. 12°. S. 38—57). 12) Preßburg 1789 (Opera metrica. Posop. typ. Anton Löwe. II, 2, 84—104). 13) Rudolstadt 1820 b. P. Fröbel. 14) Abgedruckt bei Wahl S. 241—270. und in der französischen Uebersetzung von Levée 1809, in der deutschen von Hoffmann 1826 und Koch 1813.

Übersetzungen: 1) italisch: a) Traduzione della Scacchide del Vida in verso italiano da'l Nicolo Mutoni. Rom, 1544. b) La Battaglia degli Scacchi di M. Vida, ridotto in ottava rima da Girolamo Zanucchi da Conegliano. Trevigi, p. Aug. Mazzolini. 1589. 4. — c) Traduzione della Scaccheide del Vida da Camillo de Sitonis. Milano, 1590. — d) La Scaccheide di G. Vida tradotta in ottava rima, dall' academico Innominato imperfetto (Sebastiano Martini di Faenza, nicht Marino wie Höckh S. 175 angibt). Faenza per Gir. Simbeni, 1616. — e) La Scaccheide di G. Vida tradotta in versi scielti, da Tommaso Perrone. Napoli, Masio, 1733. 1739. — f) von Carlo Piedemonte (La Scaccheide. Verona, 1753). — g) da Luca Viello, Cremona u. Venis, 1714. — h) da V. G. Fr. Masden (La

Ein noch späteres ist die Ode des Joh. Ascan. Tuccius: Duellum Scachorum, [95]) das auch in's Italienische übersetzt

---

Scaccheide, Venedig b. Zatta, 1774). — i) da Cosmo Grazzini (Firenza ap. Junctas. 1604). — k) Gregorio Ducchi (Vicenza, 1607). l) von Ascanio Morosini: Il Giuoco degli Scacchi tradotto in ottava rima (in Raccolta di Poemetti Italiani. Turin, 1797. 12°. Th. V.). — m) von Giov. Chiosi (La Scacchiade. Cremona, bei Feraboli. 1829. 16°).

2) französisch: a) Louis des Masures, Livre des eschets de H. Vida, trad. du latin en franc. autrement La guerre cruelle entre le roy blanc et le roy maure. Paris, Vincent Sertenas. 1556. 4°. — b) Le jeu des eschecs translaté du latin de H. Vida en francois. Lyon, par Jean de Tournes. 1557. 4°. — c) Jeu des eschecs, translaté du Latin de J. Vida, par Vasquin Phillieul (Filiolo) (ant. du Verdier Bibliotheque, S. 84). Paris, bei Philippe Danfrie et Robert Breton. 1589. 4°. — d) Jérome Balthasar Levée, Les vers à soie, poème de Vida, suivi du poème des Echecs. Paris 1809. 8°. (mit latein. Text).

3) englisch: The pleasant and wittie play of the cheats renewed, lately translated ont of italian into french, and now set french in ynglish of J. Rowbothum. London, 1562. 12° (Twiss, 1. 90). — Andere englische: by George Jeffrey, esq. London, 1736. 4° (Twiss: 2, 131). — by W. Erskine. London, 1736. (Twiss, 120) — by Samuel Pullein. Dublin, 1750. (Twiss, 2, 13) — by Anonymus. Eton. 1769. 8. (Twiss, 1, 90) — by Anonym. Oxford, 1778. 4. (Twiss, 90) — by Arthur Murphy. 1786. u. in Th. 7. seiner Werke (Twiss, 2. 13).

4) spanisch: von Marcheselli.

5) deutsch: Ramler, geb. 1755, den ersten Gesang. — R. A. Hirsebock: Ausführliche Beschreibung des Schachspiels in Versen, aus dem Latein übersetzt (in Neue Erörterungen der Erkenntniß und des Vergnügens. Frankf. u. Leipzig, 1754. S. 14. 8.). — Joh. Dav. Müller: Die Schachias, Heldengedicht des G. Vida. Ins Deutsche übersetzt — Magdeburg 1772. — Koch: Schachspielkunst. Magdeburg, 1803. II, 155. — Koch: Codex der Schachspielkunst. Magdeburg, Heinrichshofen, 1814. II, 563. — Joh. Jos. Ign. Hoffmann: M. Vidae scachia ludus, mit metrisch. Uebers. Mainz, Kupferberg, 1826. 8°. — J. E. K. Jeße: Das Schachspiel. Ein episches Lehrgedicht, übersetzt nach G. Vida. Hannover, Helwing. 1830. 8°. — Vgl. Clodii Bibliotheca lusoria. Leipz. 1761. 8. S. 147. — Nicol. Mutorius schrieb über das Gedicht eine Paraphrase.

[94]) Twiss, S. 89.

[95]) Deliciae CC. Italorum Poetarum collectore Ranutio Ghero (Jano Gruterio) 1608. S. 1181—1189. u. Dornacii Amphitheatr. sa-

wurde durch Bartolomeo Burchelatti.[96]) Ein anderes italienisches Gedicht lieferte Gregorio Ducchi 1586: La Scaccheide.[97])

Französische Gedichte: 1) Recueil de pieces curieuses et nouvelles tant en prose qu'en vers. Haye, 1694. 12°. 2) Abbé Jean Joseph Therése Roman: Les Eschecs: Poème en 4 chants. Herausgegeben von M. Couvret. Paris, 1807. 12°. 3) Joh. Ant. Joach. Cerutti (1738—1792) Les Echecs (356 V.). in s. Recueil de quelques pièces de littérature en prose et en vers. Glascow und Paris, Prault. 1784. 8. 4) ältere französische Gedichte: a) in London: Cotton Cleop. B. IX. I. (Li gius des esches Auszüge bei Twiss: II, 8). b) Bibl. reg. Lond. A. XVIII. Plut. XX. C. (13 Bl. fol. Twiss: 11). c) k. Bibl. zu Paris: Les Eschecs d'amour Mscr. n. 6808. u. 7510. (Twiss: 2, 146).[98]) Vgl. Extraits de quelques Poésies du 12—14 siècle. Lausanne, 1759. 8.

Englische Gedichte: 1) Fragmens of an epic Poem, sent by a Lady to a gentleman, on the morning succeding the evening's loss of a game at chess (abgedruckt Twiss: II, 210—212). — 2) William Jones Caïssa or the Game at Chess. A Poem: 234 Verse. 1763. und in Jones Works. London 1799. IV, 497—512. Auch in André Danican Philidor Chess analysed with Caïssa by Sir W. Jones. London 1814. 8.; und in Studies of Chess. London, 1803. 2 Bde. 8.[99]) 2) John

---

pientiae Socraticae jocoso-seriae. Hanau, Wechel. 1619. fol.: I, 652—653; Hyde: II, 18.

[96]) Bartolomeo Burchelati, Duello delli Scacchi: tratto da un' ode del Tuccio. 1548. 1632. Auch am Schluß von Zanucchi's Ausgabe der Battaglia degli Scacchi des Vida. Treviso, 1589. 4°.

[97]) La Scaccheide, overo il giuoco degli Scacchi ridotto in poema eroico sotto prosopopea due patentire, e delle esserciti loro, compreso in VI canti. Vicenza, Perin u. Giorgio Greco, 1586. 4°. (Vgl. Carrera, Il gioco degli Scachi, 1617) und 1607. (Il giuoco degli Scacchi, ridotto in poema eroico. Vicenza.) 4°.

[98]) Andere Nummern über Jeu des Eschecs (n. 7918. 7197. 7198. 7199. 7602. 7603. 7604. 7605. — Twiss, 2, 146) sind wohl oft Übersetzungen des Jacob de Cesolis, wie auch Li Jeus des eschas im Berner Codex; n. 275. 4°.

[99]) Vgl. Twiß I, S. 91.

Lydgate (1408) poem on love. (Siehe Hyde, Boleg. — Twiss: 23 — abgedr. in Studies of Chess. London, 1803. 1817. Vom englischen Dichter Simon Aylward (unter Heinrich VI.) ist ein Manuscr. de ludo Scacchorum von vor 1456. vorhanden. Siehe Hyde: 2, 183. und Pitsei Hist. relat. de reb. Angl. Append. Cent. IV, 34.) — 4) Booke of Chess play out of Italinto Frenchs and then into English. London, 1562. 8. (Catal. Bibl. Bodlej. II, 118.) — 5) Poem on chess. London, G. Hawckins, 1764. 4°. 6) John Thueston Poems upon several occasions. (Darin ein Gedicht über das Schach: 72 Zeilen.) 1737. — 7) Thom. Middleton Game at chess, a Comedy Sundry times acted at the globe on the Bank Side. o. J. (1624) u. O. 4°. (Hyde: I, 184. Twiss: S. 28.)

Ein italisches Schach-Schauspiel: von Alexand. Salvio, La Scacchaide tragedia. Neapel, bei Lazaro Scorrigio. 1612. 8°. (Bibl. Cardin. Imper. S. 440.)

Polnische Gedichte: Jo. Cochanovius de ludo Scacchico: carmine Polono in Carmina Jan Kochanowskicgo. Krakau, 1639. 4°. S. 18. (Siehe S. Staravask Scriptor. Polon. Elog. Venedig, 1627. 4°.) Neu abgedruckt (Jan Kochanowski Szachy) in Dzida polskie. Edycya Tadeusza Mostowskicgo. Warschau 1803. 8°. I, 297—319.

Deutsche Gedichte: 1) Konrad von Ammenhusen's Übersetzung des Werkes von Jac. de Cesolis in deutsche Reime, 13..; wovon weiter unten, so wie von 2) Jak. Menell's (nach Cesalis gedichtetem) »Schachtzabel-Spiel. Deß Ritterlichen kunstlichen Schachtzabel Spiels Underweysung, erklärung, vn̄ verstand ꝛc. Getruckt zu Oppenheim. o. J. (1520). 4°; welches Gedicht oder Reimwerk Erweiterung ist seiner 1507 zu Constanz herausgegebenen Auslegung des Schachspiels, woher sein Anfang ꝛc.« (Constanz, Hans Schefeler. 1507. 4°.), wie davon ein lateinisches Manuscript (Jac. Menelli de ludo latrunculorum s. scacchorum.) noch in der K. K. Bibliothek zu Wien liegt. [100])

[100]) Hier genauere Scheidung der Ausgaben. 1) Die zu Costenz, 1507 („Auslegung des Schachspiels, woher sein Anfang." — Getruckt vnnd vollendet in der loblichen Statt Costenz vō Hansen schäffeler. 1507. 4°. Panzer Zusätze S. 107.); 2) um 1520 zu Oppenheim, durch „Jacob

§. 29.

Diese letztern Werke vorzugsweise erstreben eine geistig-sitt-

---

Köbel Statschreiber zu Oppenheym", der in der Vorrede sagt: „weylant in Rheymen zu Costentz an tag bracht, widerumb inn den Truck zu fertigen". Der Titel: „Schachtzabel Spiel. | DEß Ritterlichē, kunst | lichē Schachtzabel Spiels vnderwey | sung, erclärung, vn̄ ver- stant, wo here | das, kommen, were das am ersten er- | funden vnnd auß was vrsach es er- | dacht sey, Auch wie man das künstlich lernen ziehen vn̄ spielen solle, sampt etlichē kunstlichē geteylten spielen ꝛc. || ☞ Zu dem Schachtzieher. | Dein augen scherpff, nicht übersech | Deim wyderteyl, fleyßlich nach speh, | Wie sich gebürt, im Feld vnd Heer, | Dein volck das schick du zu der weer, | Vnd orden das recht an den streyt, | Ders über- sicht, gernvnden leyt. || Getruckt zu Oppenheym." || XX[a] Bl. 4°. Schluß: „Getruckt zu Oppenheym." (Panzer Annalen I, 446. n. 1004.) 3) 1536. Frankfurt, Egenolph: „DEs Altenn Ritterlichenn spils des | Schachzabels, grüntlich bedeu- | tung vnnd klarer bericht, dasselbig künstlich zu ziehenn | vnnd spilen. Mit eim newen zusatz ettlicher be- | sonderen meisterstück, nach der Current, wel | schen art, vn̄ von Hutten, deßgleichen | ettlichenn besondern Regeln des | Schachziehens, vormals | nie außgan- | gen. || 𝔤 Zu dem Schachzieher. | Dein augen scherpff, nicht übersech, | Dein widertheil, fleißlich nachspeh, | Wie sichs ge- bürt, im Feld vnd Heer, | Dein volck das schick Du zu der weer, | Vnd orden das recht an den streit, | Ders übersicht, gern vnden leit. || f. iij. Bl. 4°. Schluß: „Gedruckt zu Franckfurt am Mayn, | Bei Christian Egenolph. | 1536. || Der Inhalt beider Ausgaben ist dieser, mit Einklam- merung der Einschaltungen von 1536: a) Jacob Köbels Vorrede (dafür 1536: Christ. Egenolff's Vorrede) —" Register diß Büchlins (fehlt 1536) — Von form vnd gestalt des Schachzabelbrets, vnd seinen vnderschyden feldern̄ — Von form vnd gestalt, farb vnd namen der bylde oder steyn, damit man im Schach zeücht vnd spielt — Wie die Bylde oder stein nach rechter ordnung vnd art diß Spiels in das Schachbret gestält werden sol- len, Vnd zum ersten von den Schwartzen steynen oder bildern̄. Von den weissen byldern̄ oder steyn. Von den Fendlein. — Wie eyn igklicher Steyn oder Bylde sein außgangk haben solle, Vnd zu dem ersten von dem König. Von der Königinn. Von den Alten. Von den Rittern̄. Von den Rochen. Von den Fendelin. (Von den Privilegirten oder ge- freitten steinnen.) Hie merck eyn gemeyn Regel. (Noch ein Regel.) — Wie sich eyn angeender Leerknabe deß Ritterlichen Schachtzabel Spiels schicken vnd lernen solle, den streyt anzuheben, die steyn zu ziehen, sein feynden zu begegnen, widerfechten, abbrechen, nemmen, vnnd sie fahen solle. — Vorred im Schachzabel [Jacob Mennel Doctor — Gedicht] — Eyns yden gutten anfangs recht Fundament ist Gott. — Bey welches Königks zeyt das Spiel erdacht sey — In welchē Landt das Spil erdacht

liche Betrachtung dem Schachspiele abzugewinnen, [1]) veranlaßt durch des Jacob de Cesolis Vorgang, seinen prosaischen Über-

ist. — Wer das Spil am Ersten erdacht vnnd funden hat. — Vmb was ursachen willen diß Spiel erdacht sey. Die Erste Vrsach. Die Andre Vrsach. Die Dritt Vrsach. Hie merck eyn sondere Art diß Spiels ꝛc. — Nun hebt an die Bildung vnd bedeütung eynes yedē gesteins aufs aller kürtzest, vñ erstlich deß Künigs. Wie die Küngin sein soll.. Wie die Alten söllendt sein. Wie die Ritter sein söllen. Wie die Roche söllen sein. Vonn den Venden in eyner Summ. — Warumb das Schachbrett Quartiert, vnd wie viel es veldung hat. — Warumb die Spangen erhebt seindt. — Vom Thurn in d' selbē stat. — Warumb etliche velder leer vnd etlich voll seindt. — Nun volgendt die Figuren aller abgestympter steyn, vnd wie man im Schach ziehen soll, vnd erstlich von dem Königk. ꝛc. Künigin. Alt. Ritter. Roch. Venden. — Wie der Vend eyn Künigin wirt. — Von den Schachen vnd Matten. — Was die wort bedeütendt Schach vnnd Matt. — — (Ein ander art das schachspiel zu ziehen, so man nennet Current oder das Welsch Schachspiel. — Von hütten, was die seien, vnnd wie die zu machenn sampt etzlichenn gutten Exempeln. Ein ander güte hütt so man die eisern hütt nennet. Noch eim gütē hütt, vnnd die behend zu machen ist. Wie sich der gegentheil halten soll. — Etzlich gemeine Regel im Schachziehen) — Nün Volgen etlich geordente künstliche streyt, zug, vnnd spiel, dadurch sich die Schachzieher üben söllen das Ritterlich spiel deß schachs desto förderlicher zu lernen vnnd begreiffen.

Panzer ꝛc. kannten nur die Ausgabe Oppenheim; keiner nennt die von Frankfurt, Egenolph 1536. Doch scheint sie G. Selenus gekannt zu haben; er sagt S. 433: „Es seynd, des D. Jacobi Mennels Buchlein (welches Er in teutschen Reymen, auf dem Reichsz Tage zu Costentz, Anno 1507. vom Schachzabel, auszgehen lassen) dreyerley Arten von Hütten: und sieben Exempel, des Alten Spieles, von etlichen hinzugesetzet worden.“

Aber Herr von Gewein nannte mir noch eine frühere Frankfurter Ausgabe desselben Jahres (1536): „Vnderweißung, erklärung, vnnd außlegung deß Ritterlichenn, kunstlichenn spieß des Schachzabels, durch den Hochgelartenn Doctor Jacob Mennel ... auff dem heiligen Reichßtag zu Kostentz, Anno &c. 1507 in Rheimen gedicht, vnnd desselbinn spiels Vrsprung vñ wesenn, Auch wie man das auff das aller kurtzest zu ziehenn vnnd spilen begreiffen mag, offenbart.“ Frankfurt, 1536. 4°.

[1]) Auch die neuere Zeit hat solche Betrachtungen über das Schachspiel angestellt: 1) Das Schachspiel, ein Bild des menschlichen Lebens, in 30 philosophischen Skizzen. Dessau, 1784. 8°. 2) **B. Franklin Morals of Chess** (abgedruckt in kleine Schriften: Wien, 1794. II, 29. und bei **Twiss**, S. 141—148) übers. der Werth des Schachspiels, aus

setzungen folgend, wie auch 1450 Meister **Ingold** in seinem **Guldnen Spil** ihn auszog. Aber schon vor diesem gab es ausführliche **Moralisationes** über das Schachspiel. Schon des Aben Ezra genanntes Gedicht gehört hieher. Näher noch des vermeinten Pabstes Innocenz (des Dritten? 1198) [2]) **Moralizatio Scaccarii** (per Dmn̄ Inocentium ppam); worüber **Hyde** (I, 179) und **Fabricii biblioth. med. lat.** (IV, 16) nachzusehen ist. [3]) Sie wurde 1657 in Oxford gedruckt von **Dr. Prideux** (**Hypomneumata Logica** 8. übers. v. **Twiss**: II, 4. Wichtiger, weil allgemeiner verbreitet und übersetzt, tritt uns des genannten **Jacobus de Cessolis** Auslegung des Schachspieles entgegen, und bleiben wir hiebei wegen der eigenthümlichen Ansicht, Behandlung und Auslegung des Spieles um so mehr etwas stehen, als sich in ihm die eigenthümliche abendländische Einbürgerung des indisch-persisch-arabischen Spieles recht lebhaft abspiegelt und die damit zusammenhängende und entwickelte abendländische Spielart uns klar werden wird. [4])

Des Verfassers Name wird in den Handschriften überaus verschieden geschrieben: **Cessolis**, **Cessulis**, **Cessalis**, **Cesalis**, **Casalis**, **Casallis**, **Cesollis**, **Cusulis**, selbst **Thessalis** (als von **tessalis**, **de Thessalia**, **Thessalonica**), **Funolis**, **Courcellis**, **d'Acciefole** u. s. w. Man hat **Casal** in Italien geltend gemacht; richtiger ist das französische Dorf **Cessoles** [5]) in der Diöcese Rheims. Ja-

---

v. Engl., vgl. Culmbacher Wochenblatt, 1812. n. 43. 3) **G. du Peyrot**: **Philosophie royale des eschecs et autres oeuvres melées.** Paris, 1608. 8. — 1511 sucht **Thomas Murner** das Schachbrett zu benutzen zum Beibringen der Längen- und Kürzenmessung in der Grammatik: siehe **Ludus studētū | Friburgensium |** Schluß: **Beatus Murner argentin. Frācphordie. imprimebat | Anno dom̄. 1511. 4°.**

[2]) Nach **Hyde** ꝛc. ein englischer Mönch Innocenz, des 13. Jahrh. — **Twiss**, 2, 201. u. 4—7, wo er das Gedicht übersetzt.

[3]) In Hdschr. in London im **Ms. Harl.** 2253, f. 135^{b}. geschrieben zur Zeit Eduards II.) und **Ms. Bodl.** 52, Bl. 59^{b}; **Ms. Reg.** 12 **E. XXI.** fol. 99^{b}. Vgl. **Ms. Sloan.** 4029. fol. 36^{b}.

[4]) Auch unsre Zeit rief Moralitäten über das Schachspiel hervor. Siehe die **Morals of Chess** von Benjamin **Franklin** (**Memoirs of the Life and writings of B. Franklin.** London, 1818. 4°. III, 322—325).

[5]) **Jöcher** (II, 1808) sagt, er sei von **Tierasche** gebürtig gewesen.

kobus war Predigermönch zu Rheims [6]) gegen Ende des 13ten, Anfang des 14ten Jahrhunderts, etwa 1290. [7])

Jakob von Cessolis hatte über das Schachspiel gepredigt nach dem Anfang seines Werkes (nach der deutschen Übersetzung): »Ich brueder Jacob von Cesolis, predigerordens, bin überwunden von der brüeder gebet und werltlicher ſtudenten und auch ander edeler leut, die mich haben hören predigen daz ſpil, daz dâ heizet ſchachzabel, daz ich dâ von gemachet habe ditz buoch und habe daz ze nutz bracht menſchlichen ſiten und zuo einer lere menſchliches geſchlechtes und habe ez geheizen daz buoch menſchlicher ſiten und der ampt der edeln«; und gab alsdann auf den Wunsch Vieler sein Buch heraus unter dem Titel:

»Solatium ludi Scacchorum scilicet regiminis ac morum hominum et officium virorum nobilium, quorum formás, si quis menti impresserit, bellum ipsum et ludi virtutem corde faciliter vel feliciter poterit obtinere«; — oder:

»Liber de moribus hominum et officiis nobilium super ludo Scacchorum.«

Das Buch wurde sehr geliebt. Königshoven merkt sogar an in seiner Chronik (I, 89): »Do machte ein meiſter das Schofzabelſpil.« Das Werk ist noch in manchen Handschriften [8])

[6]) Quetif Scr. ord. praedicat. I, 471.

[7]) Warton History of english poetry. Th. II. (bis 1290) und Biographia Britannica (bis 1295). Vgl. Denis, Wiens Buchdrucker-Geschichte: Nachtrag, S. 33. — Hyde setzt ihn falsch vor 1200, eben so Twiss, S. 41.

[8]) Unter Andern: a) im brittischen Museum: Mss. Harl. 1275. 4°. (Twiss, 2, 1.) — Mss. Harl. 3238. fol. (Twiss, 2, 2.) — Ms. Reg. 12 B. XXIII; 12 E. XXII. (Madden, Archaeol. XXIV, 222. f.); b) in Mailand, Ambros. (Montfaucon, Bibl. Mscr.); c) in Kopenhagen, v. 1444. ꝛc. (Twiss, 2, 176.); d) in Leipzig, v. 1354. Paul. Biblioth. (Georg. Paeschius de novis inventis tractat. 1780. 4°.); e) in Dresden (früher in J. G. Berger's Bibl.: Diss. de cautionibus circa bibliothecas. §. 7. Montfaucon Bibl. hist. — Eckard bibl. dominicana.) — f) in Straßburg: Bibl. Univs. C. VI. 7. membr. 4°. v. 1386, Bl. 120c—148c. — Cod. A. 85. chart. fol. v. 1419. Twiss, II, 4—7. nennt auch noch in der K. Biblth. 12. E. XXI. P. 210. einen handschriftl. Tractatus de Scaccario v. Jacobus de Rusibus in 8°,

verbreitet, und hat sehr viele lateinische, italische, französische, deutsche und niederländische Übersetzungen [9]) erhalten; und von diesen wie dem lateinischen Urtexte sind sehr viele Drucke erschienen. [10])

um 1400; den Hyde vergessen habe, wovon nach Prosp. Marchand Diction. auch 1 Handschr. in Oxford, 1 in Cambridge liegen soll.

[9]) Handschriftlich unter Anderm: 1) Jac. Counelles, Dr. Theol., livre du jeu des echets traduit du latin en françois par Jehan Ferron. — 2) Li Jeus des Eschecs ou les enseignemens et la doctrine des meurs Le livre du gouvernement des Roys (das Bl. 55a folgt) in Cod. Bernens. Mss. Jur. Pol. 275. gr. 4°. membr. (Sinner Catalog, Bern, 1760. n. 275.) Anfang: (c) I com ancet | li solais dou | ieus des es | chas. Cest | assavoir li | ensignemēs | et la doctrine dez mours des | nobles homos t lour main | tieng dou pueple comum | Les quels ensignemens t | la queile doctrine qui la uolrait diligōment en son cuer em | prienteir il se porait ligierement selonc droiture gouerneir || Et est assauoir que li maistre | que cest libure ait cōposeit | deniset an. iiij. traitiers. etc. Vgl. M. Clanges tirés d'uné grande Bibl. IV, 101 — Freret origine du jeu des echecs. Hist. de l'art des Inscript. V, 250. Zweimal in München aus der Mannheimer Bibliothek.

[10]) A. Lateinische: 1) Liber de moribus hominum et officiis nobilium super ludo Scacorum. Sin. a. et l., Sig. a—h. 4°. (Heine: Repertor. biblgr. I, 4892.

2) Incipit solatium ludi schacor, scilicz regiminis ac morum hominū et officium viror., nobiliū. quor., si quis formas menti impresserit bellum ipsum et ludi virtutem cordi faciliter poterit optinere. Schluß Explicit solaciū ludi schacor. Ultrajecti, Nic. Ketelaer u. Gerard de Leempt. 1473. 38 Bl. fol. (In der Wiener Biblioth. Inc. 2. E. 21. Heine: Repertor. biblgr. I, 4891; Ebert 3954.)

3) Incipit liber quem ɔposuit frater Jacobus de Cessolis ordinis fratrum predicatorum qui intitulat' liber de moribus hoīm ⁊ officijs nobiliu sup ludo scacor,. Schluß Impressum Mediolani ad impesas Paulini de Suardis Anno a natali christiano. 1479. die 23. mens. Augusti. 24 Bl. fol. (Wiener Biblth. Inc. 21. F. 1. Heine: I, 4893; Panzer II, 37; Ebert 3955.) fol.

4) Informatio morum excerpta ex modo et ratione ludi Scachorum sive de moribus hominum officiisque nobilium et super eo commentarius. Mediolani, 1479. 4° oder fol. min. (Panzer II, 86. n. 524.)

5) Mediolani, 1497. fol. (Heine: I, 4894.)

6) Incipit libellus de ludo Scaccorum et de dictis fortisque nobi-

Das bereits genannte Reimgedicht des Dr. Jacob Mennell (Constanz, 1507; Oppenheim, 1520) ist seinem wesentlichen In=

lium virorum philosophorum et antiquorum. 1480. 4°. (Panzer IV, 109. n. 310.)

7) Tractatus de Scacchi misticē interpretatus de moribus per singulos hominum status. Schluß der Vorrede Anno 1505. 32 Bl. 4°. (Denis Nachtrag S. 33, Allg. d. Bibl. 51, 512.)

8) Viennae, Joh. Winterpurger. 1505. 4°. (32 Bl.)

9) Venetiae, Bindoni. 1534. 8°.

10) Tractatus de Scachis | misticē interpreta- | tus de moribus | per singulos | hominum status. 1508. 4°. (mit Holzschnitten.)

B. Italienische: 1) Libro de giuocho di Scacchi intitulado de costumi degli huomini et degli offitii de nobili. O. J. O. (E. Heine: Repertor. bibliogrph. I, 4899).

2) Incominci a un tractato gentile et utile della vertu del giuocho degli Scachi, cive intitolato de costumi degl' huomini, et degli ufitii de nobili, composito pel reverēdo maestro Jacopo dacciesolc dell' ordine de fratri predicatori. Schluß: Finito é illibro utile et bello del giuoco degli scachi intitolato de chostumi degl huomini et degli ufitii de nobile & daltri humani stati. Cōposto p Maestro Jacopo dacciesole allordine de frati predicatori ad honore et sollazo de nobili maximamē te di coloro chi saño il giuoco degli scacchi. Impresso in Firēze per Maestro Antonio Miscomini. Anno 1493 A di primo di Marzo. kl. 4°. 150 Bl. (vorhanden in der k. Biblioth. zu London: Twiss: 42—45; — Heine: Repertor. I, 4900).

3) Florenz, A. Miscomini. 1494. 4°.

4) Opera nuova, nella quale s'insegna il vero Raggionamento degl huomini et delle donne di qualunque grado, stato e condition esser si voglia Composta per lo Reverendissimo P. Frater Giacobo da Cesole. sopra il Giuoco degli Scacchi, intitolato Costumi degli huomini et Uffici delli Nobili. Novemente stampata In Venetia per Francesco d'Alesandre Bindoni et Maestro Pasini. Compagni, nelli anni del signore 1534. 8.

5) Volgarizzamento del libro de' Costume e degli offizii de Nobili sopra il Giuoco degli Scacchi di frate Jacopo da Cessole, tratto nuovamento (durch Pietro Marocco) da un codice Magliabechiano. Milano, dalla tipogr. del dottore Giul. Ferrario. 1829. 8° mág. XX. u. 362 S. Die Holzschnitte nach der Florenzer Ausg. 1494.

Vgl. Fontanine Eloquenza Italiana, S. 573, Eckard Bibl. Dominicanorum: I, 471, Fabricii Bibl. med. aevi. I, 1031.

halte (seinen geschichtlichen Nachweisungen) nach nur ein verkürzter Jacob de Cessolis, [11]) desgleichen das 1450 gefertigte (1472

C. Französische: 1) Le jeu des echecs moralisé et l'ordre de chevalerie. Paris, Ant. Verard. 1504. fol.

2) Le Jeu des Echecs moralisé trad. du latin en franç. par Jehan de Vignay. Paris, Michel le Noir. 1505. 4°. (Panzer VII, 512. n. 101; Catalogue La Vallière I, 398 und de la Colombiere: La science heroique des armes, de leurs blasons: 1694).

D. Englische: 1) The game and Play of the Chesse translate by Will. Caxton, upan the french translation of Jehan de Vignay. Westmonasterii, Gwil. Caxton. 1473. kl. 4°. 144 S. (zugleich das älteste mit Typen gedruckte englische Buch. Twiss, Chess. S. 46—54. Heine, Repert. bibl. I, 4901 u. 4902. Panzer III, 562. Dibdin Spenc. IV, 194. Ames I, 36. Ebert 3961. Denis Suppl. 660.

2) The Game and the Play of the Chesse. 1474. (Ebert 3960, Panzer III, 551; Dibdin Spenc. IV, 189—193, Ames. I, 28—36; Madden S. 222.)

3) Ebds. 1490. fol. (Twiss, S. 54—57.)

E. Deutsche: a) handschriftlich: 1) in Nürnberg (Bibl. Solger. Nr. 22. 4°. Pap.).

2—9) in München (Centrabibl. Codd. germ.). *a)* n. 49, von 1407 (früher Catal. p. 75). 54 Bl. fol. *b)* n. 766, von 1435, Bl. 108—191. 4°. *c)* n. 764, von 1453, Bl. 60—126. 4°. *d)* n. 243, von 1456, mit Bildern; fol. *e)* n. 276, Bl. 30—65. (früher Catal. p. 319.) fol. *f)* n. 375, Bl. 226—289. (Catal. p. 503). fol. *g)* n. 386, Bl. 121—178 (Catal. p. 527). 4°. *h)* n. 583, Bl. 242—276. (geschrieben von Martin de Nurimberga.) 4°.

10) in Heidelberg, Cod. palat. 463. chart. 4°. v. 1463.

11) in Cöln: Pap. 15 Jhd. kl. Fol. 86 Bl. (Auffeß Anzeiger f. Kunde des Mittelalters, 1832, Sp. 164.

12) Wolfenbüttel. (Ebert Überliefr. 147.)

13) in Dresden von 1464.

14) in Colmar, Anf. 15. Jhd.

15) Holländisch (von 1453, im Besitze des Professor H. Hoffmann in Breslau).

b) Drucke: 1) DAs ſpil das do heyſset ſchachzabel. Schluß: Hie endet ſich das buch menſchlicher ſitten vnd der ampt der edeln. 1.4.7.7. fol. (Augsburg, G. Zainer.) 40 Bl. mit Holzschn. (Panzer Annalen: I, 96—97; Zusätze 37, n. 75. Ebert n. 3959. Leich Typograph. Lips. S. 128. Hagen Grundriß, S. 427. Heine Repertor. I, 4895.)

gedruckte) und genannte Buch des Meister Ingold: »dz guldin Spil« [12]), darin er jenen auch nennt, indem er sagt: »Von dem

2) Das spil das do haysst schachzabel oder, das Buch menschlicher sitten. Schluß: Hie endet sich das Buch menschlicher sitten vnd der ampt der edlen. Gedruckt zu Augspurg. 1483. Fol. bey Anton Sorg. (Panzer I, 137. Heine I, 4896.)

3) Dis büchlin weiset die auslegung des schachzabelspiels, Auch von den empten der edeln ... Schluß: Getruckt von Heinrico Knoblochzern in .... Straßburg ... in dem Lxxxiii Jor." fol. mit Holzschn. (Bruns, Beyträge, I, 68—76. II, 169. Hagen, Grundriß, S. 427. Heine Rep. I, 4897.) Anf.: Dis bûchlin weiset die aufslegung des | fchachzabel fpils, Vnd menschlicher fit | ten, Auch von den ampten der edeln. Schl. heinric knoblochzer. 1483. (besitzt Freiherr von Laßberg auf Eppishausen im Thurgau, und steht im Cod. palat. 127. ch. 8°. Bl. 292 ꝛc.)

F. Niederländische: 1) Hir beghint een suverlgr. boec van den tyde verdreef edelre heren ende Vrouwen als van den Saecspael. O. J. u. O. 4°. (Heine: I, 4903.)

2) O. J. 20. fol. (Heine: I, 4903. vgl. 4898.)

3) Tractaat van den Tydverdryff der Edele Heeren en Vrouwen genoemt dat scaakspeel gemoraliseert, in het Italiansch geschreeven In 't Jaar 1431. Gouda, 1479. gr. fol. (Heine: I, 4904.) b) Int iaer ons heren 1483. te delff in hollant. 4°. (Heine: I, 4905.) c) Delft. 1493. 4°. (Twiss, II, 2.)

4) Boek von dem schakspele. O. J. u. O. 8°. 115 Bl. (Panzer IV, 190. n. 1121; Denis Suppl. 660; Suhl Lübecker Bibl. S. 17. n. 1.). „Des Bokes Dichter het Stephan". — Vgl. Panzer IV, 469. n. 3106. (Ludus Schaccorum moralisatus. Belgice. fol.)

G. Ueber das Werk vgl. Bruns Beyträge I, 68. II, 169; Panzer Annalen I, 96, 97; Santander Diction. bibliograph. II, 293, Dibdin Ames I, 33—35, Hagen Grundriß 426—427, Marchand Dict. histor. I, 179—181; Biograph. univers. VII, 588.

11) Eine Probe wörtlicher Herübernahme des Meisten aus Konrad von Ammenhusen wird weiter unten gegeben werden.

12) Gedruckt zu Reutlingen. Der Schluß des Buches sagt selber, es sei 1450 gefertigt. Doch steht in Cod. palatin. n. 314. chart. fol., dessen einzelne Theile namentlich von 1443 (Frigedank's Sprüche) und 1447 (Dietrichs Flucht und Ravennaschlacht) auf Bl. 1ª in einer gleichzeitigen Buchhändler-Anmerkung über die Bücher, die zu Hagenau zu finden seien bei Diepold Laber Schreiber („lert die kinder") z. B. Gesta Romanorum, Parcifal, Flor und Blanscheflor — Morolf, Herzog Österreich, Wilhelm von Orlen, die schön Ameli, 7 weisen Meister, der Welt Lauf, die guldin Bulle, Ackermann, Belial — auch „dz guldin

schaffzagelspil lass ich wissen daz ein prediger was der hiess bruder Jacob von tessalis, der hat daruber geschriben daraus ich vil hab genommen.« [13])

Wichtiger sind uns hier die gereimten deutschen Übertragungen. Die bekannteste ist die von Konrad von Ammenhusen, Mönch und Leutpriester zu Stein am Rhein. [14]) Sein mit sinnigen Erzählungen (aus den Gestis Romanorum etc.) sehr bereichertes Reimbuch ist in vielen Handschriften noch vorhanden. [15]) Er beginnt: »In gotes namen heb ich an«, und dichtete 1337.

---

spil vn̄ von alln̄ spilen". (Ferner: der Heiligen Leben — die heiligen 3 König, der Graurock (Orendel) — König Alexander, Troja, St. Wilhelm, Wigalois.) — Eine Handschrift von Ingold's Werke (Hye hebt sich das buch ane das man nent dz gulden spyl) von 1474 liegt in München (Cod. germ. 311. fol. Bl. 1—34).

[13]) Ingold moralisiert alle Spiele seiner Zeit. Ähnlich liegt in Straßburg Cod. chart. D. 44, 10. Ludus Chartarum moralisatus. Vgl. auch Hystorie notabiles (ex gestis romanorum) de vitiis virtutibusque tractantes c. applicationibus moralisatis et misticis incipiunt feliciter.

[14]) Hyde und Selenus haben falsch Stettin! Ammenhusen liegt in einem kleinen Thale nahe bei Stein (s. Laßberg's Liedersaal; 1820. I, S. XI.).

[15]) a) zu Heidelberg: Cod. palat. n. 398. v. 1365; geschrieben zu Schlettstadt. (Adelung, I, 32. II, 143. Wilken, 466.)

b) zu Heidelberg: Cod. palat. n. 325. (Wilken Verzeichniß.)

c) zu Straßburg: Bibl. Joh. B. 82. fol. Pap. v. 1399. geschrieben In domo ordinis santi Johanis in Friburgo.

d) zu Straßburg: Bibl. Joh. B. 83. fol. Pap. v. 1414.

e) zu Stuttgart: Bibl. public. Mscr. poem. vet. Germ. (Poetica. N. 2. fol. Pap.) Vgl. Graff, Diutiska, II, 72—75.

f) zu Paris: K. Biblth. Livr. allem. Mscr. 4°. n. 7834. (Graff, Diutiska, III, 451—454.)

g) zu Jena: 15 Jhd. (Docen Miscell. II, 139.).

h—l) zu Wolfenbüttel: Aug. 79, 1. fol. — Aug. 3, 2. 4°. — Aug. 25, 9. 4°. — Aug. 81, 25. fol. (145 Bl. 14. Jhd.)

m) zu Eppishausen: 1381 geschrieben; also mit a. c. d. eine der ältesten.

n) in Zürich: von 1474. (Mone Quellen u. Forschungen, I, 178.)

o) zu Hamburg: n. 183. fol. (Bibl. Uffenbach. IV, 249—253.)

p) zu Petersburg (Adelung im D. Merkur 1804, n. 9. 1805. n. 2.)

Vergl. Hagen's Grundriß, S. 426—427.

Eine andere gereimte Übersetzung von heinreich von Bergen von 1438 ligt in der öffentlichen Bibliothek zu Stuttgart. [16])

§. 30.

Jakob von Cessolis theilte sein Werk in vier Theile: **Ditz buoch wirt geteilet in vier teil; daz erst teil ist, war umbe daz Schachzabel-spil funden si** u. s. w. [17]) Das ganze Werk aber ist ein lebendiger Beweis, wie das indisch-persisch-arabische Schachspiel im Abendlande einheimisch geworden und europäisches Gewand angenommen hatte. Bei der Untersuchung der europäischen Benennungen der einzelnen Schachfiguren hatte sich diese Einheimelung des Spieles in Sprache und Brauch jedes Landes schon bei den Persern und Arabern beurkundet. Dasselbe trat nunmehr bei den christlich-germanischen oder umgedeutschten Völkern des Mittelalters im erhöhten Maßstabe ein. Es lag durchaus im Geiste des lebengestaltigen Mittelalters, bald in das mit asiatischer Heeresordnung überkommene baldgeliebte Spiel das abendländische ritterliche Königthum, den germanischen Staat mit seinen Ständen, kurz das eigene Volksleben, das deutsche Volksthum zu tragen. Der Franzose welschte, sahen wir, zu seinem Könige sich seinen Hofnarren, [18]) seinen Berichtiger und seine

---

[16]) **Mscr. poet. 4. N. 25.** Pap. (aus Koneburg.) Anfang:

„Mvſs Raichet nach den funden
wie muſsig man zu ſunden
Vnmuſsichlichen chere
Muſz miſverte lere
Des ſtiſtet vnde treibet etc.“

Vgl. Schwäbisch Taschenbuch, Stuttg. Sattler. 1820, wo eine irrige Vermischung der beiden Übersetzungen.

[17]) Den Inhalt der 4 Theile s. zu Boner's Fabeln, Zürich 1757, S. 324. im Glossar. Der Berner französische Codex (**Mss. Jur. Pol. n. 275. 4°.**) sagt: **Et est assanoir que li maistre que cest liure ait cõposeit | deuiset an. iiij. traitiers Li premiers traitiers ait. iiij. chai | pistres. Li premiers si est de Lai cause por coycest ieus fuit | troueiz. Li secons si est desous queil roy t ai queil temps il tro | ueiz. ij. Li tiers traitiers. si est de lai forme des nobles esches | qui lon trouait. iij. Li quairs si est. que. iij. causes sut pour | les queiles il fuit troueiz. iiij. etc.**

[18]) Das erweiterte deutsche Spiel, wie es noch heute im Dorfe Ströpke gespielt wird, hatte seine beiden Räthe und zwei Schleiche oder Narren, die in der ältern Benennung Trolle hießen.

Dame ein; alle — den Ritterstand. Die Engländer (und Dänen) stellten dazu den Bischof und der Engländer Saul, welcher 1640 über das Spiel schrieb, vergleicht dasselbe gleichfalls einem wohleingerichteten Staate, worin König und Königinn — Ritter — Bischof (als Vertreter der Clerisei) und Narr — und Bauern auftreten.

Es ist lehrreich, nach solcher Umwelschung des indischen Spieles einen frühern Franzosen nach seiner Landes- und Volkssitte seine Deutung des Spieles vornehmen zu sehen. Estienne Pasquier sagt in seinen Recherches de la France [19]): Certes quiconque fut inventeur de ce ieu, ie le vous pleuuiray pour très-grand Philosophe, ie veux dire pour vn personnage, le quel sous cest estat d'esprit a representé la vraye image et pourtraicture de la conduite des Roys.

Il y a vn Roy et vne Dame, assistez de deux Fols, et après eux deux Cheualiers, et au bout de leurs rangs deux Rocs, que l'on appelle autrement Tours.

Deuant eux il y a huit Pions qui sont pour applanir la voye, comme enfans perdus.

Que voulut nous representer ce Philosophe?

Premierment quant aux Fols, que ceux qui approchent le plus pres des Roys, ne sont pas ordinairement les plus sages, [20]) ains ceux qui sçauent mieux plaisanter. Et neant moins combienque le cheualiers ne soient pas quelques fois les plus proches des Roys, si est-ce que tout ainsi que les Cheualiers au ieu des Eschecs donnant par leur saut Eschec au Roy, il est contrainct de changer de place ce dont aussy n'y a il rien qu'vn Roy doiue tant craindre en son estat que la reuolte de sa Noblesse.

D'autant que celle du menu peuple se peut aisement

---

[19]) Paris, 1633. fol. früher 1560.

[20]) Regnier sagt: Les fous sont aux Echets les plus proches de Rois" (Sarasin oeuvres, 1683. 12°). Die Vorrede zur französischen Ausgabe des Damian (Le plaisant jeu des eschecz. Paris, 1560. 8°.) sagt: „Les folz sont par quelques vns nommez Princes, comme aussi sont ilz au peu pres du Roy et de la Royne. les autres les appellent archers, et sont figurez à la volonté de l'ouvrier."

estouffer, mais en l'autre il y a ordinairement du changement de l'Estat.

Quant aux Tours, ce sont les villes fortes qui seruent à vn besoin de derniere retraicte pour la conseruation du Royaume.

Je vous represente vn Roy qui ne desmarche que d'vn pas, pendant que toutes les autres pieces se mettent tant sur l'offensiue, que deffensiue pour luy, a fin de nous enseigner que ce n'est point vn Roy, de la vie du quel depend le repos de tous ses suiets, de s'exposer à toutes heures aux hazard des coups, comme vn capitaine ou simple soldat, voire que sa conseruation luy permet de faire vn saut extraordinaire de sa cellule en celle de la Tour, comme en vne place forte et tenable contre les assauts de son ennemy.

Mais sur tout faut ici peser le priuilege, qu'il donna à la Dame de pouuoir prendre tantost la voye des Fols, tantost celle des Tours! Car pour bien dire il n'y a rien qui ait tant d'authorité sur les Roys que les Dames, dont ils ne sont honteux de se publier seruiteurs. Je n'entens pas de celles qui leur sont conivintes par mariage, mais des autres dont ils s'enamourent. Et pour ceste cause ie suis d'auis que celuy qui appelle cette piece Dame, et non Royne, dit le mieux. u. s. w.

In Deutschland gestaltet sich im Allgemeinen das Bild so, wie Meister Ingold 1450 (a. a. O.) sagt: — das alles seind XXXII stein, der bedeut acht stein den adel und acht stein die dienstleut, der erst ist der küng, der ander die küngin, der drit den alten vñ der seind zwen an yetweds seiten einer, vñ der fierd seind ritter ouch an yetweder seiten einer, der fünfft seind die roch — die ritter seind fechter, die roch seind die richter."

Bei den Bauern (oder dienstliuten oder unedelen) tritt die lebendige Sinnbildung aus dem Volksleben am Anschaulichsten hervor. Jakob de Cessolis nennt sie schon in seiner lateinischen Urschrift Populares [21]) und kennzeichnet sie als Colonus,

[21]) Wie noch das Vet. Vocabular. 1482 (Frisch Wörterb. I, 248b): „Bend, im Schacht-Zagel, caculus popularis."

faber, scriptor, thesaurius, medicus, caupo, telonarius, lusor [22]) oder Faber, mercator, medicus, tabernarius, custos, ribaldus,

[22]) Jacob. Publicius Florent. (Orator et Artificialis Memoria) nennt die Hauptsteine: Interrex. Eques auratus. Vir Consularis. Rex. Regina. Vir Consularis. Eques auratus. Interrex.

In einem schönen Codex Vaticanus zu Rom (N. 1960. fol. max. secul. XIV.) einer lateinischen Weltchronik bis Heinrich den VII., welche vorn außer den Zeitrechnungen eine Erdkunde, Mythologie 2c. und durch das ganze Werk sehr feine und gute Federzeichnungen und Landkarten enthält, stehet Bl. 29ᵃ nach der Götterlehre eine Abhandlung vom Schachspiele. (Explicit de dijs gentium et fabulis poetarum. Incipit tractatus de ludo scacorum. Seine acht Hauptstücke handeln: I. de inuentore eius (Scacorum ludum ab vlixe inuentum, ne marcido torperet ocio obsidentibus troiam graecis nonnulli autumant; a pluribus uero repertum a xerse philosopho babilonice captiuitatis tempore imperante babilonijs euilmerodach sene rege etc.); II. qualiter scacherium figurat babilonem, III. Qualiter scacherium figurat 2 Regna inter se contraria, IV. Qualiter situs scachorum in regno statum civium prefigurat, V. Qualiter scachorum situs modus castra metandi significat, VI. Qualiter motus scachorum significant ciuium recta et laudabilia opera, VII. qualiter motus scachorum productionem acierum significat, VIII. qualiter ulterior motus scacorum congressum significat etc. — Bl. 268ᵇ zeigt eine große Zeichnung des Schachbrettes, dessen sechzehen Figuren sehr fein und zierlich gezeichnet sind. Die andre Seite gewährt ihre Benennungen: A. 1) sub legato albergator qui recipiat uenientes ad eum. 2) sub milite agricola qui fructus ei portat. 3) sub ascessore sartor et pilipartus. 4) Sub Rege Mercatores. 5) Sub Regina Medicus. 6) sub ascessore notarius propter acta. 7) sub milite faber propter arma et edificia paranda. 8) sub legato stat officialis ciuitatis cum clauibus mensis et bursa. B. 1) Rochus est legatus Regis. 2) Miles armis defendat iusticiam. 3) Arfili sunt ascessores quod s. leges consulant. 4) 5) Rex et regina cum coronis et regiis circonstantiis in catedris amicto sedent in honore. 6) Arfili ascessores. 7) Miles armatus defendat iusticiam contra inobedientes. 8) Rochus est legatus Regis. —

Hieran schließe sich die Notiz dreier anderer Schach-Handschriften: in Florenz (Biblioteca Magliabecchiana) a) Class. XIX, cod. 87. 12°. seculi XV. außer andern Spielen auch das Schachspiel in 168 Zügen oder Feldern auf 86 Bl. lateinisch enthaltend (mit Zeichen 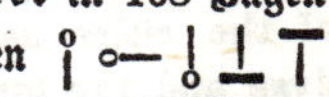
f. R. eq⁹ p al' r. (fercia, rocus, alphinus, pedona) — b) Class. XIX, Cod. 51. 4°. sec. XVI. (Geschenk vom Kaiser Franz) italienisch, 149 Züge oder Zeichnungen, dazu viele noch gezogene Blätter, nach denen die

lusor, cursor. [23]) Gegliederter erscheint dieses Lebens- oder Staatsbild in den deutschen Übersetzungen. Meister Ingold's »guldin spil« von 1472 (1450) sagt: »vñ sint auff dem spil acht fenden, die vns bedeuten die dienstleut, also sint an des küngs hof achterley dienstleut oder amptleut die all mit dem küng ze feld ziehent. der erst ist der portner, der ander ist der arczt. vñ hat bei im, iäger, pfister, koch vñ des gleich fischer vñ aptecker. der drit ist der kanczler vnd mit im die schreiber, der vierd ist der beichtiger, der fünft ist der caplan vnd der almûsner, der sechst ist der Baner herr, der Houbtman ist der künig selber, vnd der Rittermeister, der sibend ist der weinschenk, der keller vnd der kredenczer, der Achtend ist der Marschalck vnd der Wagenman vnd der Läffel, [24]) die all gehören dem künige zu so er ze feld zevcht.«

In der deutschen Übersetzung des Jacob von Cessolis selber heißt es [25]): »Die venden ûf dem schâchzabel bediuten gemeine liut und arbeiter, wan diu roch daz sint die verweser, sullen sîn die fürsten und die iren besorgen. dar umbe so stêt der erst vend vor dem roch zuo der gerehten sîten des küniges und ist bûman. der sal gestalt sîn als ein mensch und sal in der gerehten hant haben ein howen und in der tenkenen [26]) hant ein gerten, dâ man daz vich mite an tribt.

Mühle und Trictrac folgt. — Roccus, alfinus, re chl° (chavaliere) doña, pedõ. — c) Class. XIX, cod. 37. sec. XV, 4°. Bl. 1b. Ein lateinisch Gedicht (24 Verse) de Scacorum Ludo Bl. 8a—167b lateinische Unterweisung zu immer Einem Brettzuge; Bl. 168a die tabula des Trictrac, Bl. 208: tabula zur Mühle, dann wieder Bl. 232b—239b Schachtafeln.

[23]) Die englische Übersetzung von Caxton 1474 gibt diese so:

Labourers and tillinge of the ertho — Smythis and other werkes in yronand metall — Drapers und makers of clotk and notaries — Marchants and chaungers — Phisicy'ens and chirugiens, and apotecaries — Taverners and hostelérs — Gardes of the cities and tollers and customers — Ribauldes plagers at dyse and the messagers.

[24]) Läufer.

[25]) Cod. Monac., fol. 26b.

[26]) linken.

und under dem gürtel ein sichel oder ein besnîdmezzer, dâ mite man die wînreben besnîdet und die boum und die dornen ûz riutet. und saget diu geschrift, daz Chain Adames sûn was der erst bûman. Ez ist nôt daz der mensch daz ertrîch bûwe, wan ez ist unser erstiu muoter, von der wir von erste ze menschen gestellet sîn. die erde gît uns ouch des lebenes end und behûsung wan wir dar inne begraben werden.« etc.

Der ander vend bediutet, waz man mit hemeren smidet und mit ahsen und zimmer hakken. und den sezzet man für den Rîtter zuo der gerehten hant des küniges, wan der bedarf des smides zuo mezzeren, zuo swerten, zuo sporen und zuo setelen und zuo allen dingen. Siniu gestalt sal sîn ein smit, der dâ habe in der gerehten hant einen hamer und in der tenkenen hant ein zimmerhakken. und under der gürtelen ein kol. Die werkliut, die dâ bediutet sint, diu sullen haben triwe, wan man enphilhet in grôzze sach als den goltsmiden silber, golt und edelez gestein und den zimmerliuten mûre umbe die stat und turne, keller, kemenaten, schezze und ander sachen vil, die menschlîchem geslechte nuzz und guot sint etc. [27])

Der dritte vend sal stên vor dem alten, der dem künige ist zuo der gerehten hant. Der alt ist ein rihter und wan zwischen den liuten, die oben geschriben sint, oft kriege werden; und sal der vend vor in stên mit sölcher gestalt daz er sî ein man und habe in der gerehten hant ein schere und in der tenkenen hant ein breitez mezzer und an der gürtelen ein scrîpziuc und bî dem gerehten ôre ein scrîpvederen stekende ze scrîbenne. Bi der schere sint bediutet die snîder, wolwürker, weber und al die die mit lînînem oder wullînem tuoch umbe gênt, ez sien scheraere oder webaere oder swie si ez mit arbeit oder mit kouf handelen oder würken. Bi dem mezzer sint bediutet fleischakker, lederer, schuester, irhner, [28]) kürsner und der hantwerk sint vil.

---

[27]) Bl. 28b.

[28]) Die Gerber, Lederer. (Schmeller's Bayer. Wörterbuch, I, 97.)

Bi dem scrîpziuk sint bediutet scrîber [29]) und bi der vederen ûf dem ôre, daz si allzît bereit sien, wan si der rihter vordere und waz er si heizet scrîben, urteil oder hantvest oder waz ze den zîten dan nôt ist. Die werkliut, die oben genant sint, die würken al hiute oder hâr; ze den liuten aln gehôren diu dinc, die si haben suln; daz erste ist wârheit an werken wider alle unwârheit und ungerehtikeit etc. [30])

Der vierte vend sal stên vor dem künec, der sal sîn alsô gestalt: er sal haben in der gerehten hant eine wage und ein gewiht; da bî sint bezeichent die wehseler und lîher, und in der tenkenen hant ein elen: da bî sint bezeichent die tuoch manger [31]) und sôliche. und sal haben an der gürtelen ein grozzen biutel oder eine taschen. da bî sint bezeichent hêrren phenninc-einnemer: die alle suln vliehen gîtikeit, wan gîtikeit ist ab dem gotesdienste etc. [32])

Der fünfte vend sal stên vor der küneginne in sôlcher gestalt daz er sal sizzen ûf eines meisters stuol und haben ein buoch in der gerehten hant, ein zûberl und ein buchsen in der tenkenen. hant und under der gürtelen ein wuntîsen. Da bî sint bezeichent buoch erzete und alle lêrer der frîen künste. ein rehter arzet der muoz kunnen gereht und guot lakn reden und waz logica besliuzet und waz rhetorica erkosener rede hât, Der geometria punt und figur, der aritmetica zal, der astronomia louf, der musica hellunc, der sternen louf; wem man trank geben sal oder lâzen zuo der aderen, des bedarf er alles ze künnen. Bi dem zûbere sint bezeichent die apoteker und spezger. Bi dem wuntîsen under der gürtelen sint bezeichent wunterzete und wundensnîder und sôlichiu liut die alsampt suln künnen alte siechtage gesunt machen. [33])

Der sechst vend sal sîn ein man, der sal alsô gestalt sîn, daz er die gerehten hant habe gerekket und winke den

---

29) Stadtschreiber, Rathgeber.
30) Bl. 30b.
31) Tuchhändler. (Schmeller, B. W. II, 599.)
32) Bl. 34b.
33) Bl. 37b.

liuten zuo ime in sîn hûs, in der tenkenen hant sal er haben ein semel und dar ûf ein glas und under der gürtelen einen slüzzel, und bediutet leitgeben [34]) und gastgeben, bi dem man sul vul vinden wes man bedarf, und daz daz allez sicher sî waz man zuo sînem hûse bringet. und sal stên zuo der tenkenen hant des küniges vor dem alten, wan der alsô bediutet den rihter und wan in iren hûseren dikke sich heben kriege die der rihter rihten sal, dar umbe sal er vor ime stên. diu selbe liut suln sich huoten vor uberezzen und ubertrinken alsô daz si andern liuten, die zuo in kumen, ein ebenbilt sien in maezikeit etc. [35])

Der sibente vend sal stên zuo der tenkenen sîten vor dem ritter; der sal sîn ein man, der da habe in der tenkenen hant einen stap als ein ellen und in der gerehten hant einen slüzzel. daz bediutet amptliut und phleger der stete, die der mâz und des gewihtes phlegent; und an der gürtelen ein biutel mit phenningen, der bediutet zolner und kramer; den sezzet man zer rehten für den ritter, wan die ritter suln von rehte daz volk ordenen, und schikken wie sie hüten und phlegen als in enpholhen ist. diu selben liut suln herczenliebe haben, waz den gemeinen angehört und suln besihtic und flîzig sîn, daz si beschowen und trahten alle die freis, diu einer stat geschehen mac. etc. [36])

Der ahte vend sal billîch stên vor dem roch, daz da stêt zuo der tenkenen hant des küniges; wan der bediutet spiler, schelter und ribalden; daz si sagen waz ein viztuom und eines fürsten verweser schanden und schaden prüefen die spiler, wan die blôz sint worden, daz sie dan bereit sien botescaft ze tragen durh diu lant und trahten umbe ander guet. Der sal alsô gestalt sîn daz er habe ein reidez hâr und sal haben ûf sîner gerehten hant ein wîz phenninc und da bî sint bediutet die güfler. [37]) in der tenkenen hant sal er ha-

[34]) Trinkwirthe (Schmeller, II, 520).

[35]) Bl. 40b.

[36]) Bl. 42b.

[37]) güfler, geufler, gaufer: Diebsgesindel (Schmeller, II, 18). Davon oben im Text ferner güflihait.

ben drî würfel und under der gürtelen ſal er haben ein brieffaz, daz bediutet löufel und brieftrager. [38]) Den erſten, die da heizen güfler und irer habe zerſtörer, den ſal ein hêrre geben uber ir habe phleger und ſi machen irer habe ungeweltic. [39])

§. 32.

Dieſe Darſtellung oder Auffaſſung iſt Beweis genug, daß das Spiel in die Sitte und in das Leben des Landes ganz eingetreten war. Auch im Beginn der franzöſiſchen Revolution wurde das Schachſpiel beachtet und mußte ſeine königiſchen Namen abſchaffen. Der National-Convent befahl dafür (das kriegeriſche Maß oder das Bild des Krieges beibehaltend) die Namen: Le drapeau (für König) — l'adjutant (Königin) [40]) — les dragons (Springer) — les canons (Thürme) — les volontaires (Läufer) — les troupes de ligne (Bauern) oder l'infanterie régulaire. [41])

Ähnlich hat man in England neuerdings bei verſuchter Vereinfachung des Spieles den Kampf der weißen und rothen Roſe geſinnbildet. [42]) Selbſt ein »Preußiſches National-Schachſpiel« hat man nach der Schlacht bei Jena verſucht. [43])

Das alte deutſche Schachſpiel aber hat immer deutſches Gepräge getragen. Auch ſpäter noch in der böſen Zeit in und nach dem dreißigjährigen Kriege. Gustavi Seleni (des Herzogs Auguſt

---

[38]) Vielleicht iſt auch hier ein Überklang der Namen Läufer und Springer — der zweiten Reihe: Boten hießen ſonſt die ſpringenden. So h. es im Nibelungeliede (2105, 1):

Si hiezen balde ſpringen, dâ man ir gewaefen vant,
ez der helm waere od des ſchildes rant
von ir ingesinde wart ez in dar getragen.

Eben ſo im Parcifal 1364.

[39]) Bl. 45a.

[40]) Somit zurückkehrend zum Vezir, Fierz.

[41]) Siehe Andrä: Das Schachſpiel mit hiſtoriſchen Bemerkungen. Halle, 1796. 8°. 62 S. — Günther Wahl: Geiſt des Schachſpiels, S. 343—344.

[42]) Der Krieg zwiſchen der weißen und rothen Roſe, oder Beſchreibung eines neuen, einfacheren Schachſpieles. Nach dem Engliſchen. Leipzig, J. Müller. 1832.

[43]) Breslau, 1807. 8°.

von Braunschweig) Spielnamen deuten dahin; eben so Christoph Weickhmann's »Großes Königs-Spiel« (1664). Da erscheinen: König — Marschall — Cantzler — Rath — Herold — Gäistlicher — Colonel — Reitter — Hauptmann — Ritter — Courier — Adjudant — Trabant — Leib-schütz — Soldat. Selenus hat auch außer König, Königinn (Feldmarschalk) — Reuter, Schützen, Soldaten, Rochen. Die ältere Sprache, in der deutschen Übersetzung nach Cessolis, und darnach bei Konrad von Ammenhusen und Dr. Mennell, hat nach dem künig und seinem Gemahl der küneginn, zu ihren beiden Seiten die alten (d. i. die althêrren) auf Stühlen und habent ein buoch ûf der schôz, als »rihter und anwîser, daz si des küniges bot (Gebot) vinden und sezzen, daz si den, die in dem rîche sint, reht und redelîch zuo guoter sach helfen, daz sie diu urteil geben etc. Sie vertreten somit im alten deutschen Staate die Herzoge, Grafen, Pfalzgrafen, Kanzler, Räthe (Hofräthe) u. s. w. Ihnen folgen zur Seite die Ritter oder Krieger (der Wehrstand). Darnach daz roch — »sal sîn ein ritter sizzent ûf einem ros und sal ûf haben ein gugel mit vehem underzogen, und sal ein steblîn haben in sîner gerehten hant: daz bediutet viztume und legâten der fürsten, wan ein künec niht allent halben in sînem lant gesîn mac, davon ist im nôt daz er habe verweser.« Das sind demnach die Hausmeyer, Landpfleger, Vizthume (Vicedomini). Zum Vierten die Venden, (»die unedeln«) das sind die Arbeitenden, die Dienstlentē, Bürger- und Bauernstand.

§. 33.

Doch hören wir auch über jene Hauptreihe, wie über die 8 Venden, den alten Text vollständig!

I. Der Künec [44]) — nimt gestalt nâch einem lebendigem künec, wan der sal sizzen in sînem palas in purpur gekleidet.

---

[44]) Cod. Bernens. 275 übersetzt (Bl. 4.): (L)i Roys de la comãcement est ou doit estre enci formeis car il doit seoir en son trone vestus de provpre lai corone dor ai ornee de pieres preciouse en son chief. Et doit auoir lou cerptre Roiaul en la main deistre t en lai senestre vne pile Reonde. Car il ait svr tous lez autres signorie. t pincipaliteit etc.

Daz bediutet daz er ſal ſîn mit tugenden und mit gnâden beſchoenet; mit den ſal des künges muot und wille ſîn gezieret; an den dingen ſal er liuhten vor andern liuten, als er vor in ſchînet in dem gewant.

Ein krône ſal er haben ûf ſînem houbet.

Daz bediutet ſîn hôhe wirdekeit, wan ſîn wirde iſt dem volke ein êre, wan alle ſîne undertâne die blikkent in an und ſint im gehôrſam.

In der tenkenen hant ſal er haben ein guldînen apfel.

Daz bediutet daz er ſî ein beſcherer und ein teiler aller ſîner undertân, mit im ſelben oder mit ſînen verweſeren.

In der gerehten hant ſal er haben ein zepter.

Daz bediutet ſîne gerehtikeit, dâ mit er die boeſen ſal betwingen, die mit liebe noch mit güete niht gezemet muegen werden.

Ez ſal ouch der künec wârhaft ſîn an worten und an werken, daz er luoc ze allen zîten hazze — Ez ſal der künec ſîn gereht, wan künecrîch âne reht ſint mortwinkel — Ez ſal ouch der künec kiuſc ſîn alſô daz er mit deheiner frowen mit ſünden valle dan mit der künegin und dar umbe ſezzet man ime die küneginne an die tenkenen ſîten.

II. Der Künegin [45]) geſtalt ſal ſîn ein ſchoene frowe, in vergültem gewant umbe geſwiſen mit vehem und ſal dan diu frowe ſtên zuo der tenkenen hant ûf dem ſchâchzabel; dar umbe daz ſi der künec mit der gerehten hant muege gehalſen, wan alſô ſtêt geſcriben in der minne buoch »Sîn tenkeniu hant under mînem houbet und ſîn gerehtiu hant diu wirt mich umbevahen.

Und die künegin ſezzet man dem künec zuo der tenkenen hant, dar umbe daz ſiu habe von gnaden, daz er hât von natûre.

Ez iſt bezzer daz man hab künige, die geerbet von art

---

[45]) Cod. Bern.: (L)I forme de lai Royne est Car elle est sor vne chaieire essize ai lai senestre dou Roy. t doit estre belle t aidroite lai corone dor desour lou chief. et doit estre dun mantel efflabee etc.

ſîn nâch der êrſten geburt, dan daz man ſi wele von ander fürſten willen und küre; wan wen daz rîch ledic wirt, ſô geſchiht dikke daz von kriec der walhêrren daz rîch lange verweiſet belîbet und dâ von ſô wirt daz rîch beſchediget und daz reht verdrukket. ouch geſchiht daz daz die walfürsten mêr anſehent ir beſundern nutz dan der gemein frumen und under den ſachen wirt verzeret des rîches habe; iſt aber daz ez erbet, ſo ziuht man den erben von iugent dar zuo, daz er guot zuo einem künec ſî and nâch eines wîſen vater willen und nâch des vater ſîten, werken und tugenden, ouch müogen die hêrren, die under dem rîch ſint, ſich hüeten daz ſie niht wekken werren [46]) in dem rîch noch des rîches iht vergeben, wan der hêrre von natûre der hiet ſîn niht ſtet.

Ez ſal die künegin gekleidet ſîn mit fünf tugenden. Des erſten mit ſiten altberic und volkomen, niht bald, und ſchemic, wan ez geſchiht oft daz ein baldiu frowe ſcham vergizzet u. ſ. w.

III. (12b) Die Alten ûf dem ſchâchzabel ſuln ſîn alſô geſtalt daz zwên ſizzen ûf zwein ſtüelen und haben ein buoch ûf der ſchôz, [47]) und die bediutent rihter und wan zwô ſache, dar umbe man rihtet umbe unzuht und umbe habe, dar umbe ſo ſuln der alten zwên ſîn: einer ûf dem ſwarzen velt und einer ûf dem wîzen velt: der ûf dem ſwarzen velt ſal rihten die unzuht, der ûf dem wîzen velt ſal rihten umbe habe. der alten ampt iſt daz ſi dem künec nâhen bi ſîn und daz ſi des küniges gebot vinden und ſezzen und daz ſi die in dem rîche anwîſen rehter und redelîcher ſite und rehter ſach helfen und daz ſi die urteil geben, dar nâch und ſi gehôrent von den vorſprechen und daz ſi rehten rât geben und gemeiniu liut ſîn alſô daz si weder durh liebe noch durh leit dem rehten

---

[46]) Krieg.

[47]) In der holländiſchen Überſetzung des Jakob von Ceſſolis vom 15. Jhd. heißt es: Des conines raet ſel aldus weſen gheformêrt: mannen, out (alt) van jâren, ſittende met ôpgheloken boeken vôr hem gheleghen.

abgeſtên, und ſuln ouch ſtete beſchowen, waz landen und liuten guot ſî etc.

IV. (15^b) Der Ritter ûf dem ſchâchzabel ſal ſizzen ûf einem ros mit ganzem wâpen. daz ros ſal ſîn verdekket. Den ritter wan man den geſegent, ſô ſal er des ersten baden, daz er ein niwez leben für baz trage und füere. er ſal ouch got anligen mit andâht, daz im got gebe von gnâden daz er niht gehaben mac von natûre. in ſal ouch der fürſt ſlahen ûf den hals und ſal in rittern daz er ritterlîche wirdekeit von ime enphâhe und daz er von im helfe habe wan er ſal ſîn huoter ſîn, und da von wer ritter wil ſîn, der bedarf vil ſach die im nôt ſint. Des erſten ſal der ritter wîſheit haben, wan ê der ritter die ritters gürtel umbe gürt, ſo ſal er vor geweſen ſîn eiñ knappe von wâpen. daz er ſich in wâpen geuobet und gefürbet habe, wan in ſtrîten ſô frumt mêr ervareniu wîſheit und kunſt denne ſterke und unwîſiu kuntſchaft. wan ez geſchiht oft daz man ſtrîtes underlît, wan man unwîſlich von törehter küenheit angrîfet und da von ſal ein fürst einen ritter niht meiſter lâzen ſîn, der iunc und unervarn iſt.

V. (21^b) Daz Roch ſal ſîn ein ritter ſizzent ûf einem ros mit einer vele und ſal ûf haben ein gugel mit vehem underzogen und ſal ein rîs haben in ſîner gerehten hant und bediutet viztuom und legâten der fürſten, wan ein künec niht allenthalben in ſinem rîche mac geſîn. da von iſt im nôt daz er habe verweſer die daz tuon von ſînem gewalt daz er ſelbe tuon ſolte. und wan diu rîch ze wît ſint, ſo iſt nôt daz ir zwên ſîn: einer zuo der gerehten hant und einer zuo der tenkenen hant. dar umbe daz an der gemarke winkel iht ûf ſtê wider des rîches geſezz und daz dem künec iht übel an ſtê und der gemeine ſchedelîch ſî. Die ſelben verweſer ſuln haben gerehtikeit, die vor andern tugenden klârheit hêt, wan ez geſchiht daz etewen diu rîch verloren werden ob die undertâne ungereht ſint; ſo waent man, die fürsten ſîen ungereht, ob ſîn amptman ungereht iſt. etc.

§. 34.

Wir knüpfen an diesen Auszug die Betrachtung über die **künstlichere**, mühlichere Art, die Schachfiguren zu drechseln, oder vielmehr zu **schnitzen**. Denn es wurden, wie der obige Text auch besagt, [48]) ursprünglich und lange Zeit hindurch nur **vollständige Gestalten** angewendet, so daß auch jeder der acht Bauern sein bestimmt geschiedenes Gebilde erhielt. Die Gestalten indischer, persischer, arabischer [49]) Schachsteine theilt **Hyde** und ihm nach **Wahl** [50]) mit. Wir geben durch den Steindruck die Gestaltungen wieder, welche der bisher ausgezogene **Codex Monacensis 49.** (von 1407) ausgemahlt enthält; darnach die Figuren **Gustavi Seleni** von 1616, [51]) die von Weickhmann 1664, [52]) endlich die von **Dr.** Mennell (1517) oder Köbel (1520). [53]) — Das Buch **Le plaisant jeu des eschecz. (Paris 1560. 8°.)** sagt auch: **Les Rocz sont Elefans portans tours sur leurs dos et**

[48]) Auch **Vida** sagt: — **tabulam**
Arte laboratam buxam, simulataque nostris
Corpora.

[49]) Die **Muhamedaner** gebrauchen keiner **Bildgestalten** (wegen Scheu der Abgötterei), die **Perser** haben vollkommene **Bilder**, die **Indier** beide Arten. Die von **Hyde** mitgetheilten indischen Gestalten waren weiß und dunkelroth. Der **König** hat hier einen Turban (**tschára**, pers. **schára**) auf dem Haupt, vor dem König auf dem Nacken des Elefanten sitzt der **pilban** (der Leiter, mit krummeisernem Stabe); der König unter einem Lusthause, hinter ihm der Schirmträger. — Die **Königin** ist kleiner als der König, der Marschall oder Feldherr auf gepanzertem Pferde, mit einer Feder (**rischa**) auf dem Turban, in der Hand den bloßen Säbel, rechts hängt der Bogen, links Köcher und Pfeil. — Der **Läufer** — Elefanten oder auf deren Nacken Leiter, dahinter Altar — der **Springer** — Reiter auf gepanzerten Pferden, mit gezucktem Schwerte, rechts Bogen, links Köcher — die **Bauern**: jeder Hauptstein hat **seinen** Fußmann: des Königs mit Bogen und Pfeil, des Feldherrn ein Trompeter, der Elefanten mit Fahnen und Lanze, der Reiter mit kurzen Säbeln und Handschild, der Rochen mit Feuergewehr.

[50]) Geist des Schachspieles.

[51]) G. **Selenus** sagt (I, 50): Wie nun der König sowol auch die andren 15 Steine sollen gebildet, **geschnitzlet**, **gedrehet** oder **gegossen** sein, stellet man zu eines jeden Künstler **Invention** und Einfällen.

[52]) Der Currier bei Weickhmann ist dem bei Selenus nachgebildet.

[53]) Christ. **Egenolph** hat in s. Ausgabe (1536) dieselben Holzschnitte benutzt.

des hommes dans les tours. Les Cheualiers sont hommes a cheval. Les folz sont ... figurez a la volonté de l'ouurier. Les Pions sont soldats a pié portant les uns piques, les autres harquebazes, les autres halebards, et autres le iauelot et la tarque. D'autres faiseurs d'eschecz les font d'autres figures. Neben den drei letzteren Steindruck-Mittheilungen stehen zugleich die gleichzeitig gebräuchlich gewesenen gedrechselten Figuren. Schon Konrad von Ammenhusen sondert übrigens die grozen und die kleinen steine. Aber an alle diese Trachten- und Betrachtungswechsel im Schachspiele reiht sich eine tiefer greifende Thatsache an. Es liegt nämlich in der Natur der Sache, daß mit jeder solcher landesthümlichen Auffassung, wir möchten sagen, Umdeutschung des Spieles sich auch das Gesetz desselben mehr oder minder umgestalten und eine von der ursprünglichen Art zu spielen allmählich immer mehr abweichende entstehen mußte. Und dieses ist geschichtliche Thatsache, nicht nur bei uns Deutschen oder den Abendländern überhaupt. Aber auch die jetzt ziemlich allgemein in Europa verbreitete Art zu spielen, [54]) welche im Wesentlichen mit der bei Jakob de Cessolis schon vorkommenden übereinstimmt und von solchem ihrem südlichen Ursprunge bestimmten Ortes in Deutschland auch noch das welsche Spiel genannt wird — auch dieser Spielbrauch hat im Ablauf der Zeit manche nicht unwesentliche Veränderung erlitten. Ja wir werden ersehen, daß früher in Deutschland ein ganz selbstständiges deutsches Spiel (mit auf beiden Seiten je 24 Steinen, für 96 Felder!) sich ausgebildet hatte und als solches sogar jetzt noch selbstständig, im selbstbewußten Gegensatze gegen jenes »welsche« Spiel, fortgespielt wird. Um in diese noch wenig erhellte Untersuchung aber die möglichste Klarheit zu bringen, wird gut sein, zuerst die Gesetze, wie sie 1290 Jakob von Cessolis in seine Betrachtung des Spieles aufgenommen hat, und einige überkommene lateinische Gedichte des 12.—13. Jahrhunderts mehr oder minder klar darstellen.

§. 35.

Zuerst die bezeichneten drei Gedichte!

---

[54]) Deren Gesetze bei Netto („Das Schachspiel") am Gedrungensten dargestellt sind.

Das nächste theilte aus einem Codex Bodlej. 58. als »Poëma tempore Saxonum exaratum Carmine politico seu Pseudo-Trochaico (?) Hyde (I, 179) mit:

De shahiludio.

1 Belli cupit instrumentum qui ludendo fingere
Duos Tabularum Reges ponat per planitiem.
2 Rex paratus ad pugnandum primum locum teneat,
Ejus atque dextrum latus Regina possideat [55])
Juxta illam [55]) Calvum [56]) pone, quasi pro custodia.
Rex iturus contra regem pedetentim properet
Primitus alteram [57]) petens occupare Tabulam [58])
Procul namque duci eum repellit licentiam.
Tunc Equestris opponatur prope ad Certamina.
Bifrons Rochus ordinetur in extrema [57]) Tabula
Alter Calvus juxta Regem [55]) parte sit ex altera
Caballarius itemque ad Propugnaclum facilis
Sic et Rochus advocetur ad currendum agilis.
Unusquisque praecedentes assignantur Pedites. —
3 Tunc incipiunt Pedestres proelium comittere
Neque verti retro queant; sed directe properent.
Quod repererint incautum. per transversum feriant.
Cedit [59]) Calvus per transversum tertiam ad Tabulam. [60])
Sedet semper in occulto quasi fur ut rapiat.
Saepe namque suo furto se parat Victoriam.
Eques Equitem. Pedestrem Pedes. prendit pariter
Rochus Rochum interimit. se sequentem jugulans.
Firmum pactum Calvi tenent neque sibi noceant.
Nam Regina non valebit impedire alteram.
Suo Regi deputata velut pro custodia.
Circumquaque per transversum, binas regat Tabulas. [60])
Cum Pedester usque summam [61]) venerit ad Tabulam [60])
Nomen ejus hinc mutetur, appelletur Ferzia [62])
Ejus interim Reginae gratiam obtineat.
Ergo Regem non audebit ullus posse tangere.

---

[55]) Also von den schwarzen Steinen aus begonnen.

[56]) Siehe oben.

[57]) Die Füße sind bloß gezählt.

[58]) Tabula ist hier immer das Feld. In §. 30, 18; extremum tabulae, §. 31, 15: tabulae summam; sowie spatium tabulae.

[59]) Caedit?

[60]) Siehe Anmerk. [58]).

[61]) Auf das Feld an der Spange.

[62]) Siehe oben.

Habet namque potestatem cunctos interimere.
Contra ipsum non audebit nisi Scachum dicere.
Si clametur Regi Scachum vel ab uno pedite
declinare statim debet proximam ad Tabulam, [60])
Si non habet, ubi pergat, Scacha-mattum audiat.

§. 36.

Das zweite Gedicht fand Jakob Gronov in einem Sallust zu Deventer eingeschrieben, woher (37 Verse) es Hyde (I. 181) mittheilt. Es befindet sich aber nochmals in n. 2007, 46 der Bodlejanischen Bibliothek zu Oxford (52 Verse): [63])

Si quis scacorum ludum vult [64]) scire decorum,
Hoc carmen discat, si docte ludere gliscat.
Asser quadratus vario colore notatus
Depictusque bene fit, carmen litis amene
Hic fit formosa sine sanguine pugna iocosa [63])
Ordine duplici [65]) bini Reges inimici
Agmina componunt: Pedites in fronte reponunt
Principio belli Reges sub forte duelli.
Si quot [66]) sit scire cupis, octoque potes reperire.
Roci veloces sunt post Equitesque feroces.
Hi sunt utrique, gemini [67]) bellantur inique
Rex et Regina stolidorum [68]) corpora bina —
Agmine supremo latitant. post hos quoque nemo.
His ita compositis, si litem scire velitis
Aures optate quum jocos emilitate
Architenens vetus miscet certamina fletus
Tendit in obliquum cum fallere vult inimicum.
Si valet extremum tabulae [69]) perstringere demum,
Tunc augmentatur, tunc Fercia jure vocatur.
Miles it oblicus bello metuendus iniquo.

---

[63]) Twiss, II, 199 (hier beginnend:
Sic sit formosa sine sanguine pugna iocosa (= 5)
Ludum scaccorum si quis vult scire decorum (= 1)
Schluß: Destruitur dolis tam populosa prolis.

[64]) Hyde hat vis, Twiss: vult, (zu discat, gliscat ꝛc.). Doch s. V. 9.

[65]) Hyde hat triplici.

[66]) Hyde hat quoc.

[67]) Also 2 × 2, d. i.: Equites und alphici; oder sind letztere V. 24 unter Saltator gemeint.

[68]) Stolidi, stulti.

[69]) Spange.

Si prius albescit, dum prosilit ipse rubescit. [70])
At Rochus sevus dextro graditur moro levus
Velox ipse quoque, si vult, salit ante retroque
Stultus [71]) saltator [72]) trivius [73]) quasi vir [74]) speculator
Sirubus [75]) in primo, nunquam candebit in imo.
Fercia gregalis saltatrix quadruvialis.
Nunquam candebit, nunquam rubicunda parebit.
Restat opportunus tuto Rex tot hostibus unus
Iste suam gentem regit, ut videt hunc venientem.
Quatuor et totidem, cum vult, loca circuit idem.
Hostibus hic objicit Scaccibus [76]) post denuo dicit
Affirmo vere si se nequit inde movere.
Omnis homo Mattum clamat, Mattum sibi, Mattum
Reges utrique discurrunt semper ubique.
Et modo dextrorsum modo sursum nuncque deorsum.
Obvius hic scacum [76]) geminat scacum sibi scacum
Si steterint, mattum omnes clament sibi, mattum.

§. 37.

Das dritte, bis jetzt nirgends mitgetheilte Gedicht fand ich in zweien Handschriften der Münchener Central-Bibliothek (Cod. Monac. pictur. N. 73. sec. 12—13. 4°. Bl. 91ᵇ — Cod. Mon. Emmeran. K. 6. sec. 11—12. n°. Bl. 41) und einer Neapolitanischen Handschrift (Cod. Neap. bibl. regiae. IV. F. 13. membr. sec. 14. 8°). Die ersteren stellen das Gedicht in das zwölfte, vielleicht eilfte Jahrhundert. Die neapolitanische Handschrift stellt es hinten in einen Codex Ovidii de arte amandi; wie bekanntlich der Ovidius Pelignensis de Vetula vom Schachspiele spricht, auch in Ausgaben von Ovidii Eroticis vor-

---

[70]) Die Felder also weiß und roth. Im folgenden Gedicht wird für Roth auch Schwarz oder Blau gestattet. Vida ꝛc. haben ater (niger) et albus. Ein altes spanisches Sprichwort sagt: „Sevilla sei wie ein Schachbrett“, weil soviel Morisken dort wohnten wie Spanier. (Siehe Instruction and Direction for Forren Travell by James Howell Esq. 1650. 12°. und Howell Perambulation of Spain. 1662. 12.

[71]) stolidus (V. 12) fol. fou.

[72]) Alficus? Alfi.

[73]) Sonst trinus

[74]) Madden a. a. O. fur

[75]) Hyde liest ohne Sinn: „Sinibus“

[76]) Scatibus, scatum: Hyde.

kommt. [77]) Jenes dritte lateinische Gedicht stellt sich aus den drei Handschriften [78]) also her:

Qui cupit [79]) egregium scacchorum noscere [80]) ludum
  Audiat; ut potui, carmina [81]) composui.
Versibus in paucis dicam sibi proelia litis
  Quatuor [82]) in tabula bis color [83]) est varia.
Albescit primus, [84]) rubet atque colore secundus
(Aut niger aut glaucus [85]) pingitor aut rubeus [86]))
  In primo rochus committere bella minatur;
Statque secundus eques [87]) ludicra [88]) jura tenens.
  Tertius alficus [89]) custos regalis [90]) habetur.
Rex quartus [91]) retinet, femina [92]) quinta sedet. —

---

[77]) Goldast's Ausgabe Frkf. 1610. 8°.

[78]) A = C. Mon. 73, B = C. Mon. K. 6, N. = C. Neapolitan. — In Cambridge steht (nach Twiss, II, 3) in einem Codex, der auch Innocentii Moralisatio enthält, ein Schachgedicht von 38 Versen (Modus et scientia ludi Scaccorum) anfangend: Egregium ludum scacorum scire volentes 2c. Dasselbe nochmals in der K. Bibliothek zu London: E, XXI. P. 210 (Modus ludi Scaccorum).

[79]) A: vult, N. cupis, v. 2: Audi, ut, v. 3: tibi.

[80]) N. discere.

[81]) B + N: carmine.

[82]) §. 30, 3: asser quadratus.

[83]) B. bis loca sit, N. bis loca sunt. — Vida (scachias) sagt auch zu Anfange: ut gemini inter se reges albusque nigerque Pro laude oppositi certent bicoloribus armis.

[84]) Hier gilt die Frage, ob von links oder rechts gezählt wurde? Von links (wozu V. 7. 2c. stimmen) — dann war links das weiße Feld; von rechts, dann gilt V. 7. 2c. für die weißen Steine. Oder ist primus secundus: uter rex? (wie Vida sagt: gemini reges albusque nigerque); doch heißt es weiter in primo — secundus eques, Tertius 2c. Die bekannte Regel ist: Uxor regis nigri stat ad dextram, uxor albi ad sinistram (Th. Actius de ludo scacch.).

[85]) B. clacus, N. blācus.

[86]) N. uarius.

[87]) N. equus.

[88]) N. ludrica!

[89]) N. alfinus, V. 28 alficus.

[90]) Wie M. Ingold: der ein (ritter) behüett dem künig sein huot etc.

[91]) B + N. Quartus rex

[92]) fercia?

Post illos procerum renovatur ordo priorum. [93])
  Procedit [94]) peditum turba velox nimium [95])
Stat pedes et dextra rapit et de parte [96]) sinistra,
  Quem [97]) sibi diversum cernit et [98]) oppositum;
Et si quando datur tabulae sibi tangere [99]) summam [100])
  Reginae solitum praeripit officium.
Vir [1]) factus mulier regniferus [2]) arbiter haeret:
  Imperat et regnat, hinc capit inde labat. [3]) —
Bella movent primi pedites; labuntur et ipsi
  Et reliquis timidam dant moriendo [4]) viam.
Per spatium tabulae [5]) rocho conceditur ire,
  In qua parte velit, si nil [6]) obstiterit.
Major majores rapit et fallendo minores
  Saepius et minimis fallitur a sociis.
Belliger [7]) insignis prudens, celer aptus in [8]) armis
  Currit eques rapidus, [9]) quo [10]) patet arte locus.
Decipit [11]) insontes socios et fraude carentes,
  Terret [12]) et insequitur, hic [13]) capit hic [14]) capitur.

---

[93]) B. revocabits, N. Post procerum dictus revocabitur credo priorum.

[94]) N. Precedit

[95]) A. Cedit et in unum turba procax peditum.

[96]) W. rapit m̄ et p-s.

[97]) A. Quam

[98]) A. Cernerit opp. N. Cernit in opp.

[99]) N. fabulae contingere.

[100]) N. summum.

[1]) A. Et f.

[2]) B. regiferus, N. regi ferus.

[3]) N. hinc caput inde leuat.

[4]) A. muniendo, N. Dansque manendo.

[5]) B: P. tabulae sp.

[6]) N: nihil obsiterit; A: non obst.

[7]) A: Bellice

in
&

[8]) A: aptus et a., B: V, N: ī.

[9]) N: rabidus

[10]) A: cui, N. qua, B: 9°.

[11]) A: Deripit (s. V. 30.)

[12]) N: Certat et.

[13]) [14]) B: hinc.

Alficus trivius [15]) cornuta [16]) fronte timendus,
Ante retro comites decipit [17]) invigiles
A dominis minimi [18]) domini rapiuntur [19]) abimis.
Sic mixti [20]) procerum turba perit [21]) peditum.
Rex manet incaptus subtracta conjuge solus.
Conjuge subtracta nil [22]) manet in tabula. [23])
Saepius est mattus [24]) servorum [25]) turbine septus,
Et mattum suffert, si via nulla patet.
Omnis enim mattum clamat, mattum sibi mattum.
Sic quoque ludatur denuo, si placeat. [26])

Daran schließen wir des genannten »Ovidius« de Vetula (I, 31) 24 Verse de Scacorum ludo. [27])

1 Est alius ludus scacorum ludus Ulyxes
Ludus trojana quem fecit in obsidione,
Ne vel tederet proceres in tempore treuge [28])
Vel belli, si quis pro vulneribus remaneret
In castris, ludus qui castris dissimilatur.
Inventor cujus mire laudandus in illo est.
Sed causam laudis non advertunt nisi pauci.
2 Nobilis hic ludus nulli suspectus et omni
Personae licitus, moderate dum modo ludat.
3 Ne cum predictis decijs annumeretur.
[Sex species saltus exercent, sex quoque scaci,] [29])

---

[15]) N: curuus.

[16]) Siehe oben.

[17]) A: Diripit.

[18]) A: A damnis minimis

[19]) N: capiuntur.

[20]) N: mixta.

[21]) N: ruit.

[22]) A + N: rex

[23]) Tavola (s. §. 30. 32.)

[24]) N. mactus.

[25]) N: sociorum.

[26]) Die beiden letzten Verse fehlen in B, die drei letzten in N.

[27]) Aus dem genannten Cod. Florent. Bibl. Magliabecch. Class. XIX, 37. 4°. Bl. 1b: „Ouidius pelignens. de uetula postq' de aliqs ludis et decijs (Würfeln) mētio. ez fēc nūc de Scacorii Ludo.

[28]) Waffenstillstand.

[29]) Die Einflechtungen in eckige Klammern sind aus der Ausgabe in Ovidii Erotica ed. Goldast. (Frankfurt, 1610. 8°. S. 128.) Sonst auch in besonderer Ausgabe Libri tres de Vetula. Una cum Vigellii Brunello seu speculo stultorum. Wolfenbüttel, 1661. 8.

Miles et alphinus, roccus, rex, virgo, pedesque.
[In campum primum de sex istis saliunt tres,]
Rex, pedes et virgo; pedes in rectum salit atque
Virgo per obliquum, rex saltu gaudet utroque;
[Ante retroque tamen tam rex quam virgo moventur:]
Ante pedes retro, [30]) capiens obliquus in ante.
Cum tamen ad metam stadij procurrerit, [31]) extunc
Sicut virgo salit; in campum vero secundum
Tres alij saliunt, in rectum roccus eique
Soli concessum est ultra citroque salire.
Oblique salit alfinus, sed miles utrinque [32])
Saltum componit. Celi veniamus ad instar
Campos, signa, modos, saliendo scite planetas.

§. 38.

Hiernach folge Jacobs von Cessolis Darstellung nach der schon gebrauchten deutschen Übersetzung:

(Bl. 48[a]): Nu ſagen wir, wie daz pret ſî geſtalt und waz ez bediutet und dâ von iſt ze merken, daz daz ſchâchzabelbret hât vier und ſehzic velt [33]) und bediutet Bâbilon die grôzen ſtat, dâ daz ſpil funden iſt (in Chaldea) etc.

(Bl. 48[b]): Dar nâch ſagen wir war umbe man die unedeln fûr die edeln ſezzet ûf dem ſchâchzabel und geſchiht zuo dem erſten mâl, wan die gemeinen ſint als ein krône der edeln daz roch zuo der gerehten hant, da bî viztuom und verweſer bediutet ſint, hiet er des bûmans niht, der im arbeitet des er bedarf, ez waere ein edel man gar enwiht als wäre er zuo füezen und wâpen blôz, und hiet des bûmans niht und waere niht koufliut und werkliut, die inz braehten und würhten. Ouch waeren die fürsten und fürstinne oft krank, hülfe man in niht mit arzenîe. alſô behalten die gemeinen liut an allen dingen, der in nôt iſt zuo irem leben und zuo ir aller

---

[30]) Bei Goldaſt beſſer tute pedes solum.

[31]) Goldaſt percurrerit

[32]) G. utroque

[33]) Meiſter Ingold ſagt: Das Schaffczagel bret hat Lxiiij feld, ſchwarcz vnd weiſsz ſeind ſy ammeiſten. — Iſt das ſchaffczagel alſo geordnet dz zu dem ſpil gehörent XVI ſtein von der einen parthey vnd XVI von der andern, das aller ſeind XXXII ſtein. Übrigens waren die Steine bald ſchwarz und weiß bald roth und weiß, oder gelb und weiß; vgl. Ms. Cotton. Cleop. B. IX.

parat und ſtampanîe. und dar umbe hât der meiſter, der ditz ſpil ſunden hât, geſezt daz gemein volk für die edeln, daz ſie ſi niht verſmahen noch verdrukken. [34]) zuo dem andern mâl ſezt man die ſelben liut für die edeln dar umbe daz ſi lêriu velt inhaben: daz bediutet daz ſi irn hantwerken ſuln obligen und arbeiten und den edelen ſuln lâzen den rât. Die wizzen waz der lant reht iſt, dâ mite ſich ein gemeiner man niht bekümern mac noch enkan ſîn ouch niht, und dâ von ſuln ſi die hôhen raete enphelhen den edeln, und ſuln niht ſîn vorſprechen, nûr waz iederman ſell angehôrt zuo ſîner arbeit und hantwerk und twingen niht frevelîch. da von ſo werdent die ſachen verdrukket und verderbet diu wîſheit und geſchiht, daz bürge, ſtete, lant und liut verloren werden. Zuo dem dritten mâle wan daz geſtein alz geſezzet wirt ûf daz bret, ſo vint man dannoch als vil lêrer velt als voller. daz bediutet daz ein hêrre, der ein lant hât, ſal betrahten als vil er liut hât, daz er als vil bürge und ſtete habe, daz ſi ſicher dar inne enthalten müegen und er ſi beſchirmen müege; wer hât hêrren name âne hêrſchaft, daz iſt ein adel âne nutz etc.

Der ſwarze künec, der ûf dem ſchâchzabel ſtêt ûf dem vierden velt [35]) und hat zuo der gerehten hant [36]) ûf einem wîzen velde ein ritter, ûf einem ſwarzen velde einen alten und ein roch zuo der tenkenen ſîten. und die ſelben

---

[34]) Man gedenke hiebei der urſprünglichen Erzählung (ſ. oben).

[35]) Von links gezählt! alſo weißem Felde.

[36]) Ausgelaſſen die künegin, ze der tenkenen hant? Doch hat das Latein (Druck 1505): Cum rex resideat in quarto quadro, cum sit ipse niger, habet a dextris album militem: alphilem uero et rochum nigrum; pro sinistra uero hi tres tenent loca opposita. — Auch bei Dr. Mennel könnte eine Verwechſelung vermuthet werden, indem er bei den weißen Steinen ſagt: „vnd ſol neben jm (dem künigk) ſteen die Künigin auff der rechten ſeyten, auff weiſſem veld. Der Alt ſoll ſteen nach der Königin auff ſchwartzem veld zů der rechten ſeyten“ u. ſ. w. Aber der dazu gehörige Holzſchnitt zeigt, daß er ſich auf der Seite der ſchwarzen Steine ſtehend denkt und von dort aus auch für die weißen Steine rechts und links beſtimmt. Herkömmlich ſteht weißes Feld rechts vom Spieler. Siehe G. Selenus S. 105. 135. — Rex ater in albo, servat regina colorem.

ſteine ûf widerwertigem velde. [37]) und daz iſt dar umbe daz die ritter ſînt des (küniges) êre und ſîniu krône. und er ſtêt mit im zuo der gerehten hant ûf einem gelîchem velde der künegin, dar umbe daz er und diu künegin daz ſelbe tuot. der alt zuo der tenkenen ſîten und ouch der ander ſtein ûf widerwertigen velden mit der küneginne, dar umbe daz er und diu künegin ze beiden ſiten bewart und behûet ſîn, wan wen ritter und râtgeben dem künige bî ſint mit triwen, daz meinet ſiniu gerehtiu hant, und die ſelben behuoten die künegin an êren und an wîſheit zuo der tenkenen hant, ſô wirt daz rîch aller erſt baz geriht. und wan nu daz iſt daz ieder man betrahtet ſînen eigen frumen und niht ahtet des gemeinen nuzzes und des rîches êren, ſô verliuſet daz rîch ſîn gezierde; wan der künec in vor iſt an hêrſcaft und an fürſtentuom, dâ von ſal er ſich niht zuo vil verkeren ûz ſînem rîch. daz bediutet daz der künec von ſtat niht verre gât dan an daz dritte velt. wan er ſich hebet von ſtat, ſo hât er den rochgank ze allen zîten ûf dem ſwarzen velt bî dem roch. dâ ſtêt ûf einem velt gen dem winkel, da der ſtete hüeter ſint, von den hât er des ritters gank, und die zwên genk hât er von der künegin wegen; wan dâ von daz der künec und diu künegin habent einen lîp nâch der ê, dâ von gêt der künec zuo der tenkenen hant von ſîner ſtat. als er ûf dem ſwarzen velt der küneginne ſî gestanden, ſo gêt er ouch für ſich als daz roch; ob ſîn widerwertigez roch niht iſt bedekket an deheinem velt an der andern zeil, ſo mac der künec niht gên an die dritten zeil. iſt nu daz der künec hât der roch natûre zuo der gerehten und zuo der tenkenen ſîten an der ritter ſtat ûf dem wîzen velt für den koufman mit zwên gengen, wan er mac von ſîner ſtat gên an des ſmides ſtat, ob er blôz iſt, dâ er dâ ſtêt ûf einem ſwarzen velt, oder für den wollwürker oder für den ſchrîber. zuo der tenkenen hant hât er ouch zwên genge als der ritter, wan er mac gên für den arzet, ob daz velt lêr iſt, und ouch ûf daz ſwarze velt, dâ die trinker ſtênt: alſô nâch vier velden hât der kunec des ritters vart. Er hât ouch

[37]) rechts.

des alten vart an zwein ûzgengen, wan zuo der gerehten sîten mac er gên ûf daz wîz velt für den gastgeben, ob ez lêr ist. die genge âne die gerert hât er nur erst von stat; wan wen er von stat gegangen ist, sô gêt er nur ûf daz naechst velt als ein vend, und alsô hât er alles steines gevert: und bediutet daz iederman erkennen sal, waz er hât, daz er daz von dem künige hât, als alle kraft der gelider an dem menschen erwegen sint von dem houbet und ûfgank des lebens ist von dem herzen. und waz si haben von dienest, daz hât der künec von reht und natûre; wan der rihter hât wîsheit, der verweser gewalt und kraft, der küneginne kiusche und alles volkes einmüetikeit gêt man allez dem künec ze êren. Wan er sich erst ouch von stat erhept, sô gêt er nur an daz dritte velt, daz bediutet daz diu erstiu volkomenheit sich anhept an drîem, wan eins und zwei machen drîu und zwîr drîu machen sehsiu, daz bediutet sehs persônen, die hôch genant sint ûf dem schâchzabel, die eine rehte volkomenheit machen; daz ist der künec und diu künegin, der rihter und der ritter, der verweser und diu gemeine. der künec gêt in aller vart und alsô sal er ir aller volkomenheit haben, und wan der künec von stat gêt, so mac er die künegin mit im füeren, als man saget in dem ersten capitel von irem ûzgange, wan diu Künegin diu volget nâch mit zwein geverten, des ersten uber eck als der alt ûf daz dritte velt nâch roches gevert: daz bediutet daz die frowen niht antheiz [38]) suln tuon âne der man willen, kirchvert noch pilgrîn gevert. Ist aber daz si antheiz tuen, und daz ez der man widerspriht, sô mac siu ez âne sînen willen niht getuon; aber ein man mac wol geheizen antheiz und mac ouch die leisten âne der frowen willen; aber ob siu sîn niht entberen wil, sô mac siu mit im varen. und daz ist dâ von daz diu frowe sal undertan sîn des mannes gebot und niht der man der frowen gebot und daz ouch der man ist ein houbet der frowen und diu frowe des [39]) und doch nâch der ê sô ist entweders sîns lîbes gewaeltic, sunder der frowen

[38]) Gelübde (Verheißung).
[39]) Lücke der Handschrift.

lîp ist des mannes und des mannes lîp der frowen un dâ von wolt er verre varen und wil si sîn niht enberen, sô sal er si mit im füeren und ir geben daz ir ist, ob siu es an in vorderet.

Wan der künec für gêt, sô mac diu künigin niht gên; gêt aber diu künigin vor, sô belîbet der künec, ob ez im gevallet und dar nâch gît der künec nur ûf daz naehst velt daz meinet daz die wîle er in dem rîche ist, sô ist er sicher; wan er dan dar ûz kompt, sô sal er sicherlîchen gân, wan er ein bezzer ist dan tûsent, und ob er ein gevangen wurde oder erslagen, sô ist des heres kraft alliu verniht. und dâ von wan die künege ie von ander niht türren gegên, dâ von sô muegen si an einander niht getuon, und wan man im die sînen alle gevaht, so hat er niemen, dâ mit er sich geretten muege, daz er den sic behabe. wes wil sich ein künec fröwen der niemen hât, des er künec sî und im sî undertân? Ez ist ein üppeger ruom, wer küneclîchen namen hât, und hât niht manige menige, diu ime sî undertân?

Dem künec mac man ouch sprechen schâch mit edelen und unedelen, wan der schâch bediutet ein vordern des rehten und ist als vil gesprochen: O künec, tuo mir daz reht und daz muoz sîn. Ez sî dan daz er sich were sîn mit wîsheit oder mit gewalte, wan ez geschiht vil dikke, wan ein ritter oder ein kneht, edel oder unedel enphindet eines grôzen unrehtes oder einer üppigen betwingnis, muegen si dan niht anders, sô fliehent si doch von ime, als si mit ime zuo velde komen und lâzen in ein under den vîenden, wan si muegen anderer rache gen ime niht haben, und schiuhent in dar umbe, daz er mit scharpfer hant gerihtet hât. und dâ von wen dem künec wirt schâch gesaget, daz maht daz er blôz stêt von unedeln und von edeln, alsô daz er sich hinder niemen gedekken mac; und der selbe schâch der tuot ein mat und dâ von so kompt ein man in der vîende hant, swa er sich hinkeret.

Der Küniginne gank von stat ist, wan siu dem künec gesellet ist, sô hât siu zweier stein natûre: des alten und des roches; des alten vart, ist siu swarz, sô gêt siu ûf daz swarz velt zuo der gerehten hant, ob ez lêr ist, für der stat hüeten; aber der roch gank hât siu ûf zwein wegen: des ersten — zuo der gerehten hant hât ſiu ûf daz ſwarz velt, dâ der **alt** ûf ſtêt, ob ez blôz iſt; des andern mâles für ſich ûf daz ſwarz velt für den arzet: und daz iſt dar umbe daz diu künigin hât von des küniges gnâden ze tuon und niht gewalt. Der Ritter gank, wan die vehter ſint und urliuger, der natûre hât diu **künigin** niht, wan die frowen von art ſint krank ſô ſuln ſi niht kriegen noch urliugen; wan aber ſi von ſtat gêt, ſô ſal ſi dar nâch nur ûf daz naehſt velt gên, und uber eck, für ſich oder hinder ſich, ze roup oder ze fluht. [40]) Wie ouch daz velt iſt, da diu künegin ûf ſtêt bî dem künec. Ez ſî wîz oder ſwarz, dâ ſal ſi ûf belîben: daz meinet daz ſiu ſchemic und kiuſc ſî und niht balt noch frevel, und dar umbe iſt ir gank ûf daz naehſt velt. dâ heim wan ſiu ſih geſellet mit den iren, dâ mac ſiu frîlich kurzwîle mit e trîben, dan under den fremden. wan bî den fremden iſt ſiu niht als ſicher an irn êren und liumunt als under den iren, die ſie erkennent etc.

Von den **rochen** iſt ze wizzen, daz wan allez geſtein, ſwie daz genant iſt, geſezzet wirt an îne ſtat, ſô hât ieder ſtein ſînen ûzgank von ſtat âne daz **roch**: dem muez man rûmen, ê ez von ſtat müege gên, und daz iſt dâ von: diu **roch**, als oben geſcrîben ſtât, bediuten viztuom und hêrren oder ir verweſer, und alle die wîle und ſi in der hêrren hove ſint, ſô haben ſi deheinen gewalt, wan aber ſie in iriu viztuom-ampt komen, ſô haben ſi von irem hêrren gewalt allez daz der hêrre ſelbe ze tuon hât, wan er dâ iſt. und ir gewalt iſt grôz, wan wan ſi tuon, daz tuon ſi niht von ir kraft, ſunder von irs hêrren kraft. und dâ von wan ſi vor in niht haben, ſô gên ſi von **ſpange** zuo **ſpange**, hinder ſich oder für ſich, ze beiden ſîten, ze huot oder ze ſchaden, ob ſi niht irret, âne uber eck muegen ſie niht gên. daz bediutet ir grôzer gewalt, den ſi in urliuge haben, wan dâ muegen ſi gevahen und geſlahen und rihten; waz ſi wellen, halt den künec, der ir widerwek iſt, den müegen ſi gelegen nider und des lebenes berouben.

Der **fürgank aller venden**, daz iſt der gemeinen liut, und iſt aller gelîch, wan ir iegelicher mac gên ûf daz drit

---

[40]) Hieher gehört die oben mitgetheilte Stelle (Nu iſt ein Frage etc.).

velt, [41]) wan ein gemeiner man ze minſt ſal ſicher ſîn in ſînem lant: ſi gênt ouch nur für und niht wider, nur ſi ver-

---

[41]) Hier Proben aus Konrads von Ammenhuſen Umreimung (1337):

Die venden muegen ab der erſten ſtat
Ze erſte an daz dritt felt wol gân,
Als ich dâ vor geſprochen hân.
An daz dritt felt wol gân alle ſtein
Ze verſtên âne daz roch allein,
Als ich vor geſeit hab,
Darnâch gat diu frîheit ab
Den venden, daz ſi niht fürbaz
Getürren komen wan an daz
Daz aller naehſt vor in iſt
Als man an diſem buoche (I. v. C.) liſt.
Als ouch dâ vor ſus bediutet iſt hie
Als ich iu wil bediuten wie.
Die wîle man antwerk-liute vînt
Daz ſi in ir heimuote ſint,
Sô iſt ir gank deſter ſier vil,
Sus ich iu ſagen wil
Für daz er von der kuntſchaft kunt
So iſt er unſicher ze aller ſtunt.
Dâ von ſal er niht verre gân,
Wan an daz ander velt, daz er mac hân
Und für ſich uber die ſlihte.
Ich ſag an diſem gedihte.
Als es ouch hie vor mir ſtunt.
Unde wen er an die ſpangen kunt,
Sînes widerſachen, ſal denne ſîn
Sîn ganc uls der künegin.
Und het daz mit frumkeit
Erworben daz diu künegin treit
Von gnâden als dâ vor ſtât,
Dô ez ditz buoch geſeit hât.
Sô der vende kumet zuo der ſpangen dar,
Wie daz iungeſt feld iſt gevar.
Ab mac den ſîn ſpringen ſîn
An daz dritt velt als der künegin
Und dar nâch niht fürbaz
Wan an daz ander velt, wizzen daz,
Uber die ſpitz und anders niht;
Als ditz buoch (I. v. C.) mir vergiht.

dienen ez dan daz ſi komen an die ſpange [42]) unûfgenomen, ſô gewinnen ſi die wirde daz ſi küniginne werden und gewinnen den gank der künigin und al ir maht ze nemen und ze vahen uber eck, wer ir kumpt und ir reht iſt. wan ſi für

Hiebei möge zugleich Dr. Mennel s Arbeit (1507) ſich ſelbſt würdigen. Er nennt ſein Buch „ein gedicht, daz er, auff dem heiligē Reichſtag zu Conſtanz, Anno x. 1507 in Rhymen gedicht“. Aber hören wir folgende Stelle, die wörtlich aus Konrad von Ammenhuſen genommen iſt. Bl. XIII. (Oppenheim, Ausg. 1520): Venden:

„ALſz mir der Meiſter (K. v. A.) goffnet hatt,
So mag eyn Vend von erſter ſtatt
(Im anfangk) an das dritt veld gon,
Aſz jder ſôlichs iſt gewon,
Anſz dritt veld gond auch alle ſtein (= 4)
Zûm erſten, on das Roch allein (= 5)
Alſz ich hie vor bedeütet hab: (= 6)
Dar nach ſo gat die freyheit ab (= 7)
Den Venden dur ſie nit fürbas (= 8)
Ye kummen thüren, denn an das (= 9)
Aller nâchſt ſo vor jm iſt, (= 10)
Vermerckend recht on allen liſt, (= 11)
Dieweil man handtwercks leüte findt, (= 14)
So ſi in jre heymet ſindt, (= 15)
So iſt jr gangk deſt ſicherer vil. (= 16)
Noch eyns ich eüch hie ſagen wil, (= 17)
Für das er auſz der kuntſchafft kumpt (= 18)
Vnſicher iſt zû aller ſtundt, (= 19)
Darumb ſo ſoll er nit vor gan, (= 20)
Wan an das nâchſt feld er mag han, (= 21)
Vnd für ſich über die ſchlichte, (= 22)
Das ſag ich an dieſem dichte. (= 23)
WEnn vor jm ſo wol iſt gerumpt
Das er mit gwalt an dſpangen kumpt, (= 25)
Zûm gegen teyl, ſo ſoll denn ſin (= 26)
Sein gangk alſz eyner künigin. (= 27)
Ab der mag er ſpringen wol (= 34)
Anſz dritt feld, wie eyn künigin ſol, (= 35)
Vnd darnach nymmer mer fürbas (= 36)
Denn an das ander, wiſſendt das, (= 37)
Vber die ſpitz vnd anders nicht, (= 38)
Als vns der Meiſter (K. v. A.) deſz bericht. (= 39)
u. ſ. w. wörtlich fort.

[42]) Siehe oben.

ſich gênt, welher edler in widervert von iren widerteilen, den müegen ſi gevahen oder geſlahen, ûz dem winkel, dâ ſi ſtên; wan dâ die ſelben liut gên oder varen und man ſi beſîtes anrent oder anlouft, daz iſt ein zeichen, daz man ſi rouben welle, und wan aller liut reht iſt, ſich an nôtwer ze ſchirmen [43]) von edeln und von unedeln, dâ von iſt in daz reht gegeben, wer ſi alſô anvert, daz ſi irs lîbes und irs guotes fürhten müezen, des müegen ſi ſich geweren. Ez ſal ouch ſîn gelîch gemein liut nieman ſmehen, wan man liſt daz ſi dikke haben ûfgenomen, daz ſi ze keiſer worden ſint und ze baebeſen: und daz bediutet daz ſi der künigin gewalt. gewinnen an dem ſpile, ob ſi mit gewalt und mit liſten durh dringen der vîende ſchâr und komen an die ſpange. Nieman ſal ſich übernemen ſînes gewaltes noch ſîner ſterke noch ſînes adels noch ſînes rîchtuomes. etc.

§. 39.

Faſſen wir das die Spielgeſetze Betreffende nochmals kurz mit des Meiſter Ingold's Worten (von 1450) zuſammen:

1. Der küng vn ouch der andern ſtein erſter auſsgang gat bis auff dz dritt veld, darnach ſo gat der küng hinder ſich für ſich neben ſich auff daz nächſt feld.

---

[43]) Konrad v. Amm. — hie mac man wol
Merken und alſô verſtân
Daz ein iegelîch antwerkman mac hân
Vrloup, daz er were ſich
Heimelîch und offenlich.
Wer gegen ime hat ſolichen muot,
Daz er ime wil nemen lîp oder guot.
Alſô ſeit uns ditz buoch hie,
Sich ze ſchirmin was verboten nie.
Wie kleine nun der fende ſî
Sô iſt er doch alſô frî
Daz er dem künec ſprichet ſchâchmat
Und ſolichen gewalt hât
Daz er künec, künegin, roch, ritter mac vân.
Hie bî ſal man daz verſtân
Daz die armen nieman verſmahen ſol,
Man bedarf ir ze allen zîten wol etc.

2. Der küngin ganng ist zů dem ersten auff das dritt feld vnd nicht fürbas vnd darnach neben sich vnd herwider.

3. Des alten gang ist an das dritt feld vnd nit ferrer, vnd das selb soll seyn uber die spicz. Er soll ouch seyn farb auff dem veld behalten wie er es des ersten hett.

4. Nun seynd czwen Ritter auff dem Spil, einer tzů der gerechten seitten der ander tzů der tincken seytten vnd die springent gar Ritterlich aussz auff das dritt veld. Der eyn behiett [44]) dem künig seyn hůtt das sye nicht gebrochen werd. Der annder behüt der künigin ire hůtt das sy nicht gebrochen werd. Sy varent aussz auf raub Sye cziehent wyder hynder sich vnd beschirment sich selber. — Des ritters gang der ist gar eng Zů dem ersten weñ er ab her kumpt enmitten auff dz bret, so seynd sein gäng frey vmb in, vnd hat acht veld bey im [das ist dieweil er heim ist in der kund, so ist er gar gemechlich vn still, so er aber kumpt vnd' die feind, so schlecht er vmb sich hie vnd da] vnd versorgt sich gar wol von des rochs gang,

5. So mussz das roch still stan, so all stein gand her vñ dar, So es aber mag in die weitte kummen so hat es gwalt fur vñ nach ze gan, also das es bey dem künig in eyner farb nit stand, anderst man im gibt schach [dz ist die weil der richter vnd der lantuogt nit ist kummen aussz des kungs palast so zeigt er nit sein gewalt],

6. Der venden gang die mügen des ersten auff dz drit feld gân, vnd darnach auff das nächst vnd getürren niht hinder siche, cziehen, Er soll ouch in der frembd nit ferr gan, kumpt er aber mit seinem rechten gang bis zů der spang So wirt er der küngin genosz, nachdem vnd das feld gemert ist. Der künig vnd die küngin die süllent tzů dem mynsten czwen fenden haben, die auff sy wartent So stet das spill wol bewaret.

§. 40.

Ganz dem gemäß steht noch (1520) des Jacob Köbel »Stadtschreiber zu Oppenheym« Einleitung zu Dr. Mennel's von

---

[44]) behüetet.

Constanz »Schachzabel Spiel« und stellt diese die Gesetze des Spieles zum Vergleiche noch klarer:

1. Von dem König.

Der Künigk in seinem ersten auszgangk so er zů veld zgehen will, mag (ob er will, drey schritt, von dem veld seins auszgangs (das ist auff das fierdt veldt) gegen seinen feinden reitten, vñ vff demselbē veldt halten pleiben, oder auch auff dem zweyten, oder auff dem dritten, alles nach seinem gefallen vñ gestalt der züge seins wyderteyls, das es keins Schachs besorgen dürffe. Er mag auch zů dem selben seinem erstē aussgangk ein Fendlin, so in hindert, fürsich stossen, vff das nechst veldt, vñ darnach furter nach seiner ordnūg gan, Vnd mag gerings umb sich, auff das ander veldt geen, hinder sich, für sich, vnnd neben sich über ort, auff schwartz vnd weysz velder, alles nach seinem willen, gefallen, vnd gelegenheit, Vnd mag auch also nēmen vnd rauben, doch hab er acht auff die Schach.

2. Von der Königin.

Eyn yegkliche Künigin soll durch die felde jrer farb, über ort, vñ mit anderst spacieren mogē gen. Vñ so sie ausz jrem here (das ist voñ jrem städt) zům erstē mal geen wil, soll sie niht über zwen schridde (daz ist über das drit feld) sich herfürher thůn. Darnach soll sie alweg auff das ander feld gan. Ist sie weisz, so geet sie über eck, vff ein wysz feld. Ist sie schwartz so geet sie über eck auff eyn schwartz veldt.

3. Von den Alten.

DIe Alten gend vnd springē überzwerch auff das drit feld, also: Welcher Alt auff eynē weissen feld steet, můsz dasselbig nit verwädelñ sonder widerūb auff das drit wysz veld geschrenckt über ort schreittē, hindersich, fürsich, nebēsich, vñ mag auch also auff alle ort rauben vnd nemmen. Der gestalt soll sich der schwartz Alt auch halten.

4. Von den Rittern.

Die streitbarñ Ritter mögen al wegen auff das dritt veld gegen den Feinden springen, also, Welcher auff eynem weissen veld gerüst helt, můsz über ort auff eyn schwartz veld springen, vnd sich in die selbig ordenūng schicken, vnd welcher auff eym ſchwartzen veldt helt, über ort auff eyn weyſz veldt ſpringen.

5. Von den Rachen.

Die Rach lauffen ſchnell, vnnd widerſtreben allen feindē, ſie durchreitē alle velder, wyſz vnd ſchwartz, hinderſich, fürſich, nebenſich, auff beydē ſeitē (aber ſchlecht, vnd nit über ort) wo ſie frey veldūg vmb ſich haben, vnd was ſie ergreyffen, rauben und nēmen ſie auch alſo.

6. Von den fendelin.

Dē nach allē obgenanten ſteyn oder byldern̄, aſs dē Königs, der Künigin, Alten, Rittern̄, vnd Rachen, Fůſzknecht (das ſeind Fendelin) für geſtelt werden, ſoltu wiſſen, das dieſelben Fendelin, ſo ſie zů dem erſten auſzgeen wöltē, mögen auff das erſt od' zweyt felt ſchlecht fürſich geen, alle die weyl noch keyn ſteyn genommen iſt. So aber eyner oder mer ſteyn genōmen ſeind, ſo mag alſz dann keyn ſendelin ferrer dann auff das nechſt feld, vor jm, geen, auſz geſcheydē die zwey ortfendelin, die vor den Rachen ſteend, mögen zů allen zeytē jres erſten auſzgangs geen auff das zweyt veldt, Vnd mag keyn Vendlin fürſich, ſonder můſz alweg über ort nemmen oder rauben. Wan̄ auch eyn Fendlin vnverhindert were von ſeinem gegenteyl, ſo möcht er alweg auff das nechſt veld für vn̄ für gen, alſz lang, biſz es zů dē ende an die ſpāg kompt. So es die erreicht, ſo hat es erlāgt die freyheyt der Frawen, alſo, das es darnach widerūb heym geen mag, alſz die Königin über ort, die auch zů dē erſten auff das dritt feldt, vnd darnach vff das ander oder zweyt feldt alles nach jrem willē ſchreyten mag. [45])

---

45) Christian Egenolph's Frankfurter Ausgabe (1536) setzt hier noch (Bl. B[a]) hinzu:

Von den Priuilegierten oder gefreitten ſteinnen.

ALſo haſtu hie nun zumerckenn, das auſz oberzelten ſteinen etliche ſeinn, ſo ſondere freiheyt vnnd recht haben, als erſtlich der König, Solcher mag wie oben gemelt, des erſten zugs vff das zweite oder dritt feldt gehn, ſo jm geliebt, Item ob jn ein feind an ſolchem ſeinem auſzgang hindern würde, möcht er denſelbigen für ſich ſtoſſen vnnd jm platz machen. Auch möcht er ſo es von nöten were, vnnd es ſein gelegenheit erfordert, die Künigin im

☞ **Hie merck eyn gemeyn Regel.**

DEmnach der Künig, Künigin, vnd die Fendlin vor andern̄ steynē im ersten auszgangk ferrer zů geen macht haben, Soltu wissen das der selben keins in seinem ersten gefreyten auszgangk rauben oder nemmen darff, sonder dar nach inn den andern̄ zügen, nach dem ersten auszgangk, das behalt inn gedechtnüsz. [46])

§. 41.

Indem wir in diesen Zuggesetzen für die einzelnen Steine im Wesentlichen unsere jetzige allgemeine Art zu spielen [47]) wohl erkennen, tritt uns aber doch zugleich die beschränkende oder beschränkte Königin auffallend entgegen, wobei nicht zu leugnen ist, daß die allmähliche Umdeutung dieses Steines vom Feldherrn zur Frauen oder Königin darauf Einfluß geübt haben mag.

---

erstē mit sich ausz füren neben seiner seitten als weit als er geht, doch sol er sie auff jrer farb lassen. Deszgleichenn mag die Künigin im ersten gang auch auff das dritt feldt gehn so es jr geliebt, Item die zwen eckfenden mögenn allweg vff das dritt feldt ziehen in jrem ersten aussgang, es seien steinn geraubt odder nit. Aber die überigenn stein habenn kein freiheit, sonder müssen bei jren ordenlichen rechten bleiben.

[46]) Hier fügt Egenolph's Ausgabe (B^b) hinzu:

Noch ein Regel.

So dem König ein Schach gebottē würt, musz er weichen vnd so es sein erster auszgang were möcht er in das dritt feldt (so es die not also erfordert gehn) entweichē, er dorfft aber in solchem seinem auszgang durch kein Schach gehn, das ist, so jm vff dem feldt dadurch er gehn wil, künt ein Schach gebotten werden, darff er durch das selb nit schreitten, sonder můsz es sunst umbgehn.

Bei G. Selenus stehen die Regeln S. 133—167, Beispiele S. 168—424. Mennel-Köbel haben Bl. XVII—XX. Spiele („etlich geordente künstliche streyt, zug, vnnd spiel").

[47]) Die Gesetze, nach welchen das Schachspiel in Deutschland jetzt fast allgemein gespielt wird, stehen gedrungen bei Netto: Das Schachspiel (Berlin, 1825), S. 42—44, und bei Wahl, S. 203. 210—241 ꝛc. Siehe ferner G. Crailsheimer: Neue praktische Anweisung zum Schachspiel, nebst Darstellung der ächten alten Regeln. Bamberg, bei Joh. Dederich. 1829. 16 S. 8⁰., und Wunder: Kurze Darstellung der ächten alten Schachspielregeln zum Behufe sowohl des Erlernens derselben, als auch ins Besondere der Beseitigung kleinlicher, Vergnügen störender Streitigkeiten beim Spielen. Baireuth, 1813. 8.

Schon sehr früh müssen im Abendlande Abweichungen im Spiele Statt gefunden haben, und schon 1290, also gerade um die Zeit, wo Jacob de Cessolis sein Schachwerk schrieb, sagt Guido de Baysio [48]): **Ludus ad Scachos debet servare consuetudinem loci, in quo ludit.** Und gerade über die Königin entstand früh Verschiedenheit der Meinung, besonders über den zur Königin gewordenen Bauer; dessen allgemeine Berechtigung

Et quand le Peon fait sa trache
Si qu'il est au bout de l'Estache
Lors de Fierce fait tout l'office
Et est le pareil exercice, [49])

nicht zweifelhaft sein könnte; wohl aber war man verschiedener Ansicht in Betreff des Mattens. Ja es wurde dieß fast eine Rechtsfrage. [50]) Daher lesen wir schon 1310 bei Cynus de Pistoia [51]): **Promittens dare mattum cum pedite certo non est curandum an sit factus regina, quia constat de corpore [peditis] et dignitas augmentata non mutat statum priorem. Sed si promisi simpliciter dare mattum cum pedite, non possum dare cum pedite effecto regina, quia artificium confundit officium.**

Welche Stelle übrigens zugleich gute Spieler voraussetzt. —

Aus den bisher (bis 1520. 1536) mitgetheilten Gesetzen gehet hervor, daß die Königin nach dem ersten Freigange auf das dritte Feld, nur einen Schritt weiter gehen durfte, gleich König und Bauern.

---

[48]) Rosarium decreti Distinct. VIII.

[49]) La Vielle: Pariser Hdschr. F, 7235. (königliche Bibliothek).

[50]) Bekanntlich hat auch das Rochiren früh Fragen veranlaßt. Man siehe: „Darf man bey'm Rochiren zugleich schlagen?" (Reichsanzeiger, 1804. n. 244.) — Ob Schachdecken zugleich Schachbieten sein dürfe? (Bengler und Meißner: Für ältere Litteratur und Neuere Lectüre: Leipzig, 1784: III, 1, 129—133. 1785: II, 219. — Die alte Art zu rochiren, wie sie besonders in alten italienischen Büchern sich findet, ging bald unter (Twiss, I, 27—28).

[51]) Siehe Nicolai de Tudeschis (starb 1445) Lectura super V. Decretal, unter Promissio. — Dieselbe Stelle oder Regel s. auch in Petri de Monte Repertorium Juris (unter Ludus) und Joh. Aquila opuscul. enchiridion. Oppenheim, 1514. 1526. Bl. 3a.

Le Roy, la Fierge et le Peon saillent un point

sagt das schon angeführte alte französische Gedicht La Vielle.

Im Jahre 1536 aber (in der Frankfurter Ausgabe von Köbel-Mennel's »Schachzabelspil« durch den druckfleißigen Christoph Egenolph), setzt der Letztgenannte (auf Eij) »Ein ander art das schachspil zu ziehen, so man nennet Current oder das Welsch Schachspiel« hinzu, nachdem er in der Vorrede gesagt: »Welches (Buch), dweil es vormals [52]) auch im truck außgangen, vnd mir die bereydtschafft solches büchlins [53]) nachmals ongefär fürgestanden, [54]) habenn mich ettlich gute freund solchs widerumb inn truck zubringinn vermögt, denen ich desto lieber, dweil mir ettlich besondern meysterstuck vnd griff vff disem spil, nemlich nach der Current, welschen art, vnd von Hütten, [55]) deßgleichen ettlich besondern Regeln des Schachziehens, zugestelt, gewillfart, Ob villeicht durch diß mitel andern leichtfertigkeyten fürkomen vnd etwas benommen möchte werdenn«.

Aus dieser Mittheilung Egenolphs tritt uns die neuere Art des Zugrechtes der Königinn bereits entgegen. Er sagt:

»Das Currennt Schachſpill iſt vaſt einerlei mit dem rechtenn Schachſpil, allein das in etzlichen ſteinenn einn vnderſchiedt iſt der geng halber, das dieſelbigenn einn beſonder art vnnd gerechtigkeit habenn im Current hin vñ wider, hinder ſich vñ für ſich zulauffen, daher dann diſem ſpil der zunamen gebenn wordenn, das es Current genant wirt. Nun ſein der itzt angezogenē ſtein ſo in diſem ſpil jre beſondere lauff habē, nur drei, nemlich die Kunigin, die beide Altenn, ſolchs verſtehe zu gleich vff beiden ſeitten odder theilen.

Die Künigin im Current hat die gröſt freiheit vnd herligkeit, das ſie die zwergks vnnd breite, über eck vnnd wie ſie wil, nahet odder fern (ſo jr doch ſunſt niemandt im weg ſteht) alles jres gefallens lauffen mag, Vnnd iſt in dem ſo viel beſſer dann die Rach, das ſie nit allein die leng vñ breitte, ſonder auch die zwergk oder über

[52]) Oppenheim, um 1520.

[53]) Die Holzschnitte (s. oben).

[54]) Zu Handen gekommen.

[55]) Huten, Deckungen.

eck (das dann die Rach nit thun dörffen) lauffen mag, vnnd was jr fürkompt rauben vnnd nemen.

Die Altē habē diese art im Current, dz sie nit allein auff das drit veldt jrer farb (wie oben im andern spill bemeldet) sonder auch nechst vor jnenn, das vierdt, fünfft, sechst etc. vnnd also fürthers bisz an die spang hinan, hinder sich vnd für sich (doch alles der richt nach vñ über eck) lauffen vñ rauben, auch also wo sie stehn zu allen seittenn über eck als fern odder nahe jre art vnd gelegenheit erfordert, hinausz wischen mōgenn. Sunst so habenn die übrigenn stein alle jre alte vnnd gewōnliche des gemeinen Schachspils, ordenung, vnnd wirt mit allem ziehenn, rauben, Schach vnnd Matten in aller weisz hierin gehaltē wie es sunst mit dem gemeinen Schachspil gehaltēn wirt, Doch so bedarff es weithers vnnd fleissigers vffsehens, wie dann soliche die übung am besten gibt vñ leret.

§. 42.

Sehr früh wichen die das Spiel erbenden Völker [56]) nach den ihnen gewöhnten Anschauungen von der ursprünglichen indischen Spielart ab. Nach dieser spielte man (2 und 4 Spieler) mit vier Heeren (schwarz, gelb, grün, roth). Jeder Spieler hatte zwei Heere, welche sich in die vier Ecken vertheilten [57]): das Hauptheer und die Verbündeten. Beide zusammen bildeten die schwarzen und weißen Figuren unseres Spieles. Zum Hauptheer gehörten der König mit den drei Offizieren und ihren vier Bauern; das Hülfsheer bildeten die übrigen acht Steine: die Königinn (der Feldherr) galt für den verbündeten König, welcher vom Hauptkönige selbst abgesetzt, getödtet werden konnte. [58]) — Aber schon

---

[56]) Twiss Chess (London 1787): I, 26. 27.

[57]) Vergl. Morgenblatt 1813, n. 98. S. 390 (aus dem Mémoire der bengalischen Akademie der Wissenschaften).

[58]) Morgenblatt, 1813, n. 96. 97. 98. — Wahl S. 40 u. 295—308, nach Hyde und William Jones (on the Indian Game at Chess §. 36.) in den Calcutta'schen Asiatic researches. 1788. 1790. 4°. Th. II, 159—165 (in seinen Works: London, 1799. I, 521—527) (deutsch: Abhandlungen über die Geschichte, Alterthümer, Künste, Wissenschaften und Literatur Asiens; aus dem Engl. von Klauker. Riga, 1795: II, 317). — Das. auch Th. V, 2, 485. und VII, 486—511 (Hiram Cox, On the Burmha Game of Chess, compered with the Indian, Chinese and

die Indier hatten noch ein großes Spiel von 104 Feldern, [59]) die Birmanen haben ein besonderes Spiel von 64 Feldern. Besonders wichen die Chinesen (auf 64 Feldern, woneben sie ein kleines Spiel auf 40 Feldern haben) bedeutend von dieser Spielart ab. Sie setzen einen Fluß (Kiaho d. i. der theilende Fluß) in die Mitte, über welchen die Mandarinen, nicht aber die Könige dürfen. [60]) Kommt der Bauer über den Fluß, so wird er Feldherr, wenn dieser fehlt. Auch die Perser erweiterten das Spiel. [61]) Firdusi hatte 100 Felder. Vornehmlich erfand

---

Persian Game of the sapie denomination. Communicated in a letter.... to J. H. Harington, Esq.). Archaeologia or miscellaneous traits relating to antiquity published by the Society of antiquaries. London, 1789. 4°. IX, 17. XI, 397. — (Dr. Barrington an historical disquisition on the game of chess). Historische Untersuchung über das Schachspiel: Auszug in Halle's Natürl. Magie Th. XIII. — Bart. d'Herbelot, Biblioth. orientale. Paris, 1699. — Garcias de Orta, dellos Aromas e Simples medicamentos, que nacemen a India. Antwerp. Plantin, 1605. 8°. — W. Levis, Orientale Chess, or Specimens of hindostanie excellence in that celebrated game. London, 1817. 2 Thle. 12. — Bohlen: Das alte Indien. 1830: II, 67 ꝛc. — Memoirs of the War in Asia. 1780—1784. (Vgl. Barrington in Archaeologia 1789. IX, 17.)

[59]) Morgenblatt 1813, n. 98, S. 391b. Jetzt haben Inder und Perser auch nur je 16 Mann gestellt wie bei uns. Doch geht der Läufer (Elefant) nur 2 Schritt, die Königin nur einen über Eck.

[60]) Wahl S. 309—339, nach Hyde und Eyles Irwin, Account of the Game of Chess an played by the Chinese in Transactions of the Royal Irish Academy. Dublin, 1793. 4°. Th. V, 2. — Morgenblatt 1813. 96—98. — Nic. Trigantius Soc. Jes. P. Coment. Math. Ricii ejusd. S. P. de Christiana expeditione apud Sinos. Augsb. 1615. 8. I, 90. — P. Herrada Liber chinensis de ludo talorum, latrunculorum aliisque ludis gesticulariis. Hyde, II, 277. — G. Selenus, 37, 38.

[61]) Siehe nach Firdusi († 1020 n. Chr.). — S. Wahl, S. 270—279. 294. — Ad. Olearius, Persianisches Rosenthal, in welchem viele lustige Historien, scharfsinnige Reden und nützliche Regeln vor 400 Jahren von einem sinnreichen Poeten Schich Saadi in persischer Sprache beschrieben, jetzo aber mit Zuziehung eines alten Persianers Hackwirdi übersetzt, in hochdeutsch. Sprache herausgegeben und mit vielen Kupferstichen gezieret. Schleswig, 1654. fol. Hamburg, 1696. fol. — Tavernier's Reise in Persien. 1684. — Leonhart Rauwolff Reise in die östl. Gegenden. 1573 (englisch 1738).

sich Timur Lengk (oder Tamerlan) ein eigenthümliches Rundspiel [62]) und ein großes Spiel von 132 Feldern. — Gleichfalls die Araber [63]); die Türken [64]); die Marokkaner [65]); die Juden [66]); die Isländer [67]); Amerika [68]) u. s. w. Wird

[62]) Netto a. a. O. 200—202. — Wahl a. a. O. nach Hyde I, 62. Herbelot Bibl. orientale, S. 121. — Twiss, I, 198 (nach Gibbon und Hyde) II, 9 bildet er es ab nach einem alten französischen Codex in London. — Arabschae Achmet Ben Mahomet (aus Damaskus, † 1451 n. Chr.) Vita et historia Timuri s. Tamerlanis (arab.) gedruckt von Golius, Leyden, 1636.

[63]) Ala-Eddin Commentar. de ludo latrunculorum et eorum collocatione (bei Ibn Arabschah Vita Tim. Lugd. Batav. 1643. S. 423. Leovardiae 1767—1772: II, 872. angeführt). — 13ten Jhd.: Al-Rhasi Apologeticus pro ludentibus al Schatrangi (Hyde, I, 182. Twiss, II, 47.) — Al Suli de Schachiludio (Hyde, I, 182). — 14te Jhd.: Al-Damiri de Schachiludio. — 15te Jhd.: Sokeikeri (von Damask) Liber de excellentia Schachiludii pro Nerdiludio. (Hyde: I, 182.) Über diese Art Brettspiel (Nerdiludium) schrieb auch der genannte Al Rhasi, u. Abu Abdallah Mohamed (aus Damaskus) ein arabisch Gedicht (Hyde, II, 275. vgl. 68. 101. 129. 173. 202. 217.) — Ahmed ben Sirim Ἐκ τῶν Περσῶν καὶ Αἰγυπτίων περὶ Ζατρικίου: De Latricio, ex Persarum et Aegyptiorum disciplina, siehe in Achmetis, filii Seirim, Oneiro-critica ed. Nic. Rigaltii. Paris, 1603. cp. 241.

[64]) Petr. Bellonius Cenom. med. gall. Observationes 1549. III. — Sandys Reise, 1610. — Thevenot Reise in die Levande, 1655. — Cornelis de Bruga Reysen in die Turkyen und Egypten. 1675.

[65]) Hoests Esterretningr om Marokos og Fes. Kopenhagen, 1779. 4. Nachrichten von Marocco und Fes. Koppenh., 1781. 4.

[66]) Eines Ungenannten Deliciae regis s. de Shahiludio, historia prosaica (hebr.) (Hyde, I, 2, 18—71.) — Aben Ezrae, Abrah. († 1174) Chorasim al sechok schah-math d. i. Carmina rhythmica (75 V.) de ludo Shamat seu Shahiludio (Hyde I, 2, 2—9; Clodius S. 21 u. besonders Oxford, 1702. 8.) und deutsch: Neu eröffnete Kunststück des Schachspiels, darinnen nicht allein die unterschiedlichen Namen und Gebrauch, auch Anzahl der Steine dieses Spiels bei allerhand Nationen als: den Persern, Türken, Mohren, Russen, Pohlen, Teutschen, Spaniern ꝛc. und andren Völkern gezeigt wird, als vornehmlich die Kunstgriffe dieses Spiels in anmuthigen Gleichnissen wie solches die jüdische Schreibart gemeiniglich mit sich zu bringen pfleget, vorgestellet werden. Von dem berühmten Rabbi und Cabbalisten Abraham Ben Esra, in hebräischer Sprache geschrieben, nun aber zum Dienst und Nutzen der Herren Liebhabern dieses Spiels ins Teutsche übersetzet, von Ludi magistro.

doch in Sicilien [69]) ganz anders gespielt als in Oberitalien; anders in Spanien. In gleichem Maße hat der menschliche Scharfsinn, bei dem nur von Schwachköpfen zu anstrengend gefundenen Spiele sich gemüht, die Aufgabe zu erschweren, zu erweitern. [70])

Außer den vorhin schon genannten, in neuerer Zeit besonders von Silberschmied, Senft von Pilsach [71]), Hellwig [72]), Hoverbeck [73]), Venturini [74]), Flammhorst [75]), Aretin,

---

Frankfurt u. Leipz., 1743. 8. Vgl. Kunststücke des Schachspieles, Frankfurt a. M. 1745. 8°. — (Aben Esra's Leben st. in Reland Analect. Rabbinic.) — Bon Senior Aben Jachiae Melizah zachah ab zechok haschak d. i. Unterhaltender Vortrag über das Schachspiel oder Oratio de Shahiludio (hebr. u. lat. bei Hyde, I, 2, 10—17.). — Ibn Sherph Mohmed Cyrenensis oratiuncula de laude et vituperio Shahiludii. — Mir-Muschteri-Mudschisat — J. Christoph Wagenseil de ludis apud Judaeos usitatis in libro ejus de Norimberga. Altdorf, 1697. 4°. — (Deliciae regis, Bon Senior u. Aben Esra stehen auch in Sharpe Syntagmata dissertationum. Oxford, 1797. 4°: II, 163—207.

[67]) La Peyrere Brief an de la Mothe de Vayer. Koppenhagen, 1644. — Jurchas Pilgrim. 1563. Madden in Archaeologia XXIV. 1834. — Eggert Olafson Reise in Island, 1756 u. 1772. (dänisch.) Mallet Nordische Alterthümer. — Van Troil Briefe über Island. 1772. — Mohnike z. Fridthiofsaga. 1830. S. 84.

[68]) Petrus Martyr ab Angleria: de insulis americanis nuper repertis. Cöln, 1574. 8.; Comment. ad. libr. judicum. S. 360. (de Codicibus Gossampinis).

[69]) Siehe Carrera Il giuoco degli Scacchi. Militello 1617. 4°. S. 70: Che il gioco vsato in Sicilia sia più ragioneuole de gli altri, che altroue si vsano. In Italien galt und gilt eine Spielart Archescacchiere, Archiscacco. S. Fr. Piacenza; Turin, 1683. 4°.

[70]) Schon 1621 versuchte Giuseppe Ciccolini eine Tentation di un nuovo giuoco di Scacchi. Rom, 1621. 2 Bde. 8°.

[71]) L. Senfft von Pilsach, Das Belagerungsspiel. Hamburg, 1820. gr. 8.; Derselbe, Der Festungskrieg, ein amüsantes Spiel. Berlin, Maurer. 1820. 8.

[72]) Joh. Christian Ludw. Hellwig, Versuch eines auf das Schachspiel gebauten taktischen Spieles von zwei und mehreren Personen zu spielen. Leipz., Crusius, 1780—82. 2 Bde. 8°.

[73]) C. E. B. v. Hoverbeck, Das preußische National-Schach. Breslau, Barth. 1806.

[74]) J. G. Jul. Venturini, Beschreibung und Regeln eines neuen

Planner, Champlan, Reisewitz, Peries [76]), Giacometti [77]) u. s. w. als eigenthümliches Kriegsspiel, [78]) oft fast zu künstlichen [79]) Erweiterungs-Bestrebungen selbst — trotz den Chinesen — zu 460 Feldern und je 54 Figuren gedenken wir hier vorzugsweise noch der Doppel- oder Mehrspiele, zwischen Vieren, Dreien und Sechsen [80]); so wie der eigentlichen Ver-

---

Kriegsspieles zum Nutzen und Vergnügen, besonders aber zum Gebrauche in Militairschulen. Schleswig, 1798. 8.

Derselbe, Vervollkommnete Darstellung des von ihm erfundenen Kriegsspieles. Braunschw., Pluchart (Sommer in Leipz.) 1804. 8.;

Derselbe, Darstellung eines neuen Kriegsspieles, zum Gebrauch für Offiziere und Militairschulen. Leipz., Hinrichs. 1804. gr. 8.

75) Flammhorst, Grundzüge einer Variation über das Schachspiel im Geiste der europäischen Kriegsführung (aus s. Imperatorik). Nürnberg, Stein. 1833. 80 S. 4°.

76) Le Comte de Firmas Periès, Le Jeu de stratégie, ou les Echecs militaires. Paris, Egron. 1826. 8.

77) Giacometti Nouveau jeu des échecs ou jeu de la Guerre. Gènes, 1801. 8.

78) Vgl. auch Neues Kriegsspiel oder verbessertes Schachspiel mit Kupf. u. gegenüber stehender französ. Übersetzung. Prag, Widtmann. 1770. 8. — Elias Stein Nouvel essai sur le jeu des échecs avec des reflexions militaires rélatives à ce jeu. A la Haye, 1789. — A. B., Neue Theorie der Schachspielkunst. Königsberg, 1827. 8. (vgl. Hall. Lit.-Zeit. 1828, n. 96; Allg. Lit. Zeit. 1828. n. 93.)

79) Sie hörten dadurch auf, Weltspiel zu sein und wurden Wacht- oder Zunftspiele. Reisewitz in Berlin wandte zu seinen Truppenzeichen von Blei die Würfel an, die Waffenwirkungen (Zufälligkeiten?) bedeutend.

80) C. Lappe, Mittheilungen für Schachspieler, Vorschlag für den Doppelschach unter 4 Spielern. (Zeitung für die elegante Welt, 1816, n. 101. — Albers Unterricht im Schachspiele. Nürnberg, 1821. — L. Senfft von Pilsach, Das Belagerungsschach, mit einer Anweisung zum Schach unter 3 und 4 Spielern. Hamburg, 1820. gr. 8. — Karl Enderlein, Anweisung zum Vier-Schachspiele. Berlin, 1826. 8. — Das Schachspiel mit 2, 3 u. 4 Spielern oder Anweisung zur gründlichen Erlernung der verschiedenen Spielarten, ihrer Gesetze und Feinheiten. Quedlinburg, Basse. 1829. 8. — Vorschlag zu einem Doppelschach unter 4 und 6 Spielern (Zeitung für die elegante Welt, 1816. n. 101). — Don Filippo Marinelli: Il giuoco degli Scacchi fratre. Neapel, 1722. 12°. (erwähnt 1763 von Solli osservazioni sopra il giuoco d. Sc.). — Das dreiseitige Schachbrett, oder Art und Weise, auf demselben sich selbdritte zu unterhalten. Aus dem Italienischen. Mit verschiedenen

suche, das Schachspiel durch Hinzufügung von mehreren Steinen zu erweitern.

So erfand sich der berühmte italienische Schachspieler Carrera noch zwei neue Figuren: il Campione (zwischen des Königs Läufer und Thurm, mit des Thurms und Läufers Gange) und il Centauro zwischen der Königin Läufer und Thurm, mit dem Gange des Springers und Läufers. Dazu hatte jeder dieser zweien seinen Bauern. [81]) Er spielte auf 80 Feldern.

Eben so spielte Francesco Piacenza mit 2 neuen Steinen (Centurio und Decurio) und 2 neuen Bauern auf jeder Seite. [82])

Ein eigenes Spiel erfand sich der Herzog von Rutland, das Abraham Janse 1747 spielte. Das Brett war 14 Felder breit, 10 hoch (mithin 140 Felder): auf jeder Seite 14 Steine und 14 Bauern. Philidor war in zwei Monaten seiner Herr. Abraham starb 1763, mit ihm sein Spiel. [83])

Besser ging es dem 1664 von Christoph Weickhmann erfundenen und bekannt gemachten »Großen Königs-Spiel«, [84])

Hauptsätzen, auch Selbander zu spielen, und sowohl den Ursprung als die Geschichte dieses weltberühmten Zeitvertreibs einzusehen. Ora Cheremone, ein Mitglied der gelehrten Gesellschaft zu Roveredo. Regensb. u. Wien, 1765. 8°. — Vergl. auch „Grundzüge einer neuen Variation über das Schachspiel. Nürnberg, Stein. gr. 4.

[81]) Carrera: Il gioco degli Scachi. Militello, 1617. Ging wohl mit seinem Tode wieder ein. Sein Leben in Anton. Mengitor Bibl. Sicul. II, 133.

[82]) J. Campeggiamenti degli Scacchi, o sia nuova disciplina di attaqui, difesa e partiti del giuoco degli Scacchi, si nello stilo anticho, che nel nuovo archiscacchiere, stratagemi, ed invenzione. Torino, 1683. 4°. (Twiss, I, 78—79.)

[83]) Twiss, I, 155—156. — Man vergleiche auch E. W., Ludus Scachico-mathematicus. London, 1654. 12°. — sodann J. v. X(anson): Anweisung zum Schachspiele nebst Critik desselben und Ideen zu einem neuen Schachspiele, welches von Maschinen nicht nachgeahmt werden kann. München, 1820 u. 1827. 8°.

[84]) „New-erfundenes Grosses | Königs-Spiel: | Welches sich zwar mit dem Sinnreichen, und je- | derzeit hoch-berühmten Schach-Spiel in etwas vergleichet, | jedoch aber von demselbigen hierinnen mercklichen underschieden wird, daß | dasselbige nicht nur allein selbst Ander, wie das gewohnliche Schach-Spiel, Son- | dern auch selbst Dritt, Vierdt,

das — auf kreuzgestaltetem Brette und 195 runden Feldlein mit 120 Steinen für geviertes Spiel — als Kriegsspiel noch wohl bekannt ist. Er bedarf des Königs, des laufenden und springenden Marschalk's, [85]) des laufenden Colonell's, des Reuterhauptmanns, des springenden Cantzlers (2), des laufenden Rathes (2), des laufenden Herolds (2), des Geistlichen (2), des springenden Ritters (2), des laufenden Curiers (2), des laufenden Adjutanten (2), des Trabanten (3), des Leibschützen (3), des Soldaten (6). — 30 Steine.

§. 43.

Hier muß auch des Zahlenspieles (**Arithmomachia, Rhythmomachia. Hyde, II, 276**) gedacht werden, das man früh aus dem Schachspiele entwickelte. Die darüber bekannten Drucke reichen nur bis 1556 hinauf. [86]) Ich fand jüngst in Rom auf der Dominikaner Bibliothek (**Bibl. Casauatensis**) eine Handschrift vom Jahre 1511 (**Cod. E. VI. 3. 4°.**), worin ein **Joannes Chachi de Interamna** (Terni) eine lateinische Abhandlung »**De ludo arithmomachiae ad R^{mum} religiossissimū$_{93}$ in christo patrem ac amplissimum dominum, Marcum, Cardinalem sancti Marci vulgariter nucupatum epitome, incipit lege feliciter**« liefert. Er hatte es von seinem Lehrer der Mathematik in der Jugend gelernt, der ein Buch darüber besaß. Vor sechs Jahren habe er es den Erzbischof Georg Nañil von York, mit dem er damals zu Calais war, gelehrt. Dieser sei nach England gereiset, er nach Rom. Da hatte ihn jener aufgefordert, da man nichts über das Spiel

---

Sechst, und selbst Acht, so|wol ein jeder vor sich | selbsten, als auch Partyen-weiß, kan gespielet | werden. etc. etc. **M. DC. LXIV. | ULM,** Bey Balthasar Kühnen, bestellten Buchtruckern und | Händlern daselbsten. || **fol.** 257 S. — Buch I. (S. 1—42) enthält die Anweisung und Gesetze des Spieles; Buch II. (S. 43—257!) **LX Observationes** vom Nutzen des Spiels und Kriegsregeln (die **Moralisatio im neueren** Styl).

[85]) Seite 25: „Dieses ist ein lauffender und springender Stein zugleich, und ist nach dem König der vornehmste in dem gantzen Spiel, von gar großer Freyheit und Gewalt.“ (Die Königin.)

[86]) Siehe **Libri tres de Vetula**, S. 25; **Cerberti Rhythmomachia**, Leipz. 1616; **Johannis Sarisberiensis epist.** 235 (**Maxima Biblioth. Patrum. Lugdun. XXIII, 508.**).

besitze, es niederzuschreiben und ihm zu schicken. Das habe er von Flandern aus gethan. Da Jener aber gestorben, so widme er es nun nach sieben Jahren dem Cardinal Marcus. [87]) »Anno domini . 1511 . die . 23 . nouemb. Romę« — »hunc libellum cum prefati ludi tabula ac familia (ita enim uulgo loquuntur) benigne accipies.« Nach dieser geschichtlichen Einleitung folgen Schachtafeln mit Zügen, Buchstaben und italienischer Auslegung, geschrieben »Anno : 1511 : die mercurij 30 Julij Romę.« Hier spricht er vom Nutzen der Arithmomachia, philosophorum ludus, das von Architas erfunden sei. Dann zählt er die Gesetze auf: die Tafel sei der des Schachs in der Breite gleich, in der Länge doppelt (zwei Schachbretter an einander geschoben; der Steine auf jeder Seite 8 rotundi, 8 trigoni, 8 tetragoni, aus welchen letztren zwei Anführer-Pyramiden, die eine ganz, die andre abgestumpft u. s. w. — Die späteren Druckwerke sind diese:

1) Claudius Buxerius (Claude de Boissiere): Le très excellent et ancien Jeu Pythagorique, dit Rhythmomathie fort propre et très vtil à la recreation des esprits virtueux pour obtenir vraye et prompte habitude en tout nombre. Paris, par G. Cavellat. 1556. 104 S. 8°. (Bibl. d'Ant. du Verdier, S. 168; Twiss: I, 49 und Hendreich Pandect. Brandenb. S. 812.)

2) The most ancient and learned playe, called the Philosophers game, invented for the honest recreation of Students and other sober persons, in passing the tedious of thyme, to the release of their labours, and the exercise of their wittos. By W. F. (Holzschn.) Schluß: Prynted at London by Rowland. Hall for Jame Rowbothum. 1563. (In der K. Bibliothek zu London, und bei Jodrell Esq. — Twiss: I, 63—66.) Anfang: That moste ancient and learned playe, called the Philosophers game, being in greek termed ῥυθμομαχία etc.

3) Franc. Barozzi: Il Givoco nominato Rhythmomachia. Venedig, 1572. 4°.

[87]) Er nennt ihn noch Aquiliensis patriarcha, eques prenest., aus der Familie Barbi von Venedig, Eugenii IV[i] pronepos ex sorore et Pauli II[i] admodum consanguineus.

4) Cl. C. Bachet Problemes plaisants et delectables, qui ses font par les Nombres. Lyon, 1612. 8.

5) Jacobi Fabri Stapulensis (Jacques le Fevre von Estaples im Amiens'schen) Rhythmomachia s. pugna numerorum ubi Orbiculis Trigonis et Rhombis, quibus variae numerorum notae inscribuntur, luditur. Anhang zu Fabri Comment. in Jordani Nemorarii Arithmetica. Paris. fol. v. J. (Twiss: II, 194. Hyde: II, 276. Verheiden Imagg. Theologor. S. 71. Freheri Theatr. viror. erudit. S. 149. Sammarthani Elogia Gallorum Saec. 16: I, 1.)

6) Das | Schach- oder König-Spiel. | Von | GVSTAVO SELENO, | In vier unterschiedene Bücher, | mit besondern Fleiß, gründ- und ordentlich abgefasset. | Auch mit dienlichen Kupfer- | Stichen, gezieret: | Desgleichen vorhin nicht außgangen. | Diesen ist zu ende, angefüget, ein sehr al- | tes Spiel, genant, | RYTHMO-MACHIA. | Cum Privil. Caesareo, ad Sexennium. || LIPSIAE. CIↃIↃC. XVI und XVII. bey Henning Grosse. fol. In der Ausgabe von 1616. S. 445 heißt der besondere Titel Rythmomachia. | Ein vortrefflich, und | uhraltes Spiel, | deß | Pythagorae: | Welches | Gustavus Selenus, | auß des Francisci Barozzi, | Eines Venedischen Edelmans, | welschem Tractätlein, ins deutsche | ubergesetzet, seinem vorgehenden Tractat, | vom König-Spiele, (dieweil es ebenmessig, | ein scharffes nachdencken erfordert) zugeord- | net, und mit nützlichen glossen, auß dem Claudio Buxerio Delphinate, | verbessert. || Apud | Henningum Gros. Jun. | M.DC.XVI. ||

7) Joh. Allgeier (s. a. a. O.).

8) Arithmomachia von A. V. W. Görlitz bey J. Gottl. Laurentius. 1705. 12°. Verwandt ist Dr. W. Fulke v. Cambridge Metromachia, Ludus Geometricus. London, 1566. 1578. 51 S. (Twiss: II, 48. 194) und desselben Oceranomachia h. e. Astrologorum ludus. 1571. 46 S. (Twiss: II, 193. 194. Hyde.)

§. 44.

Merkwürdiger aber, als alle jene Sonder-Versuche, das Schachspiel zu erweitern, umzuwandeln u. s. w., ist das sonst, wie sich zeigen wird, ziemlich allgemein in den Ländern deutscher Zunge verbreitet gewesene selbstständige, auf 96 Feldern mit je 24

Steinen gespielte deutsche Königsspiel gewesen, wie solches noch heut zu Tage im Dorfe Ströpke (jetzt Ströbeck genannt), 1 Stunde von Halberstadt, gespielt wird.

Herzog August von Braunschweig (als Gustavus Selenus) in seinem Schach- oder König-Spiel, 1616, führt S. 425 aus einer Handschrift des Konrad von Ammenhusen (von Rappoltstein im Elsaß) folgende merkwürdige Schluß-Verse an, die sich zwar in mehreren Handschriften von dessen Schachzabel-Gedichte nicht finden, dagegen aber doch in der dem Freiherrn Joseph von Laßberg auf Eppishausen im Thurgau zugehörigen Handschrift desselbigen Gedichtes (1381 geschrieben) am Schluß jenes 12 Felder lange, 8 Felder breite Schachbrett von 96 Feldern, gelb und schwarz gevieret, gezeichnet steht — Beweis der Verbreitetheit und Bekanntschaft.

Jene Verse aber sind diese:

Einez ich doch sagen wil.
Ich hab wol etlich spil gesehen
Dar ûf man sach, werz wolte spehen,
wol sehszehen steine mêre.
(Aber nâch diser lêre
Sô an disem buoche stât.
Daz schâchzabel niht mêre hât
Denne zwên und drîzec steine:
Ze beiden sîten ich meine.
Einen Künec und eine Künigin,
Zwên alten, zwên rîter, da bî sal sîn
Ein roch an jetwederm ende,
Und vor jegelîchem ein vende.
Ditz sal wesen, zue einer sît,
Reht als ob sî ein strît,
Und anderthalben alsô vil.
Daz ist daz rehte schâchzabel spil.)
Ouch wil ich zelen, die ich sach mê,
Als ich habe gesprochen ê,
Ze ietwederre sîten aht stein,
Vier grôze und vier kleine.
Die grôzen wil ich nennen,
So mueget ir si erkennen:
Ez ist ein trulle und zwên kurier
Und ein râtgebe. daz werden vier.
Die suln ze ietwederre sîten stân.

Der ahtiu iegelîcher hâr
Sal vor im ein vendelîn.
Die zelent, ſô muegen ir ſehszehen ſîn.
Daz wirt ietwedert ahter mê.
Die tuont ze den, die ich nante ê,
Sô werdent ir, ûf daz bret ze vil [88])
Als ich in beſcheiden wil.
Und ich ſach an dem buoche [89]) ſtân.
Daz bret ſal niht mê velder hân
Wan vier und ſehzic unde wen ez ſtât
Als manz von erſt geſezzet hât,
Sô ſal als manegez lêre weſen
Als vol iſt, daz hân ich geleſen,
Da ich ez vand an dem buoche [89]) ſtân
Dar abe ich ez genomen hân.
Und dar umbe dunket mich,
Daz ſi gerehter ſicherlîch
Daz da hât minr [90]) ſtein
Wan ez iſt ouch gemeine,
Swar ich îc kam in dehein lant
Doch iſt mir ze guoter mâze bekant
In Provenz und în Frankerîch
Und in Kurwalhen. [91])
— — — — — —
— — — Doch geſach ich
Nic daz dâ mêre ſteine hât,
Wan ze Coſtenz in der ſtât.
Dô ſach ich einz, dehein anderz nie
Wan daz, ſwar ich reit oder gie.
Swaz ieman anderz hât geſehen,
Dem gun ichs wol, wil ers verjehen
Ouch wan ich, waer ſîn mêr geſîn,
Der meiſter, der ditz buechelîn
In Latîn hat gediht,
Er hæt des mêr als wol beriht
Als daz minre, daz wæne ich.
Idoch moht ich niht, ſicherlîch,
Daz ſîn iht mêr wære
Wan mir iſt ditz ze ſwære,
Des ich mich hân angenomen

[88]) Folglich ein größeres Brett.
[89]) Jakob von Ceſſolis.
[90]) mindrer, weniger (32)
[91]) Graubünden ꝛc.

Ich möht sin niemer ze ende komen,
Wære sin iht mêre, sicherlich.
Daz minder sêre bekümbert mich,
Wan minin kunst ist ze kleine.
An dem minsten steine
Het ich ze schaffene ze vil. u. s. w.

§. 45.

Wir erfahren aus diesem Monologe, daß der biedere schweizerische Mönch und Leutpriester von *Stein* am Rhein, der das *lateinische* Buch von Cessolis in deutsche Reime brachte, und — wahrscheinlich auf Wallfahrten und Klosterreisen nach Frankreich, Provence und Graubünden kam, sich wundert, in dem seinem Geburts- und Wohnorte so nahen *Constanz* auf ein *Schachbrett* mit 96 Feldern (12 in der Breite, 8 in der Länge) zu stoßen. Indem wir seine Rechtmäßigkeits-Betheurungen für sein 64feldiges Spiel, das ihm schon so viele Mühe gemacht habe (im Spiel? oder beim Reimen?), dahin gestellt sein lassen oder vielmehr daraus wohl entnehmen dürfen, daß auf jenem erweiterten Schachbrett eben nicht zu wenig gespielt worden sei, folgern wir daraus, daß der nicht deutsche Jakob von Cessolis jene Spielweise nicht erwähnt (V. 57 ꝛc.) einfach, daß es nur ein schweizerisch-*deutsches* Spiel zu nennen sei, das der Mönch und Priester einfach *darum* nicht in Frankreich, Provence und Kurwalchen hat finden können. Weiter aber in Deutschland ist er nicht verreist, sonst hätte er ganz *dasselbe* Spiel fern in dem genannten Dorfe *Ströpke* (wo es 1616, wo es noch 1825 gefunden wurde) und gewiß noch anderwärts finden können. Auf jeder Seite waren *acht Steine* mehr: ein Trulle, [92]) ein Rath (râtgebe), zwei *Curriere*, und ihre vier *Vor-Venden* oder Bauern.

Grade dieselben *acht* Steine finden wir namentlich in jenem Dorfe *Ströpke* wieder: 2 *Curriere*, ein Rath (oder weiser,

92) *Troll*, ein Knoll, Bauer, ungeschlachteter, großer, grober, starker Kerl u. s. w.; schwedisch *Troll*, ein Riese. Siehe *Frisch*, Wörterbuch (II, S. 389^b); *Schmeller*: bayer. Wörterb. I, 489; *Schmidt's* Schreib-Idiotic. S. 144 (*Trull*: dicke, runde Weibsperson). S. 142 (*Drol*, *Droll*: Schelm); *Stalder*: Schweizer-Idiotik. S. 308. (fette Weibsperson, *Trolli* von Männern); Göthe (X, 226) die *Trulle*.

geheimer Mann), dem Könige beigegeben, ein Schleich [93]) (ein thörichter oder kurzweiliger Rath oder Narr), der Königin zugeordnet, und vier Bauern, und stehen diese auf entgegengesetzten Farben als gewöhnlich also vertheilt:

Fend. Fend. Fend. Fend. Fend. Fend. Fend.
Roch. Reuter. Alter. Currier. Mann. König. Königin.
Fend. Fend. Fend. Fend. Fend.
Schleich. Currier. Alter. Reuter. Roch.

Nach den beiden Currieren wird dieses Spiel noch heute genannt, wie es bei Gustavus Selenus [94]) 1616 »das Große oder Currier-Schachspiel heißt. Der Ausdruck Currierspiel ist aber noch heute in manchen Gegenden bekannt und geläufig. [95])

Weickhmann nahm Stein und Namen (und selbst die bei Selenus mitgetheilte Gestalt von Ströpke) in sein großes Königsspiel auf.

Aber es scheint, als sei gerade die Ströpkesche Spielart, wie sie schon im 14ten Jahrhundert in der Schweiz uns entgegentritt, bereits noch früher in deutschen Landen heimisch gewesen. Kaum möchte die Stelle im Wigalois [96]) anders zu verstehen sein.

Då lågen vor der frowen vier
Wurfzabel und Kurrier,
Geworht von helfenbeine
Mit edelem gesteine
Spielten si, mit holze niht
Als man nu frowen spilen siht.
Si heten kurzewile vil
von maniger hande seitē spil,
Daz die frowen kunden.

Benecke wußte in seinem Wörterbuche zu diesem Gedichte (S. 639. 1819) über das Wort **Kurrier** nicht zu entscheiden.

---

93) Der Name Schleich aber ist in Deutschland noch viel gebräuchlich. Es gibt in München Maler, Gärtner rc. dieses Namens.

94) S. 425. Und schon **Petrus Heigius: post quaest. X, n. 49.**

95) Siehe G. L. Albers Unterricht im Schachspiele rc. mit dem verbesserten Courrierspiele vermehrt. Nürnberg, 1821.

96) **Wigalois der Ritter mit dem Rode getihkt von Wirnt von Gravenberch herausgegeben von George Friederich Benecke. Berlin, Reimer 1819.** S. 388, V. 10581—10586.

Er meint, es sei vom Brettspiel, von einer Art Trictrac die Rede. An den Läufer oder Springer im Schachspiel zu denken, verbiete das Wort **wurfzabel**, auch schon, weil jener dort **der alte**, dieser der **rîter** geheißen habe. Aber der Irrthum lag darin, das Wort **Kurrier** für einen einzelnen Stein zu nehmen, für ein »Zeichen oder Marke, die allerdings von einem Ende zum andern fortläuft«; gerade das Gegenüberstehen des Wortes **wurfzabel** (Brettspiel) zeigte, daß ein ganzes Spiel unter **Kurrier** gemeint sein müsse. [97]) Aber es ruht noch ein anderer Irrthum in der Auslegung jener Stelle. S. 759 nimmt Benecke die Worte »**vier wurfzabel**« zusammen, als »die vier zum Trictrac gehörigen Abtheilungen des Spielbrettes, die, wie diese Stelle zu zeigen scheint, damals einzeln zusammengestellt wurden, statt daß sie jetzt aus zwei, gewöhnlich durch Gewinde verbundenen Stücken bestehen. Das Wort »**vier**« [98]) ist hier aber wohl, wie in andern Stellen desselben Gedichtes, das romanische **fier** (französisch **fier**, stolz, edel, muthig, höflich, gelehrt), z. B. 1083.:

Dar ûf ſtunt ein goldîn tier
Von edelem geſteine fier
Dar obe ſloc ir liehter van.
Dâ was daz ſelbe tier an
Mit vil lûterm golde
Gebildet.

Eben so V. 11652.: **Der helt wart mânlich unde fier.** Die oben S. 760 für Wurfzabel (Brettspiel, **trictrac**, geltend gemachte Stelle (V. 10601.), welche die oben mitgetheilte von **wurfzabel und kurrier und ſeiteſpil** nur zusammenfaßt,

Da funden ſi der ſaelden ſchîn
Und ſchôner kurzewîle vil
Von zabel und von ſeiteſpil.

konnte sehr wohl **beide** Zabelspiele (**wurf-** und **schâch**zabel)

---

[97]) Die früheren Zeiten scheiden (vgl. §. 18.) sehr genau **wurfzabel** und **scahzabel**. So in einem Inventar des 12. Jahrhunderts (**Monum. boïca VII**, 502): „**unum scâhzabel, unum wurfzabel ..... tria scâhzabel, tria wurfzabel ...., elefantei lapides tam ad wurfzabel, quam ad scâhzabel pertinentes.**“

[98]) Die Schreibung steht nicht entgegen. Vergleiche Nibelungen-Lied 1782, 2. **ir zwêne oder fiere**, u. s. w. Der beliebte Zahlreim auf **vier** ist mir zwar wohl bewußt.

umfassen, obschon der Romanische vorzugsweise **juer as table's** für das Brettspiel (Trictrac und Würfelspiel) nimmt, wie wir oben §. 18. sahen.

§. 46.

Wenn aber, wie wir oben sahen, Christian Egenolph 1536 in Dr. Mennel's (und Jacob Köbel's) Schachzabelspiel zu der von ihm hinzugefügten »andern art das schachspil zu ziehen« beisetzt, »so man nennet Current oder das Welsch Schachspiel«, so scheint darin einmal in dem Namen Current ein Anklang an jenes Currierspiel zu liegen [99]); andrerseits nennet auch Selenus S. 47 und S. 425 das »newe und heutiges tages übliche Current-Schach-Spiel«. Das ganze Spiel aber, wie es schon Dr. Mennel und Jakob Köbel mittheilten, ist schon seinem Ursprunge nach (aus Jacob von Cessolis Werke) mit Recht das welsche Spiel zu nennen; und auch wirklich nennen die Ströpker Bauern mit altüberliefertem Bewußtsein, oder richtigem Gefühle die jetzt allgemein gespielte, auf Jakob von Cessolis Werke beruhende, doch wie bei Egenolph erweiterte, von Selenus behandelte Art »den welschen Schach«. [100]) Dagegen nennen sie ein, zwar auf den 64 Feldern, aber doch nach den Gesetzen des 94feldigen Brettes gespieltes Spiel »das alte Spiel«, jenes 94feldige aber das große Spiel. Bei dem letzteren ist überaus bezeichnend, daß das äußerste Feld zur rechten Hand in der untersten Zwerglinie, welche 12 Felder begreift, schwarz ist, nach der linken aber weiß: ganz gegen die Ordnung des welschen Spieles! [1])

Somit stehen Rochen, Ritter, Alten auf andern Feldern als gewöhnlich, und der weiße König auf schwarzem, der schwarze aber auf weißem Felde, die Königinnen aber auf den Feldern ihrer Farbe. — Roch und Reuter, die nächst den

---

99) Wie auch Selenus S. 46 es „das Alte Current- oder Currier-Spiel" nennt.

100) G. Selenus S. 425. Krünitz Encyklopädie Bd. 138. 225. — J. J. Alberti, Leichtfaßlicher, praktischer Unterricht zur Erlernung des Schachspiels ꝛc. Quedlinburg. Basse. 1829. 8. S. 71—73 (Das Courierspiel zu Ströbeck.) Netto, das Schachspiel, S. 188. Koch, Codex der Schachspielkunst.

1) S. oben.

Courieren am höchsten gehalten werden, haben ferner ihren Zug wie sonst. Die Alten springen in's dritte Feld über Eck. — Die Curriere (die besten Steine, daher auch nach ihnen das Spiel sich benennt) ziehen wie die Alten nach den Ecken auf einerlei Farbe, über 1, 2, 3 und mehr Felder, springen aber nicht über andere Steine. — Die Männer oder Geheimen Räthe (der Könige Beschützer, daher auch bis zuletzt wohl in Acht zu nehmen) ziehen wie die Alten und Rochen, schlims und überzwerch, für oder hinter sich und auf die Seiten, doch nur zu einem Zuge, nur auf ein Feld. Sie können also aus ihrem Felde (ihrer Stätte oder ihrem Stand) gerückt, acht Felder zugleich beschützen, und sind so des Königs Schutz und Hut. — Der König, wie die Räthe: »anzudeuten, daß die Herren den guten Rähten, in billichen sachen, folgen, und nach dero getrewen bedencken, ihr Regiment anstellen sollen«. [2]) — Die Königin (die hier oft Feldherr heißt) springt zum ersten Zuge für sich in ihr drittes Feld: sie thut den Freudensprung; denn wie die Curriere, nur ein Feld [3]) für und hinter sich, weiß auf weiß, schwarz auf schwarz. — Der Schleich wie der Roche, aber nur ein Feld springend, für und hinter sich, rechts oder links. — Die Fenden wie sonst.

Der Königin und der Rochen Soldaten dürfen das erste Mal zwei Felder gehen, vorher aber nichts genommen haben. Der den Vorzug hat, zieht anfangs Königin und beide Rochsoldaten auf das dritte Feld; der Andere muß Zug um Zug mit denselben Soldaten ihm entgegenhüpfen. Nach diesen dreien Zügen versucht ein Jeder mit diesen und den andern Steinen sein Bestes. Also drei Zwangszüge, dann freies Spiel. —

Aus diesem großen und dem gewöhnlichen (welschen) Spiele entwickelte sich das kleine, wobei das Brett umgedreht wurde, so daß Weiß zur Rechten kam: 32 Felder wurden abgesondert, und die acht Bauern, 2 Männer, 2 Schleiche und 4 Curriere davon gethan, so daß das ganze Spiel enger gespannt oder zusammengezogen war. Aber die Züge und Gesetze des weitläufigeren

[2]) Gustavus Selenus S. 428.

[3]) Das ist die alte Weise auch des Cessolis'schen Spieles, wozu das schwarze Feld zur rechten Seite paßt.

Currierspieles, d. h. die überhaupt älteren Gesetze, wie sie Dr. Mennel und Köbel mittheilen, blieben, weßhalb jenes kleinere Spiel auch der alte Schach heißt. [4]) Aber auch das welsche Spiel wird in Ströpke mit den Abweichungen gespielt, daß zum Anzuge des Spiels die Bauern der Königin [5]) und der noch Rochen genannten Thürme (wie beim Currierspiele) den Anfang machen, [6]) die übrigen Bauern auch nur ein Feld vor sich rücken, und die Königin nicht eher, bis sie ihren Freudensprung vor sich in ihr drittes Feld gethan, allenthalben ziehen kann. Auch der König kann nicht springen und darf mit Niemand wechseln (rochieren). [7]) Ganz wie beim Currierspiele! [8])

Eine eigenthümliche Forderung ist bei allen Ströpke'schen Spielen diese, daß der zur Königin erhobene Bauer [9]) nicht eher jenes sein Recht ausüben darf, als bis er die Pflicht der Königin erfüllt hat, seine drei Freudensprünge [10]) d. i. in

---

[4]) Gustavus Selenus hatte bereits (S. 430 u. 433) das Verhältniß ganz richtig erkannt, daß Dr. Jacob Mennel's Büchlein „den alten Schach" von Ströbeck mittheile oder enthalte. Bezeichnend aber ist, daß Mennel's Büchlein gerade in Kostanz herauskam, wo Konrad von Ammenhusen (oder der Schreiber jener Handschrift) das große oder Currier-Schachspiel fand.

[5]) Alberti (S. 72) setzt den Königsbauer und die beiden Rochen 2 Schritte vorwärts auf 25. 28. 32. 36. 40., die Königinnen auf 20. u. 44., dicht hinter ihre Bauern.

[6]) Dies heißt seine Posten ausstellen, was, wie die Bauern meinen, in jedem Kriege geschehen müsse.

[7]) Es darf in Ströpke überhaupt nicht rochiert werden, weil es schimpflich sei, wenn ein König sich verkriecht, meinen die Bauern.

[8]) Vgl. Netto S. 198 aus Silberschmidt und Alberti S. 71—73; Koch, Codex der Schachspielkunst, 1813, S. 5. Anmerk. — Übereinstimmend damit die Angabe des Herrn W. Crone von Braunschweig, der auf meinen Wunsch sich nach Ströpke begab, daselbst spielte und Erkundigung einzog.

[9]) Im Persischen ist dieses der Läufer. Schon Saadi im Persianischen Rosenthal, übersetzt von Olearius (Hamburg, 1696. S. 84), sagt: „Ich wundere mich, daß der elfenbeinerne Läufer im Schachspiele das Feld also durchlaufen kann, daß er sich verbessern und einer Königin Hoheit gewinnen kann"; und Olearius setzt hinzu: „Wenn die Königin geschlagen und herausgenommen wird, der Läufer aber fünf Principal-Steine geschlagen hat, bekompt er die Würde der Königin."

[10]) „Was verstehen die Ströbecker unter Freudensprung? (Reichsan-

drei rückgehenden Sprüngen (Hucken) seine ursprüngliche Stellung wieder zu gewinnen oder einzunehmen. [11]) So lange er in den oberen Reihen steht, ist er unthätig und kann nicht geschlagen werden, während der Freudensprünge aber kann er nicht decken und nicht schlagen, wohl aber geschlagen werden.

Noch heute leben in Deutschland die Eigennamen Freudensprung [12]) und Schleich. [13]) Der Schweizer Ulrich Hegner gebraucht den Ausdruck Freudensprung noch in eigenthümlicher Geltung, indem er sagt:

„Trägt dich dein Fuß
Noch wie er muß,
Steht zu Gebot
Dir Wein und Brot,
Umfaßt dich warm
Des Schlafes Arm,
Und ist ein Freund
Dir treu vereint:
So wage frisch, alt oder jung,
Durch Berg und Thal den Freudensprung. [14])

Eine Eigenheit aber des holbeinischen Todtentanzes, der um 1517 in Basel entstand, [15]) läßt uns vermuthen, daß auch Holbein das Currierspiel gekannt habe, da er den Tod als den Schleich darstellt. Holbein hat nämlich zweimal seinen schönen Lebens- und Todesbildern, bei der Herzogin und Königin, die Gestalt des Todes wörtlich aus dem Baseler Wandgemälde des Todtentanzes entnommen, sie — gewiß nicht ohne tiefer schelmische Bedeutsamkeit — von ihrer ursprünglichen

---

zeiger, 1803. n. 105; 1804, n. 57. — Alberti (S. 72) setzt hinzu, daß diese Sprünge nicht unmittelbar auf einander zu folgen hätten, sondern man mit Zwischensprüngen andere Steine abwechseln könne.

[11]) Ist dasselbe nicht bereits §. 30. gemeint: Fercia gregalis saltatrix quadruvialis? Und bei Köbel-Mennel II[b]: „So es die erreicht, so hat es erlangt die Freyheyt der Frawen also, das er darnach widrumb heym geen mág“ ꝛc. Vergl. die Reime Bl. XIV[b]. (S. oben.)

[12]) z. B. ein Professor und Rector zu Freisingen, früher in München.

[13]) in Landshut, und Künstler, Gärtner in München.

[14]) Die Sonne macht zu Ostern auch drei Freudensprünge. Siehe J. Grimm's Mythologie.

[15]) Diese Zeitannahme wird in meiner Geschichte der Todtentänze gerechtfertigt.

Stelle entrückend: den Tod des früheren Waldbruders stellt er — mit klarer Absicht — zur Herzogin, [16]) den Tod mit der Narrenkappe vom Narren weg zur Königin. Es ist nicht zu verkennen, daß der Tod hier der Unbesorgten herbeigeschlichen als Schleich, der nun gleichsam grell aufjubelnd neben der Erschreckten den Freudensprung thut, oder sie, als ihr kurzweiliger Rath, zu ihrem letzten Freudensprunge auffordert.

§. 47.

Das Dorf Ströpke oder Ströbeck, 6½ Meile von Braunschweig, 1 Meile von Halberstadt, früher kurfürstlich brandenburgisch, darnach domstiftlich halberstädtisch, jetzt preußisch im Regierungsbezirke Magdeburg, führt schon am Gasthause außen ein in Marmor gehauenes Schachbrett im Schilde, und eben so im Ortssiegel, gleich der im gleichen Gebiet gelegenen Stadt Aschersleben, die auch eine Schachtafel im Wappen führt. Der Schulze aber des Dorfes hat das Schachbrett im Verschluß, darauf mit Fremden gespielt wird. Dieses Brett war einst ein Geschenk des Kurfürsten oder des Königs Friedrich Wilhelm I. von Preußen, vom 13. Mai 1651, laut der Inschrift auf einer Seite. Die Figuren waren von Silber, das eine Spiel vergoldet. Aber dieses Spiel ist leider im siebenjährigen Kriege abhanden gekommen, durch Verleihen an das Domstift Halberstadt, dessen Domherren es einforderten, weil ein französischer General damit spielen wollte! Das jetzige ist nur elfenbeinern.

Die Bauern von Ströpke — sagt Hübner in seinem Zeitungslexicon — seien verpflichtet, die Wissenschaft des Schachspieles unter sich zu erhalten und auf ihre Nachkommenschaft fortzupflanzen, um welchetwillen sie von allen Auflagen befreit sind und nur allemal dem neuen Fürsten bei der Huldigung eine Schachtafel und Steine von Silber verehren. Wenn ein Fremder nun Lust hat, Schach zu ziehen, so setzet Einer von ihnen öffentlich mit ihm an.

Das aber ist gewiß, daß noch jeder Bewohner des Dorfes mehr oder minder im Spiele geübt ist. Es muß sogar in der

[16]) Siehe Wiener Jahrbb. der Literatur 1832; und Schlotthauer's Ausgabe des Holbeinischen Todtentanzes. München, 1832. S. 72.

Schule gelehrt werden, und jährlich wird in derselben um drei Preise gespielt; alle Kinder, so wohl Mädchen als Knaben, werden in Paare getheilt, welche mit einander spielen, die Sieger dabei werden wieder in Paare getheilt u. s. f. bis zu den letzten dreien, welchen von der Gemeinde Schachbretter verehrt werden. —

Jeder Zug im Spiele kann zurückgenommen werden, so lange noch der Finger am Steine ruht. Die Umstehenden rufen dann dem Ihrigen, der mit Fremden spielt, alsdann wohl zu: »Vadder (Gevatter) med Rad (mit Rath!), daß er keinen falschen Zug thue.

Die Ströpker besitzen des Herzogs August von Braunschweig **Gustavus Selenus** (doch ohne Titel) und Koch's Codex der Schachspielkunst. Jenes liegt als Gesetzbuch in der Gemeindestube bereit, in streitigen Fällen zu entscheiden. — Noch jetzt bilden sich die Ströbecker viel darauf ein, daß sie Schach spielen, obschon weniger, daß sie fein spielen, und daher mag es gekommen sein, daß jetzt nicht mehr so außerordentlich geschickte Spieler da sind, als in frühern Zeiten, die von keinem Fremden übertroffen wurden.

Vor mehreren Jahren kam Hersch Silberschmidt (s. Anhang) nach Ströbeck, mit Talmudischen Grundsätzen ausgerüstet, spielte dort, ließ es sich schriftlich bezeugen, daß er einmal gewonnen, was man gern that, und erzählte, daß das oben genannte silberne Schachspiel noch jetzt vorhanden sei. Er verlangte nur 700 Fl., dann wolle er es der Gemeinde zurückliefern. Die wohlhabende Gemeinde hätte gern so viel daran gewandt, um dieß Heiligthum wieder zu erlangen; aber die tölpelhaften Bauern waren plump genug, statt ein solches Anbieten mit Dank anzunehmen, erst den Beweis zu fordern, daß Herr Silberschmidt dasselbe alte Spiel und nicht etwa ein anderes liefern werde, worauf sich die Sache zerschlug. Nachher hat Herr Silberschmidt die Ströpker in öffentlichen Blättern gezüchtigt, aber auch seinen Gegner gefunden.« Das vorher genannte Zeugniß theilt Herr Silberschmidt (in seinen Schachspielgeheimnissen) mit, welches so lautet:

»Daß Herr N. N. am heutigen Dato sich hier producirt, die vornehmsten hiesigen Schachspieler zum Spiel aufgefordert und leider zu bekennen den Sieg davon getragen hat, wird hiermit der Wahrheit gemäß attestiert.

Ströbeck, den 12. Juni 1825.

(Unterschriften.)

Eine Sage lebt im Orte, daß das Spiel zur Zeit der Kreuzzüge von einem hier gefangen gehaltenen Sarazenen gelehrt worden sei. [17]) **Gustavus Selenus** (S. 46.) nennt dieses Spiel das »Elteste Schach-Spiel« und hält das neuere Spiel aus jenem erst in die Enge gezogen; nach seiner Vermuthung zuerst durch die Spanier, von denen es auf die Italiener und folgends innerhalb hundert Jahren auf uns gekommen (S. 47.). Doch sahen wir schon oben hinlänglich, daß bereits Asien (Alt-Indien, die Birmanen, die Chinesen) ein 64feldiges Schachspiel hatte, letztere selbst eins von nur 40 Feldern; umgekehrt aber das Firdusische von 100 Feldern, das Alt-Indische von 104, das Tamerlan'sche von 132! [18]) — Keines aber somit, wie das Currierspiel von 96 Feldern, das somit Deutschland eigenthümlich verbleiben möchte: wie wir's denn im Elsaß, Basel, Costanz und im fernen Ströbeck sehen.

§. 48.

Durch die letzten Abschnitte aus den Schach-Jahrhunderten, die wir zu schildern uns vorgenommen, in die Gegenwart versetzt, bleibt uns nur noch übrig, die berühmtesten oder ausgezeichnetsten Schachspieler dieser wie früherer Zeiten zu nennen, denen die Ausbreitung und Ausbildung des Schachspieles vieles verdankt; woran wir die jedesmalige Schach-Literatur ihres Landes und Volkes anreihen, schließend mit der deutschen.

Karl den Großen stellt auch hier die Sage, wie wir sahen, obenan. Ihm zunächst wird Timur Lengk oder Tamerlan, der sonst mit Menschenleben spielte, als eifrigster Schacher genannt [19]); ferner der 6te Kalif El Amin aus dem Hause der

---

[17]) Alberti a. a. O. S. 71. — Doch wird z. B. in Indien der Bauer in der Dame nur zu dem Offizier, dessen Stelle er einnimmt. (Morgenblatt, 1813. St. 98. S. 390.)

[18]) Das Rutlandische von 140 Feldern!

[19]) Siehe oben.

Abassiden. [20]) Unter den gekrönten Häuptern werden ferner genannt: der griechische Kaiser Alexis (1081—1118), welcher mit seinen Vettern Nachts Schach spielte, die Regierungssorgen zu verscheuchen. [21]) Ferner König Sebastian von Portugal († 1598 in einer Schlacht in Afrika), mit dem der Syrakuser Paolo Boi spielte [22]) — Philipp der Zweite, König von Spanien, an dessen Hof jener Boi lebte und spielte gleich Ruy Lopez [23]) — Karl der Fünfte — Königin Katharina von Medicis († 1589) — Pabst Leo der X. — König Heinrich IV. von Frankreich — Jakob I. von England — Königin Elisabeth von England, welche dem Sir Charles Blount (nachmals Lord Monjoy), der in ihrer Gegenwart trefflich spielte, am andern Morgen ihr goldenes Schachspiel schickte — König Ludwig XIII. von Frankreich — König Karl V. von Frankreich, welcher mit dem Herzog von Burgund spielte [24]) — König Jakob I. von England [25]) — König Ludwig XIV. — Wilhelm III. — Kurfürst Johann Friedrich von Sachsen — Herzog Ernst von Braunschweig — Karl XII. von Schweden [26]) — Friedrich der Große [27]) An sie reihen sich Prinz Condé — Herbert von Cherbury — Walter Raleigh u. s. w. Berühmter aber sind noch geworden die erfindenden, das Spiel bereichernden Köpfe.

§. 49.

Im Jahre 1266 kam ein Sarazene nach Florenz, Namens Buzecha, welcher drei Spiele zugleich mit den besten Schachspielern in Florenz spielte, zwei Spiele im Kopfe, eins vor Augen. In zweien siegte er, und das dritte ging aus. [28]) Auf ähnliche

---

[20]) Hyde. G. Wahl.

[21]) So erzählt seine Tochter Anna Komnena. Siehe oben.

[22]) Carrera, Il giuoco degli scacchi. 1617. S. 91. 94.

[23]) Salvio on Chess. Neapel, 1634. 4°.

[24]) Froissard.

[25]) Siehe oben.

[26]) Siehe oben.

[27]) Siehe oben.

[28]) So erzählt Giovanno Villani in seiner Geschichte von Florenz und in s. Historie Universali. (Venedig, 1559. 4°.) VII, 12. S. 172: In questi tempi (1266) venne in Firenze uno Sarazino, che havea nome Buzeccha, il miglior giuocatore à Scacchi, che si tro-

Weise spielte aus dem Kopfe um das Jahr 1400 der Florenzer **Mangiolino** [29]) und die Spanier **Cerone**, **Medrano** und **Ruy Lopez**. [30]) Der berühmte Philidor spielte schon in seinem achtzehenten Jahre auf zwei Schachbrettern, ohne hinzublicken, und gewann. Eben so spielte ohne hinzublicken aus dem Gedächtnisse Alexander **Salvio**. [31]) Er selber nennt im dritten Buche seines Schachwerkes [32]) einen Mann, der blind gespielet. Das ist er selber. Um 1556 spielte auch ein Blinder in Damaskus in Syrien trefflich, wie er auch den Koran auswendig wußte und viele gute Gedichte. [33]) Der genannte Paolo Boi von Syrakus, darum genannt der Syrakusaner, von reicher und edler Familie, Italien, Spanien, Portugal, Ungarn ꝛc. während 20 Jahre zum Wettschach durchreisend, spielte auf drei, auf vier Schachspielen zugleich. [34]) Eben so **Sacchieri** von Turin, Lehrer der Mathematik zu Pavia. Vier Spiele spielte er zugleich, während er plauderte. [35])

Außer diesen nennt Welschland noch sein die berühmten Schachspieler Pietro Carrera (1571—1647), [36]) Horatio

---

vasse; et in sul palazio del populo dinanzi al Conte Guido Novello giuocò a un hora a trè Scachieri, co' migliori maestri di giuoco de Firenze, giuocando con due a mente et col terzo a veduta; e due giuochi vinse e'l terzo fece tavola. In qual cosa fù tenuta gran maraviglia.

29) Siehe Commentar. di Raffael Volaterrani. XXIX, 313b und Carrera, Il giuoco degli scacchi. 1617, S. 87 etc. Carrera nennt noch eine Anzahl anderer berühmter Schachspieler.

30) Nach Carrera (Il giuoco degli Scacchi. Militello 1617. S. 95.

31) Nach der Vorrede seines Buches (s. Carrera S. 103—104).

32) Das gegen Pietro Carrera gerichtet ist.

33) Günther Wahl.

34) Bayle Diction. histor. et critic. und Twiss: Chess I, 68—70. Carrera: 1617. S. 88—92. und Salvio erwähnen ihn. Auf dem Wege von Barcellona ward Boi gekapert und nach Algier zu geschleppt. Er unterrichtete die Corsaren im Schachspiele. Dafür gaben sie ihm die Freiheit und 1000 Zechinen. Pabst Urban VII. wollte ihn zum Bischof machen; er aber erklärte, er wolle kein Pfaff werden. Im Jahre 1590 starb er, 70 Jahre alt, in Neapel.

35) Keysler 1749 und Verci, Lettere (8) sopra il Giuoco degli Scacchi. Venedig, 1778. 116 S. 12°. — 1788. 8°. (Twiss: Chess I, 89.)

36) Don Pietro Carrera: Il Gioco | DeGli Scacchi | Di D.

Gianutio [37]) und Alexander Salvio. [38]) Wir reihen hier

Pietro Carrera | Diviso in Otto Libri Ne' quali s'insegnano i precetti, le vscite, e i tratti posticci del | gioco, e si discorre della vera origine di esso. | Con due discorsi, l'vno de Padre D. Gio. Battista | Cherubino, l'altro del Dottor Mario Tortelli, u. s. w. In Militello, Per Giouani de' Rossi da Trento. Mit Register. 1617. 556 S. 4°. (Ist in London 3 mal nach Twiss II, 22—26, und in München: Gymn. 8. 4°.)

Dagegen schrieb Alex. Salvio, dagegen wieder Carrera als Valentino Vespai Risposta in difesa di D. Pietro Carrera contra l'Apologia di Alessandro Salvio. Catania, Giov. Rossi. 1635. 4°. Carrera's Leben steht in Ant. Mangitor. Bibliotheca Sicul. II, 133.

37) Horatio Gianutio: 1) Libro nel quale si tratta della maniera di giuocar' a Scacchi da Horatio Gianutio, della Mantia, con alcuni sottilissimi partiti. Turino, Anton. de' Bianchi. 1597. 104 S. 4°. mit Holzschn. (Biblioth. Cardin. Imperial, S. 208 und Bibliotheca Schoenberg. I, 261. — Twiss, Chess, I, 66: in London, K. Biblioth. u. in der Biblioth. la Vallière.)

2) Englisch: The works of Gianutio (durch Sarratt). London, 1817. 8. —

38) Alessandro Salvio: 1) Trattato dell' Inventione et arte liberale del Gioco di Scacchi diviso in Discorsi, sbaratti e partiti. Napoli, Giambatista Sottile. 1604. 4°. 1612. 1618. (Twiss II, 112.)

2) Il Puttino, altramente detto il Cavaliero errante de Salvio sopra il gioco de' Scacchi con la sua Apologia contra il Carrero, diviso in tre libri. Napoli, Montanaro 1634. 4°. Buch IV. mit dem besonderen Titel: Trattato dell' inventione et Arte liberale del Gioco di Scacchi del dottor Alessandro Salvio Napoletano. Libro quarto. Seconda impressione. In Napoli, Lazaro Scorrigio. 1634. 4°. (Twiss, I, 73.) Geschichte und 60 Spiele.

3) Trattato dell' inventione et arte liberale del giuoco di Scacchi. 2da impressione. Napoli, Domenico Montanaro. 1634. 4°. (Twiss, II, 13.) 44 Spiele und 18 Endungen.

4) Il giuoco degli Scacchi, diviso in IV libri et in questa ristampa accresciuto di alcuni giuochi dello stesso Autore, non ancora dati alla luce. Coll' Aggiunta in fine da un modo facile, per intendere il giuoco degli Scacchi, composto da un Incognito per i Novizi del Giuoco e coll' Aggiunta fatta da un altro Incognito, per accommodore l'esercitio scacchesco. Napoli, Felice Mosca. 1723. 4°.

5) The works of Damiano, Rui Lopez and Salvio on the game of chess; by Sarratt. London, 1813. 8.

Die übrige italienische Schach-Literatur ist folgende:

1) Giuseppe Ciccolini, Tentatiro di un nuovo Giuoco di Scacchi. Rom, 1621. 2 Bde. 8.

2) Pedro de Covarrubios, Rimedio de' Giuocatori. Aus dem Spanischen von S. Alfonso Ulloa. Venedig, Valgrisi 1561. (Hptst. 4. Del giuoco degli Scacchi.)

3) Innocentio Ringhieri, Cente giuochi liberali et d'ingegno, novellamente ritrovati, et in dieci Libri descritti. Bologna, Giaccarelli, 1551. 4°.

4) Francesco Piacenza, I Campeggiamenti degli Scacchi, o sia nuova Disciplina di attacci, difese, e partiti del giuoco degli Scacchi, si nello stile antico, che nel nuovo, troiscachiere, stratagemmi et inventioni del dottor di legge Fr. Piacenza. Turin, Beltrandi, 1683. 4°.

5) Filippo Marinelli: Il giuoco degli Scacchi fra tre. Napoli, 1722. 12°. (deutsch: Regensburg und Wien, 1765. 8°.)

6) Il Giuoco degli Scacchi, del Conte Carlo Cozio (di Casale Monferrato). Turino, nella stamparia reale. 1766. 2 Bde. 8°. (Th. I.: 357 S. 164 Spiele; Th. II.: 382 S. 275 Endungen. Twiss, I, 87.)

7) (Dottore Ercole dal Rio): Osservatione pratiche sopra il Giuoco degli Scacchi; dell' Anonimo Autore Modenese. Modena, Franc. Torre, 1750. 100 S. 4°. Spiele und Endungen. (Twiss, I, 85.) Neu in Giambatista Lolli, Osservazioni del Giuoco degli scacchi, compendiali nella seguente Lettera dell' Anonimo Autore Modenese ad un Amico. (s. Lolli, Osservazioni teorico-pratiche sopra il Giuoco degli Scacchi. Bologna 1763. fol. S. 14—22. Twiss I, 85.); Il Giuoco degli Scacchi. Venedig, 1824. S. 78—101. Deutsch in „Anastasia und das Schachspiel von Heinse." Frankf., 1803. 8.; 1815; 1820; 1838. Vgl. Koch, Codex der Schachspielkunst.

8) Domenico Ponziani, Il Giuoco incomparabile degli Scacchi. Modena, 1769. 4°; 1782. 4°; Venedig, 1812. 8°.

9) G. B. Verci, Lettere sopra il giuoco degli Scacchi. Venedig, Gatti. 1778. 12°.

10) (Ercole dal Rio nach Verci): Il Giuoco incomparabile degli Scacchi, sviluppato con nuovo metodo per condurre chiunque colla maggiore facilità dai primi elementi sino alle finezze più magistrali. Opera d'autore Modenese. Modena, 1769. 383 S. 4°. (Twiss, II, 13.) — Modena, 1782. 4°. — Venet., Negri, 1812. 360 S. 8°. — The incomparable game of chess, developed after a new method of the greatest facility from the first elements to the most scientific artifices of the game; translated from the Italian by J. S. Bingham. London, 1820. 320 S. — Das Schachspiel nach dem Italienischen des Autore Modenese; dargestellt von B. Mosler. Coblenz, 1822. 8°. — R. Cochrane, A Treatise on the game of Chess, containing the games on odds, from the Traite des amateurs, the games of the celebrated anonymous Modenese. London, 1822. 8.

11) Il Giuoco degli Scacchi; Trattatello tradotto dall'

an den Portugiesen Damiano [39]) und den Spanier Rui Lo=

Inglese (durch den Abbate Michelle Colombo), aggiuntati la Biblioteca ragionata degli Scrittori del Giuco presso dell' abate Francesco Cancellieri. Venedig, Giuſ. Orlandinelli, 1824. 8.

12) (M. A. Severino): Modo facile per intendere il vago et dilettevole giuoco degli Scacchi, composto da un Incognito per li Novizzi del Giuoco. Venet., Val. Martali 1674. 8°. — 2) Dell antica Pettia, ovvero che Palamede non e stato Vincentore degli Scacchi. Neapel, Bulifon. 1690. 4°. — 3) La philosophia overo il perche degli Scacchi, per cui chiaramente si mostra prima l'artificio della fabrica universale, posci a la ragione particulare dell' ordinanza, et degli andamenti tutti degli Scacchi. Napoli, Anton. Bulifon. 1690. 120 S. 4°. (Twiss, I, 80.)

13) Benedetto Rocco, Dissertazione sul giuoco degli Scacchi. Rom, Bourbié. 1817. 12°.

14) Il nuovo tesoro degli Scacchi osia raccolta di partiti di varj autori .... dal Cav. Giuseppe Ciccolini. Roma, 1827. 8°. 2 Bde.

15) Il Giuocatore di Scacchi osia 100 giuochi dell' Arabo Stamma illustrati da Costantino Wunsch. Bergamo, 1824. 8°.

16) Giuoco degli scacchi, opera di autore Modenese. Roma, 1829. 8°.

17) Giuoco incomparabile degli Scacchi. Modena, 1769. 4°. Venez., 1773. 8°.

18) Le Sottigliezze degli Scacchi esposte in una Raccolta di 160 Partiti scelti dai migliori autori, con Tavole etc. Mailand, Giuſti. 1831. kl. 8.

[39]) Damiano:

1) Libro da imparare giocare a Scacchi, in lingua Spagnuola & Italiana. Novamēte stampato. o. O. u. J. 128 S. 12°. Titel Holzſchn. (Prieſter und Mönch ſpielen Schach) u. auf jeder S. ein Schachbrett in Holzſchn. Inhalt: Regeln des Spieles und Endſpiele (primores, ſpan.).

Vgl. Bibliotheca Lusitana des D. B. Machado. Liſſabon, 1741. fol. S. 610. — Biblioth. Schoenb. II, 192. — Twiss, Chess, I, 58. (darnach in der k. Biblioth. zu London.)

2) Libro da imparare giocare à Scacchi, et de bellissimi partiti, revisti, recorretti, con somma diligētia emēdati da molti famosissimi Giocatori. In lingua Spagnola et Taliana novamente stampato, con figure. o. O. u. J. 48 Bl. kl. 8°. (Bibl. reg. Cond. II, 280.)

3) Libro da imparare giocare a Scacchi, e de bellissimi partiti, revisti et ricorretti con somma diligentia emendati da molti famosissimi giocatori in lingua Spagnuola ed Italiana nuovamento stampato. Romae per Stephan. Guilliretti et Herculem Nani, 1512. 4°.

4) QVESTO | Libro da impa|rare giochare | a Scacchi ꝛ de le par|tite. |+| — Schluß: Finisse el Libro da imparare giocare à scachi | ꝛ de le partite. Composto per Damiano | Portughese. Impresso in Roma per Mastro Johanne Philippo de | Nani Bolognese. Nel Anno | del Signore 1518. Mille cin- | quecento deciocto a | di Vintiuno de | Agosto. |+| 15 Bl. (Ist in München, k. Biblioth. Gymn. 57^{m}.)

[Darin finden sich folgende Fehler: Spiel 10: auf Feld 28 muß statt Springer ein Thurm stehen. — Spiel 20: auf 94 muß der schwarze Läufer weiß sein oder wegbleiben. — Spiel 39: auf d 5 muß statt w. Dame ein w. Bauer stehen. — Spiel 46: f 3 st. schw. Th. einen w. Läufer. — Spiel 47: die w. Dame muß, st. auf a 2, auf c 2 stehen. — Spiel 50: ist das Diagramm ganz verdruckt und zu ändern nach Maßgabe des Textes. — Spiel 55: desgleichen. — Spiel 62: der schw. König muß, statt auf c 8, auf e 8 stehen.]

5) Libro da imparare giocare a Scacchi & de bellissimi Partiti, Revisti & Ricorretti. Con summa diligentia emendati da molti famosissimi Giacatori. In lingua Spagnola & Italiana. Novamēte stampato. — Schluß: Laus Deo Finisse il libro da imparare giocare a Scacchi et de le partiti. Cōposto ꝑ Damiano Portughese. Stāpato in Roma per Antonio Bladi de Asula, Nel Anno del Signore MDXXIII. a di XXI de Novembre. 64 Bl. 12. (Twiss, I, 59.)

6) Giuocho de Scacchi tradotto in lingua Spagnuola e italiana. Venet. Steph. Zazzaza. 1564. 8°.

7) Le | PLAISANT | IEV DES ESCHECZ | Renouuellé. | Auec instruction pour facilement l'ap|prendre, & le bien iouer. | Nagueres traduit d'Italian en François, par feu | Claude Grūgēt Parisien. Avec Privilege. | A PARIS, | Par Guillaume le Noir, rue S. Jaques, à la | Rose blanche couronnee. | 1560. | 46 Bl. 8. (Twiss, I, 94. ist in Cambridge auf d. öffentl. Biblioth. und zu München Centralbiblioth. Gymn. 38.) b) London, 1752. 12°. (mit selbem Titel) und

8) The plaisant and wittie playe of the Cheasts renewed. Lately translated out of Italian into French and now siet forth in Englishe by Jones Rowbothum. Printed ad London, 1562. 110 S. 12°. (Twiss, I, 62—63.)

9) Die 88 Spielendungen des Damian von Anton Porto unter s. Namen nachgedruckt. Bologna, 1606. Venedig, 1618.

10) The works of Damiano, Ruy Lopez and Salvio on the game of chess translated and arranged, with remarks, observations, and copious Notes on the games ... by J. H. Sarratt. London, 1813. 8°.

Man hat eine ziemlich anachronistische Verwechselung zwischen diesem Schach-Damian und Petrus Damianus begangen (z.B. Fontanini, Eloquent. Ital. S. 573.), der Bischof von Ostia und Cardinal im

pez de Segura [40]) — Joachim Greco, der »Calabrese« [41])

---

11. Jahrhundert einem Florentiner Bischofe Buße auflegte, weil er auf der Reise Schach gespielt. Siehe Petri Damiani Epistol. ad Alexandrum II rom. Pontific. Paris, 1610. 4°. S. 45. Vgl. Fleury hist. eccles. u. Twiss, I, 109. und Gio. Menochio Della riprensione tutta Dal B. Pietro Damiani ad un Vescovo, che giuocava a Scacchi.

[40]) Ruy Lopez de Sigura:

1) Libro de la Invencion liberal y Arte del Juego del Axedrez muy utilj y provechosa: assi para los que de nuevo quisieren deprender à jugarlo, come para los que lo saben jugar. por Ruy lopez de Sigura, clerigg, vezino de la villa Cafra. Divigada al muy illustre Señor Don Garcia de Toledo, ayo y mayordomo sinyor del serenissimo principe don Carlos, maestro Señor. En Alcalà de Henares, en casa di Andres de Angulo. 1561. 300 S. 4°.
Der beschreibende Theil ist aus Jakob v. Cessolis entnommen; dazu 66 Spiele, 24 von Damian. Vgl. Antonii Bibl. hisp., II, 218. — Twiss, I, 59—62: Auszug.)
2) Il Giuoco degli Scacchi di Rui Lopez, Spagnuolo; nuovamente tradotto in lingua Italiana da Gio. Domenico Tarsia. Ven., Cornel. Arrivabene, 1584. 214 S. 4°. (Twiss, I, 66.)
3) Il Giuoco degli Scacchi nuovamente tradotto in lingua italiana da Giov. Domenico da Tarsia. Venet. Cornellii Cerriuabene. 1584. 4°.
4) Le jeu des Eschecs, avec son invention, science et practique, ou par un tres docte et intelligible discours sont amplement descrits les moyens d'ordonner son jeu tant pour l'offension que la defension. Traduict d'Espagnol en François. Paris, Jean Micard. 1609. 94 S. 4°. (Twiss, I, 67—68.) Abgekürzt.
5) Le jeu des echecs. Bruxelles, 1655.
6) Le royal et nouveau Jeu des Echets avec son invention, science et pratique. Paris, Ant. de Rafflé. 1674. 14°. Abgekürzt.
7) The works of Damiano, Ruy Lopez and Salvio on the game of chess, translated by J. H. Saviett. London, 1813. 8°.

Weitere spanische Werke:

8) Alph. Ceron del juego del Axedrez. s. de latrunculorum ludo. (Nicolai Antonii Bibl. hispan. I, 13.)
9) Lucena Repeticion de amores. Arte breue e introduction muy necessaria para suber jugar, al axédrés con CL juegos de Partido. 1495. u. O. 4°.
10) Francesch Vicent Libre dels jochs partitis del Schachs en nombre de 100. En Valencia, Lopez de Roca. 1495. 4°.
11) Pedro do Covarrubias Remedio de Jugadores. Burgos, bei Alfonso Melzar, 1519. 4°.; ital. Rimedio de' Giuocatori übers. von Alfonso Ulloa. Venedig, Valgrisi. 1561. (Hptst. 4. vom Schach.)

(vielleicht in Griechenland geboren, in Calabrien erzogen), im Anfange des 17. Jahrhunderts, der auf das Schachspiel in Europa reiste, wobei ihn keiner besiegte, [42]) und er in Paris 50,000

[41]) (Bayle Diction. hist. et crit. — Twiss, II, 82.). Gioachino Greco Calabrois:

1) Trattatto del nobilissimo e militare Essercitio de' Scacchi nel quale si contengono molti bellissimi Tratti et la vera Scienza di esso Gioco composto da Gioachino Calabrese. Als Manuscr. 4°. in London: Sloan 1937. Plut. XXII. D. (Twiss, II, 12 — Beier memor. lib. rar.)

2) Le jeu royal des eschets, traduit de l'Italien v. J. u. D. 8°.

3—18) Le royal jeu des eschecs. Paris, 1615. 1635. 1674. 1688. 1696. 1713. Bruxelles, 1698. Haye, 1740. 1742. 1744. Liège. 1741. 1742. 12°. Le jeu des Echets, traduit de l'Italien. Paris, 1699. 12°. Paris, 1713. — Paris, 1714. 12°. — 1774. 12°. Le jeu des Echecs trad. de l'Ital. de Gioachino Greco, Calabroes. Paris. 244 S. 12. (Twiss, II, 80.) — Le royal jeu des eschecs trad. de l'Ital. in Divertissemens innocens. A la Haye, 1696. 16°. S. 1—324. La plus nouvelle académie universelle des jeux. Amsterdam, 1728. 12°.

19—21) The Royal game of Chesse-play sometimes the recreation of the late king vith many of the nobility, being the study, of Riochimo the famous Italian. von D. S. Budden. London, by Fr. Beale. 1656. 8. (44 Spiele: Twiss, II, 75—76) — London, 1750. (88 Spiele: Twiss, II, 81) — Le jeu royal des échecs. Trad. de l'Italien. Londres, 1752. 8°.

22) Chess made easy, or the Games of Gioachino Greco the Calabrian; with additional games and openings, illustrated with remarks and general rules, with a frontispice, and one plate. London, 1750.

23) On the game of chess. Translated and illustrated with annotations by W. Lewis. London, Marck. 1819. 8°.

24) Das Schach des H. Gioachino Greco Calabrois und die Schachspielgeheimnisse des Arabers Phil. Stamma verbessert und mit einer ganz neuen Methode zur Erleichterung der Spielenden umgearbeitet v. Moses Hirschel. Breslau, 1784. 3 Thle. 8°. Leipzig, 1795. 8°.

25) Die Schachspielkunst nach den Musterspielen des Gustav. Selenus, Philidor, Greco Calab., Stamma und des Pariser Klubbs v. J. W. Koch. Magdeburg, 1801—3. 2 Thle. 8°. — Koch, Codex der Schachspielkunst nach den Musterspielen der größten Meister. Magdeburg, 1813. 14. 2 Thle. 8°.

[42]) Bayle Diction. hist. et crit. I, 588 (Boi), II, 1260 (Greco) u. unter Hegesilochus.

Dukaten gewann, [43]) in England dagegen fast ermordet worden wäre, und fast Alles verlor. Von da ging er nach Indien, wo er starb und den Jesuiten alles vermachte. — Der Araber Philipp Stamma [44]) aus Aleppo, in Paris lebend 1737, und

[43]) Barrington in Archaeologia IX, 27.

[44]) Philipp Stamma:

1) Essay sur le jeu des échecs, ou règles pour le bien jouer. Paris, 1737. 12°. (Twiss, I, 83.)
2) Essay sur le jeu des échecs, où l'on donne quelques règles pour le bien jouer et remporter l'avantage par des coups fins et subtils, que l'on peut appeler les secrets de ce jeu. A la Haye, 1741. 12°. 1745. 120 S. 12°. (74 Spiele: Twiss, I, 83.) Hamburg, 1770. 8. — Utrecht, 1777. 163 S. 12°. (Twiss, I, 83.) mit französischem Gedicht voraus — Amsterdam.
3) Essay sur le jeu des Echecs. Hamburg, 1770. 72 S. 12°. (Twiss, I, 88.)
4) Analyse du jeu des échecs. London, 1740.
5) The noble game of Chess, or a new and enoy method to learn to play well in a short time, to gether with a courious account of its antiquity, Derivation of its terms etc. London, 1745. 120 S. 12°. (74 Spiele: Twiss, I, 83.)
6—7) On the game of chess, a new and improved edition, with notes and remarks by W. Lewis. London, 1818. 1819. 8.
8—12) Die Kunst im Schachspiel ein Meister zu werden. Nach den Mustern des großen Schachspielmeisters A. D. Philidor und des Arabers Philipp Stamma. Straßburg, 1754. 8., 1764. 8., 1771. 8., 1791. 8°.
13) Theoretisch-practischer Unterricht im Schachspiel; von einer Gesellschaft von Liebhabern. Aus dem Französischen übersetzt und mit den 100 Spielen des Philidor Stamma vermehrt. Berlin, 1780. 8°.
14) Hirschel: Die Schachspiel-Geheimnisse des Arabers Philipp Stamma. Verbessert. 3 Thle. 1 Kupf. Breslau, Löwe. 1784.
15) Schachspielgeheimnisse d. i. dessen 100 Spiel-Endungen. Neu herausgegeben, und mit Anmerkungen, Verbesserungen und Zusätzen zum Unterricht für minder geübte Schachspieler versehen von W. S., einem Österreicher. Wien, 1806. 8.
16) Versuch über das Schachspiel, worin einige Regeln um es gut zu spielen und den Vortheil durch feine und schlaue Züge, welche man die Geheimnisse des Spieles nennen kann, davon zu tragen, enthalten sind, durch einen geborenen Alepper aus Syrien. Elberfeld, 1812. 8°. (s. Nr. 2.)
17) Fr. Nicolai: Theoretisch-prakt. Unterricht im Schachspiele. Berlin, 1780. 8.

18) Koch: Codex der Schachspielkunst. Magdeb. 1813. 14. Th. 2. S. 3. — Netto.

19) Preußler: Deutliche und ausführliche Auseinandersetzung der Schachspiel-Geheimnisse des Arabers Phil. Stamma, mit vielen Anmerkungen und Verbesserungen mehrerer Spiele für Anfänger. 2te Auflage. Berlin, Enslin. 1823. 8°. (I. Ausg. 1818. ebendas.) Il Giuocatore di scacchi osia 100 giuochi dell' Arabo Stamma illustrati da Costantino Wunsch. Bergamo. 1824. 8. (1 livr. 74. centes.)

Die übrige französische Schachliteratur ist folgende:

1) Claude Gruget, Le plaisant Jeu des Eschecz renouuellé. Auec instruction pour facilement l'apprendre, et le bien iouer. Nagueres traduit d'Italian an François. Paris, Vincent Sertenas. 1560. 8.

2) Sensuit Jeux des eschez composés nouvellement, pour recrier tous nobles cueurs, et pour eviter oysiveté a ceux, qui ont voulenté desir et affection de le savoir et apprendre, et est appellé ce livre le jeu des Princes, et Damoiselles nouvellement imprime a Paris. — On le vend a la rue neuve nostre Dame a l'ensigne St. Jehan Baptiste. (par Denis Jeannot.) 1570. 4°.

3) G. du Peyret Philosophie royale du jeu des Echets etc. Paris, 1608. 8°. (Catal. bibl. Schoenberg. II, 192.)

4) Jeu des Echecs avec son invention, science et practique. Paris, 1609. 4.

5) Le royal et nouveau Jeu des Echets, avec son invention, science et pratique. Paris, 1674. 4.

6) Divertissemens innocens, contenant les Règles du Jeu des Echets, du Billard, de la Paume, du Pallemail et du Trictrac. A la Haye, Maetjens. 1696. 16. S. 1—324. (Schach des Greco.)

7) Le Jeu des Echecs, avec toutes les différentes manières de le jouer (Ruy Lopez) in Académie universelle des Jeux ... Paris, Theodor le Gras. 1743. 2 Bde. II, 157—370.

8) La Manière d'apprendre le Jeu d'Echecs, avec observations très nécessaires, dédiée à Mr. de Bertinez. Amsterdam, 1759. 8.

9) Essai sur le Jeu des Echecs. Hamburg, 1770.

10) Sperlin: Le jeu des Eschecs. Lausanne v. J. 120 S. 8°.

11) Elias Stein: Nouvel essai sur le jeu des échecs, avec des réflexions militaires relatives à ce jeu. A la Haye. 1789. X. u. 354 S. 8. — Koch: Codex der Schachspielkunst. Magdeb. 1813. 14. 2 Th. 8.

12) Les Stratagêmes des Echecs par un amateur. Paris u. Strasburg (1802). 16°. — Schachspielgeheimnisse, unentdeckte, oder Sammlung der schönsten meist noch unbekannten Züge bey'm Schachspiel. In einer bequemen Bezeichnungsart zum Selbstunterricht entworfen von einem Liebhaber. Straßburg, 1802. 2 Th. 12°. — Linz, 1818. 16°. — (Koch, Codex der Schachspielkunst. Magdeburg, 1813. 14. 8°.) — Stratagemes of chess, or a collection of critical and remarkable situa-

Dolmetsch des Arabischen rc. in England. — Der Musiker Philidor, vom Könige von Frankreich so genannt nach einem italie-

tions, selectes from the works of eminent maisters. London, 1816. 1817. 1819. 8°. = Kriegslisten des Schachspiels oder der kluge Schachspieler. Aus dem Englischen mit 121 Holzschn. Leipzig, 1820. 8°.

13) Louis Dubois Recherches sur le jeu des échecs (Magazin encyclop. par Millin, 1806: I, 48—62.).

14) La superiorité aux échecs, mise à la portée de tout le monde, et particulièrement des Dames, qui aiment cet amusement, ou méthode nouvelle, au moyen de laquelle on pourra en peu de tems et sans beaucoup d'application acquérir une très grande force de ce jeu, avec un volume de planches, pour l'explication des coups et un échiquier avec ses pièces dans un goût nouveau. Campen, Zailen van Nieveldt. 1792. 166 S. 8°. (Koch, Codex der Schachspielkunst. Magdeburg, 1813. 14.)

15) Traité théorétique et pratique du jeu des Echecs, par une société d'amateurs. Paris, 1775. 400 S. 8. (meist nach Stammá: Twiss, I, 88.) 1786. 8°. — Theoretisch-praktischer Unterricht im Schachspiel von einer Gesellschaft von Liebhabern. Aus dem Französischen übersetzt und mit den 100 Spielen des Ph. Stamma vermehrt. Berlin, Nicolai. 1780. 8°. und 2te Auflage. — (Koch, Codex der Schachspielkunst. Magdeb., 1813). Treatise on the games of chess, containing the games ,... by J. Cochraal. London, 1822. 8°.

16) Guill. Germain Gyot, Nouvelles récréations physiques et mathématiques. Paris, Gueffier. 1769. 8. II, 231—242. 1786. III, 95—105. — Neue physische und mathematische Belustigungen. Aus dem Französischen. Augsburg, 1770—78.

17) Pasques Ozanam, Récréations mathématiques et physiques. (Hall. Lit. Zeit. 1825, n. 183.)

18) Dictionnaire encyclopédique des Amuseurs des sciences mathématiques et physiques. Paris, Panckoucke. 1792. S. 373—375. (Salvio's Endspiele nach Gyot.)

19) Dictionnaire des Jeux. Paris, Panckoucke. 1792. S. 672—688.

20) Dictionnaire des Jeux mathématiques. Paris, Agasse, an VII, S. 67—139. (Philidor).

21) Nouvelle Notation des parties et coups d'échecs, compris dans les traités faits sur ce jeu, par une société d'amateurs et par Philidor. Paris, Everat. 1823. 8.

22) De la Bourdonnais, Nouveau traité du jeu des échecs. Paris, 1834. 8°. 5 fr.

23) Ulysse D....., Traité élémentaire du jeu des échecs, contenant etc. Paris (Luneville), Masson. 1823. 8°.

24) Bendix, Recueil de 60 parties d'échecs, avec des observations

nischen Tonkünstler dieses Namens. Er hieß eigentlich André Danina oder Danican, [45]) geboren zu Draux bei Paris 1726. Er starb 1795 am 31. August zu London, 69 Jahre alt. Noch 2 Monate vor seinem Tode spielte er mit verbundenen Augen gegen zwei der besten Spieler zugleich Schach und gewann beide Spiele. [46]) Im Jahre 1747 war er in London und spielte in diesem Jahre mit Philipp Stamma. 1751 war er in Berlin, 1755 in Frankreich, darnach wieder in England bis 1795. [47]) Der beste neuere Schachspieler Frankreichs soll L. C. de la Bourdonnais sein.

---

instructives, par lesquelles on démontre les secrets de ce jeu et l'art de le jouer en perfection. Petersburg, Pluchart. 1824. (5 Rubel.)

[45]) Seine Musik war nicht unberühmt. Sein carmen seculare des Horaz wurde 1799 in Fillmason's Hall aufgeführt. Sein Vater war Hautbois-Spieler am Hofe Ludwigs XIV. In Versailles lernte Philidor Musik und Schach. — Einen guten Lyoner Schachspieler beschreibt Estienne Pasquier: Les Recherches de la France. Paris, 1633. fol. — M. Legalle, 85 Jahr alt, spielte noch sehr gut (Twiss, I, 165).

[46]) Gentlemen Magaz.: Sept. 1795. — Barrington: 1789. IX, 30. — Anekdoten von ihm erzählt Twiss, Chess, I, 149—171. II, 215—218.

[47]) Philidor:

1) L'Analyse du jeu des Echecs, contenant une nouvelle méthode pour apprendre en peu de tems à se perfectionner dans ce noble jeu. London, 1749. 12°. (Twiss, I, 84.) 1777. 8°. — Paris, 1803. — Strassburg, 1803. 8.

2) Chess analysed or Instructions by which a perfect knowledge of this noble game may in short time be acquired. London, 1750. 8.; 1814. 2 Bde. 8. (mit Jones Gedicht.)

3) Analyse des éschecs, contenant une nouvelle méthode pour apprendre en peu de temps à se perfectionner dans ce noble jeu. London, 1752. 8°. 1777. 300 S. 8°. (Twiss, I, 88.) — Leipzig, 1754. 8°.

4) Analyse du jeu des échecs. Paris u. Straßburg, König. 1803. 12°; 1812. 12°; 1820. 18°; Paris, 1830. 18°.

5) Analyse du jeu des échecs avec une nouvelle notation abrégée et 42 planches où se trouve figurée la situation du jeu pour les mauvais et les fins de partie. Philadelfia, 1821. 8°.

6) Die Kunst im Schachspiel ein Meister zu werden, d. i. ein neuer Unterricht, wie man in Kurzem dieses so edle und beliebte Spiel nach seiner Vollkommenheit erlernen kann. Gewiesen nach den neuesten Mu-

stern des berühmten und jetzt lebenden großen Schachspiel-Meisters in England, A. D. Philidor .... Straßburg, 1754. 8°. 1764. 8°. 1771. 8°. 1791. 8°.

7) Handleiding tot het schaakspel; naar het Fransch, door P. L. Kersteman. Amsterdam, G. van Dyk. 1809. gr. 8.

8) An easy Introduction tho the Game of Chess, containing one hundred Exemples of Games, including the whole of Philidor's Analysis. 1813. 12°.

9) Académie des Jeux, contenant les principaux jeux de cortes et de combinaison. Nouvelle édition augmentée d'un traité complet de l'écarté et de l'abrégé du jeu des échecs par Philidor. Paris, Guillaume. 1821. 8°.

10) Practische Anweisung zum Schachspiele. Aus dem Französ. übers. von Schach Hiarte Ewald. Waldeck, 1779. 8°. Gotha, Ettinger. 1779. 8°. — 1797. 8°.; 2 Theile, 1810. 8°. 1834. 8°. (1 fl. 48 kr.)

11) Vollständige Anweisung, das Schachspiel durch die Erläuterung der von den besten Meistern aufgestellten Musterspiele selbst zu erlernen, v. J. K. Kindermann. Gräz, 1795. 8°. 1800. 8°. 1819. 8°.

12) Die Schachspielkunst nach den Regeln und Musterspielen des .... Philidor .... v. J. W. Koch. Magdeburg, 1801. 1803. 8°. — Codex der Schachspielkunst nach den Musterspielen und Regeln der größten Meister. Magdeb. 1813. 14. 8°. 2 Thle. —

13) J. F. Rust: Das Schachspiel des Philidor, oder Sammlung interessanter Spiele desselben mit Anmerkungen von ihm selber und von dem Herausgeber. Ein Handbuch und Rathgeber für Schachspieler. Quedlinburg, Basse. 1834. 8. (1 fl. 30 kr.)

14) Studies of chess, containing Caissa a poem by Sir William Jones, a systematic introduction to the game and the wale analyses of chess composed by A. D. Philidor, with original critical remarks. London, 1803. 2 Vol. 8°. — Studies ...... by A. D. Philidor with original comments and diagrams. 5te Ausgabe. London, 1817. 8°.

15) Analyses of the game of chess, illustrated by diagrams, on which remarked the situation of the party for the Backgames, and Ends of Parties, with critical remarks and notes by the author of Stratagems of Chess. Translated from the last french Edition, and further illustrated with the notes by W. L. Kenny, autor of practical chess grammar, chess exercises etc. London, 1819. 8. —

16) Analysis of the game of chess, illustrated by Diagrams with remarks and notes by the author of the stratagems of chess, translated with notes by Kenny. Ed. 2de. London, 1824. 8. 1 fl. 36 kr.

17) Chess rendered familiarly by tabular demonstrations of the

Von Engländern werden genannt und gerühmt vorzugsweise Cunningham, Rutland, Godolfi, Elibank, Cargyll, Abraham Jansen (der mit Philidor unbesiegt spielte), Black, Canope, Salvador. [48])

---

various positions and movements as described by Philidor, with many other critical situations and moves on a concise introduction to the game by J. G. Pohlmann. London, 1819. 4°.

18) Jeu des Echecs par A. D. Philidor. In Encyclopédie méthodique. Dict. des Jeux mathémat. Paris, Agasse. An VII. S. 69—138.

— Abrégé du jeu des Echecs par Philidor. In Académie des Jeux. Paris, 1811. 18°.

19) Nouvelle Notation des parties et coups d'échecs, compris dans les traités faits sur ce jeu, par une société d'amateurs et par Philidor etc. Paris, Everat. 1823. 8.

20) Dictionnaire des Jeux mathématiques. Paris, Agasse. An VII. S. 67—139.

[48]) Siehe Twiss, I, 121—128. Salvadore's Spielendungen stehen in Koch's Codex. 2te Ausgb. Die englische Schach-Literatur (außer Philidor und Stamma) ist folgende:

1) Raphe (Ralph) Leves, The pleasant and wittie playe of the Cheasts. London, 1562. 12.

2) James Rowbothum, The Pleasaunt and wittie Playe of the Cheasts renewed, with Instructions both the learne is easily, and to play it well. Lately translated out of Italian into French and now set forthe in English by James Rowbothum. London, 1562. 16°. (Catalog. Bibl. Reg. Lond. II, 280 unter Damiano.)

3) (William Fulke) The most ancient and learned Play, called The Philosopher's Game, invented for the honest Recreation of the Studious. By W.(illiam) F(ulke). Imprinted by Rowland Hall. 1563. 16.

4) The famous Game of Chess-play, being a quincely exercises whereby the learner may profit more by reading of his small book, than by playing of a thousand mates. Joh. Barbier. London, 1572. 108 S. 12°. — 1673.

5) (Arthur Saul) Description of the famous game of Chess play. London, 1614. 8.

— The famous game of Chesse-playe, lately discovered, and all dubiosity resolved. London, Roger Jackson 1614. 8. (Catal. bibl. Reg. London, V, 124; Cat. bibl. Bodl. II, 139; Watt II, 833, c; Twiss II, 76—78.)

Fr. Douce hält fälschlich 1640 für die erste Ausgabe, die der Gemahlin Eduard des III. von Bedford gewidmet ist. Saul widmet sein Buch der Gräfin von Bedford.

6) **Ludus Scachiae**: Chess-Play. A Game both pleasant wittie and politike. (Aus dem Italienischen.) 1597. v. O. 4°. (London.) G. B. (Harlei. Catalog. n. 35111. Catal. Bibl. Lond. II, 143; Twiss, II, 73) wörtlich fast aus Rowbothum. Wieder gedruckt 1806.

7) **Budden**, The royal Game of Chess play. London, 1656. (Nach Hock S. 165. eine Uebersetzung des Greco.)

8) Ludus scachico-mathematicus. E. W. London, 1654. 12°.

9) **Lettre** the krafts man on the game of chess, occasioned by his paper of the 15th of this months dated from Slaugters Caffee-house. 1733. 30 S. (Twiss: I, 65.)

10) Captain Joseph **Bertin**: The noble Game of Chess containing rules and instructions for the use of those, who have already a little knowledge of this game. London, by H. Woodfall. 1735. 78 S. 12°. (Gesetze, 28 Spiele, 12 Endungen: Twiss, II, 84; und **Rio**, Venezia 1812.)

11) Edmund **Hoyle**, The accurate Gamester's Companion, containing Rules for playing the Game of Whist, the laws of the Game etc. 9te Ausgabe. (Zusätze von Quadrille, Piquet, Schach rc.) London, 1748. 12°.

12) ...... Games of Whist, Quadrille, Piquet, **Chess** and Backgammon. London, Charles Jones, 1779. 12°.

13) (Robert **Lambe**) The history of chess, to gether with short and plain instructions by which any one may easily play at it, without the help of a teacher. London, 1764. 150 S. 8. (Twiss, II, 86.); 1775. 8. 1768. 8.

14) (R. **Twiss**) Chess. London, printed for G. G. J. et J. Robinson. 1787 u. 1789. 2 Th. 8°.

15) **The Theory of Chess**, a Treatise, in which the Principles and maximes of this Game, or rather Science, are charly and concisely explained; as concisely at leass as it mighte be advisable to attempt. London, Bagster. 1799. 8.

16) **Chess made easy**. New and comprehensive rules for playing the game of Chess, with examples from Philidor, Cunningham etc. to which is prefixed an account of it's origin. by M. Faret (Freret?); Anecdotes of some distinguished personages and the morals of Chess, written by Dr. Franklin. London, 1797. 12.

17) **Studies** of Chess, containing Caissa, a Poem by Sir W. Jones, a systematic Introduction to the Game and the whole analysis of chess by A. D. Philidor, with original critical remarks. London, 1803. 2 B. 8°. — 2) **Studies** containing a systematic introduction to the game, and the analysis of Chess by A. D. **Philidor**, with original comments and diagrammes. 5te Ausg. London, 1817. 8.

18) **J. H. Sarratt**, Profess of Chess, A treatise on the game of Chess, containing a regular system of attack and defence, to which is added a selection of critical and remarcable situations on or drawn by scientific movers. London, 1808. 2 Th. 8. 3) A new treatise on the game of chess, upon a plan of progressive improvement hitherto unattempted. London, 1821. 2 Th. 8°. 1822. 8. (12 Schilling.)

— Derselbe: The works of Damiano, Ruy Lopez and Salvio on the game of chess translated and arranged, with remarks, observations and copious notes on the games; containing also several original games and situations, by the Editor; to which are added, the elements of the art of playing without seeing the board. London, 1813. 8°.

— Derselbe: The works of Gianutio and Gustavus Selenus on the game of chess, translated and arranged by J. H. Sarratt. London, 1817. 2 Th. 8.

19) **Stratagems of Chess**, or a Collection of critical and remarkable situations. London 1816. 1817. 1819. 8.

20) **J. Cazenove** (Präsident des Londoner Schachklubs): A Selection of curious and entertaining games at chess, that have been actually played by J. Cazenove. London, 1817. 12°.

21) William **Lewis**: That celebrated game of chess. London, 1817. — b) Elements of chess. London, Baldwin 18.. 12°. — c) Oriental Chess. London, 1817. 2 Bde. 12°.

22) W. **Lewis** (Lehrer des Schachspiels), funfzig auserlesene Schachpartien in dem Westminster-Schachklub zu London während des Sommers 1834 gespielt zwischen L. C. de la Bourdonnais, dem besten Schachspieler Frankreichs, und einem englischen Schachspieler des ersten Ranges. Übersetzt von L. Bledov. Berlin, bei G. Finke. 1835.

23) W. S. **Kenny**: Practical chess grammar or an introduction to the royal game of chess in a series of plates designed to instruct the learner, remover the difficulties of this elegant and scientific game, and render it attainable to the lowest capacity. London. 2te Ausgabe, 1817. 4°. — 1818. 4°. — 1819. 4°. — Die Schachgrammatik oder practische Anleitung zum Schachspiel für alle, die dasselbe auf die schnellste und faßlichste Art lernen wollen. Aus dem Englischen. Mit 10 Kupfern. Leipzig, 1821. 8°.

— Derselbe: Practical Chess exercises, intended as a Companion and sequel of the Practical Chess Grammar, containing various operings, games and situations, whit instructions and remarks. London, 1818. 8°.

— Derselbe: Analysis of the game of chess. London, 1819. 8°.

24) J. G. **Pohlman**: Chess rendered familiarly, by tabular demon-

Wenig bei den slavischen Völkern. Bei den Polen nur Ein Gedicht von Kochanowsky [49]); eins erschien früh in Prag. [50])

Unter den Deutschen sehen wir oben die Bauern von Ströpke spielberühmt, und manche treffliche Schachspieler leben umher im Lande. Deutschland ist groß. Besonders in Berlin sind einige treffliche Spieler. So lange er dort lebte, zeichnete sich als schnellvorausblickender Schachspieler Friedrich Ludwig Jahn aus. Er liebte besonders und trieb sehr fertig das sogenannte Beinstellen (dar il gambetto, das Gambitspiel). [51])

---

strations of the various positions and movements of the game. London, 1819. 4°.

25) J. S. Bingham: The incomparable game of chess. London, 1820.

26) J. Cochrane, A Treatise on the game of chess, containing the games on odds, from the „Traité des amateurs" the games of the celebrated anonymous Modenese a Variety of games actually played, and a catalogue of Writters on chess (aus Clodius), with a frontispice. London, 1822. gr. 8.

27) Buddeus über Schachspiel (Hyde I, 184).

28) G. Caxton: Handschriftl. in London (Sloan. 779. Plut. XXI. B. 4°.) geschrieben 1484. (Twiss, II, 12. Pitseus de illustr. Anglor. Script. S. 670. Maittaire Annal Typogr. S. 128). Gedruckt 1474 (The Game at Chess). Aus dem Französischen.

29) Thom. Middleton Game of chess, a Comedy. o. J. u. O.

30) Der Krieg zwischen der weißen und rothen Rose. Oder Beschreibung eines neuen vereinfachten Schachspiels. Nach dem Englischen. Mit 1 Kupfertafel. Leipzig, Immanuel Müller. 1832. 8°.

31) Waller (s. später unter den deutschen Schriften). —

32) The Buke of ye Chess. 1818. 4. (nach Lowades, 402.)

33) An easy Introduction to the Game of Chess, containing one hundred Examples of Games, including the whole of Philidors Analysis. 1813. 12.

[49]) Siehe oben §. 28.

[50]) Tractatus de Ludo Scakorum. Siehe: Historia Saturica gestorum rerum Regum ... per manus Laurentii, filii Jac. de Bruna. Prag, 1409. (Götze Merkwürdigkeiten der Dresdener Bibliothek. I, 311.)

[51]) Über das Gambit (Gambetto in Toskana; la Gambarola in Modena; la Jambette, croc en gambe) siehe außer dem Dizionario della Crusca (in Gambetto):

1) A. Reinganum: Ben Oni oder die Vertheidigungen gegen die Gambitzüge im Schach nach bestimmten Arten klassificiert. Frankfurt, Hermann. 1825. gr. 8. (Hallische Liter. Zeitg. 1826, n. 43. 44.

2) Hirsch Silberschmidt: Das Gambit, oder ausführliche Anleitung

Unter den Älteren aber sind, außer Dr. Mennel von Constanz, [52]) dem Auszieher des Konrad von Ammenhusen, [53]) als werkthätige Bearbeiter des Schachspieles hier nochmals zu nennen Herzog August von Braunschweig-Lüneburg, welcher 1616 als Gustavus Selenus sein gediegenes, ausführliches Schachwerk schrieb. [54]) Nächst ihm 1664 Weickhmann. [55])

§. 50.

Zum Schlusse seien hier diejenigen Werke vorzugsweise

---

für und gegen die Gambitzüge im Schach; nebst Anleitung zum Schachspiel. Mit Kupfern. Bern, in Comm. 1829, gr. 8.

3) Koch: Codex der Schachspielkunst. Magdeburg, 1813. 14. 8°.

4) Philipp Stamma: Tractat vom Gambitspiel. Straßburg, 1754.

5) Netto: Das Schachspiel. Berlin, 1825. S. 36.

6) Gustavus Selenus: 1616. 17. u. s. w.

7) Bertin (der das Gambit mit 3 Bauern erfunden haben soll), The noble game of Chess. London, 1735. 12.

[52]) Siehe oben.

[53]) Siehe oben.

[54]) Das | Schach- oder | König-Spiel. | Von | GUSTAVO SELENO, | In vier unterschiedene Bücher, | mit besondern Fleiß, gründ- und | ordentlich abgefasset. | Auch mit dienlichen Kupfer- | Stichen, gezieret: | Desgleichen vorhin nicht außgangen. | Dieser ist zu ende, angefüget, ein sehr al- | tes Spiel, genant, | RYTHMO-MACHIA. | Cum Privil. Caesareo, ad Sexennium || LIPSIAE. CIϽIϽCXVI. (und 2te Ausgabe, 1617.) bey Henning Grosse. fol. — (Gedruckt durch Lorentz Kober.) Beide (Titel-) Ausgaben haben gleiche Vorrede von 1616. und gleiche Titel der einzelnen Bücher (1616). Die von 1616 ist zweimal auf der Hof- und Staats-Bibliothek zu München, (Graph. N. 39. fol. u. Gymnast. . . . . fol.), die von 1617 besitzt der Landrichter Lamberger in München. Ein Abdruck ohne Titel ist in Ströpke; einer von 1617 in Oxford (Twiss, I, 93). — (Siehe Koch: Codex der Schachspielkunst. Magdeb. 1813. 14. 2 Thl. 8°. — Netto: Das Schachspiel. Berlin, 1827.) — J. H. Sarratt: The works of Gianutio and Gustavus Selenus on the game of chess. London, 1817. 2 Th. 8. — Ein Auszug aus Selenus erschien 1722: „Selenus contractus. Kurzer Unterricht von dem Schachspiel, nach gründlicher Wissenschaft recht und wohl zu spielen, aus den üblichen Spiel-Gesetzen hervorgesuchet und ausführlich beschrieben. Ulm, Barthel. 1722. 4 Bogen. 12°.

[55]) „New-erfundenes Grosses | Königs-Spiel: | Welches sich zwar mit dem Sinnreichen und je- | derzeit hoch- | berühmten Schach-Spiel in etwas vergleichet, | jedoch aber von demselbigen hieriñen mercklichen unterschieden wird, daß u. s. w. — Ulm, 1664. fol. Siehe oben.

noch aufgeführt, welche — bisher im Verlauf des Textes nicht vorkommend — mehr zum gegenwärtigen Unterrichte im Schachspiele dienen; wobei dann, zur Vervollständigung der ganzen Schachliteratur, freilich mancher Nachdruck oder Beweis der Buchmacherei, wie in all' und jeder Literatur mit aufgeführt werden muß. [56])

1) G. W. v. Abenstein: Das Schach- und Tokkategli-Spiel nach den geprüftesten Regeln und allgemein geltenden Gesetzen zum Selbstunterricht. Abgedruckt aus Jul. Cäsar's Spielalmanach. Durchaus verbessert von 2c. Berlin, Hayn 1810. 8.

2) J. J. Albers: a) Unterricht im Schachspiele, oder die 16te Ausgabe des Königl. l'Hombre besonders abgedruckt, verbessert und mit 2 Arten Schach zu Vieren zu spielen, so wie mit dem verbesserten Courrierspiel vermehrt. Nürnberg, 8. 1821. — b) Anmerkungen zu Stamma in Koch's Codex. 2te Aufl.

3) J. Alberti: Leichtfaßlicher, praktischer Unterricht zur Erlernung des Schachspieles mit 2, 3 und 4 Spielern und Anweisung zur gründlichen Kenntniß der verschiedenen Spielarten, ihrer Gesetze und Feinheiten. Quedlinburg, Basse. 1829. 5 B. 8.

4) Joh. Allgaier: Neue theoretisch-practische Anweisung zum Schachspiele. Thl. I. Wien, Kötzl 1795. 296 S. 8. (vgl. Allg. Lit. Zeit. 1797, n. 319; Obd. Allg. Lit. Zeit. 1801: I, 314.) Th. II.: Wien, 1796. 122 S. 8.: Das neue Kriegsspiel, das uralte Königsspiel, das pythagorische oder arithmetische Schachspiel; Abhandlung über Schachspiel unter 3 oder 4 Personen.

5) ......: Neue theoretisch-practische Anweisung. 2te Auflage; Wien, Kaulfuß. 1802. 8°.

— ......: Neue theoretisch-practische Anweisung zum Schachspiele. In 5 Tabellen bearbeitet. Wien, Kaulfuß. 1811. 133 S. 8°. (Götting. Gelehrt. Anzg. I, 663. 8.)

6) ......: Neue theoretisch-practische Anweisung zum Schachspiele. In Tabellen. 4te stark vermehrte und verbesserte Auflage. Wien, 1819. 189 S. 8°.

7) ......: Neue theoretisch-practische Anweisung zum Schachspiele. Nach eigenen Erfahrungen und Grundsätzen systematisch entwickelt und durch zahlreiche tabellarisch geordnete Musterspiele erläutert. 5te von allen Druckfehlern gereinigte Ausgabe. Wien und Prag, 1826. 189 S. 8°.

8) ......: Neue theoretisch-practische Anweisung 2c. 6te, mit 120 Spieleröffnungen und den neuesten Spielarten vermehrte Auflage. Herausgegeben von C. de Santo Vito. Wien, Haas. 1833. 8. 3 fl. 36 kr.

---

[56]) Das Register aber wird, die Literatur zusammen zu stellen, Namen und, wo es nöthig, Titel aufführen.

9) H. F. Andrä: Das Schachspiel, mit historischen Bemerkungen erläutert und zum Gebrauch sowohl für Anfänger als geübtere Freunde desselben practisch ausgearbeitet. Halle, Hendel. 1796. 62 S. gr. 8. (Allgem. Lit. Zeit. 1797, n. 31; St. allg. d. Bibl. XXXIV, 206.)

10) Anweisung, Deutliche, vom Schachspiel, daraus man selbst alle Vortheile und Handgriffe ohne Anführung erlernen und sich selbst perfectionieren kann. o. O. 1740. 8°.

11) Anweisung zum Schachspiel. Halle, Dreyßig. 1804. 8.

12) Otto v. Deppen: Schachpolitik, oder Grundzüge zu der Kunst, seinen Gegner im Schach bald zu besiegen. Nebst einem Anhange über die Literatur, die Geschichte und Grundsätze des Schachspieles. Ein Geschenk für Freunde desselben. Leipzig, Lauffer. 1826. 78 S. 8°.

13) Dollinger: Einhundert und zehen ganz neu zusammengesetzte Schach-Endspiele. Wien, 1806. 8,

14) C. D. Ebeling: Unterricht im Schachspiele.

15) Adolf Jul. Theod. Fielding: Neueste Art das Schachspiel gründlich zu erlernen. Berlin, Societ. Buchhd. 1812. 8°. — 2te Aufl. 1814. — 2te Aufl., Berlin 1816.

16) Fielding's Anleitung, das Schachspiel gründlich zu erlernen. Auf's Neue herausgegeben von G. F. von Düben. 4te Aufl. Berlin, Flittner. 1818; 5te Aufl. 1820. 8.

17) Gutsmuths: Spiele zur Übung und Erholung. 3te Auflage. Schnepfenthal, 1802. 8°. S. 440—489: das Schachspiel.

18) J. Hoffmann: Beyträge zum Schachspiel: theoretische Vorschriften und praktische Beyspiele, größtentheils nach italienischen Meistern bearbeitet. Mainz, Kupferberg. 16. 1 fl.

19) Joh. Horny: Anweisung das Schachspiel gründlich zu erlernen. Cassel, 1824. 8°. — Cassel, 1826. 8°.

20) Jos. Karl Kindermann: Vollständige Anweisung, das Schachspiel durch einen vorhergehenden allgemeinen Unterricht, dann durch die nachfolgenden Erläuterungen der von den besten Meistern aufgestellten Musterspiele ohne fernere mündliche Unterweisung, selbst ohne einen Mitspieler gründlich zu erlernen. Mit 2 Kupfern. 1) Gräz, Ferstl. 1795. 8°. — 2) Gräz, 1801. 8°. (Vgl. Allgem. Liter. Zeit. 1797. IV, 49. n. 319. — 3) ..... Verbessert und sehr vermehrt herausgegeben von einem Schachspielfreunde. 3te Aufl. Mit Kupfern. Gräz, 1819. 8°.

21) J. F. Koch: Die Schachspielkunst nach den Regeln und Musterspielen des Gustavus Selenus, Philidor, J. Greco Calabrois, Stamma und des Pariser Klubbs, in einer für die Erleichterung des Selbstunterrichtes bequemen Anordnung und Bezeichnungsart entworfen. Mit einem Anhange ꝛc. Magdeburg, Keil. 1801. Th. I.; 1803. Th. II. 8°. (Vgl. Götting. Gelehrt. Anz. 1803. II, 1187—1191.)

— ...... b) Codex der Schachspielkunst nach den Musterspielen und Regeln der größten Meister, in einer für die Erleichterung des Selbstunterrichtes bequemen Bezeichnungsart und Anordnung entworfen. Zweite gänzlich umgearbeitete und stark vermehrte Ausgabe. Magdeburg, Heinrichshofen. 1813. Th. 1. 8°; 1814. Th. 2. 8°. Nebst Anhang, enthaltend das Schachspiel unter 3 und 4 Spielern, und des Hieron. Vida Schachias lat. und deutsch. 8°. (7 fl. 12 kr.) Vgl. Götting. Gelehrte Anzeig. 1815: I, 169—175.

— ...... c) „Sechshundert Schachspielaufgaben für geübte Spieler." Auch als „Th. 3. des Codex der Schachspielkunst." Magdeburg, Heinrichshofen. 1824. 8°. 2 fl. 6 kr.

— ...... d) Elementarbuch der Schachspielkunst. Magdeburg, Creutz. 1828. 8°.

22) Kriegslisten des Schachspiels oder der kluge Schachspieler. Aus dem Engl. 120 Holzschn. Leipz., Baumgärtner. 1820. kl. 8.

23) Kunst, Die, im Schachspiel ein Meister zu werden, d. i. ein neuer Unterricht, wie man in Kurzem dieses so edle und beliebte Spiel nach seiner Vollkommenheit erlangen könne. Gewiesen nach den neuesten Mustern des berühmten und jetzt lebenden großen Schachspiel-Meisters in England, A. D. Philidor. Nebst des Arabers Philipp Stamma, gebürtig zu Aleppo in Syrien, entdeckten Schachspielgeheimnissen; nebst einigen Regeln, dieses Spiel wohl zu vollziehen, und den Sieg durch feine und subtile Züge davon zu tragen. Straßburg, 1754. 8°. — 1764. 8°. — Straßb., b. König. 1771. 8°. — 1791. 8°.

24) Kunststück des Schachspiels. Frankfurt, 1745. 8. (Aben Esra.)

25) F. W. v. Mauvillon: Anweisung zur Erlernung des Schachspiels, mit besonderer Rücksicht auf Diejenigen, denen das Spiel durchaus unbekannt ist. Mit Elias Stein's Bildniß und mit 26 Spielziehungen auf 19 Tafeln. Essen, 1827. VIII. u. 382 S. 8°. (Hallische Allgem. Literatur-Zeitung. 1828. n. 184—185. S. 624—632. Jenaische Liter.-Zeit. 1828, n. 16; Leipz. Lit. Zeit. 1827, n. 257.)

— ...... b) Die während der Jahre 1824—1828 von den Londoner und Edinburger Schachklubbs gespielten 5 Schachpartien, mit Varianten und Anmerkungen aus dem Englischen bearbeitet. Mit Beifügung der zwischen den Amsterdamer und Antwerper Schachklubbs gespielten zwei Schachpartien. Ein Supplement zu s. Anweisung 2c. Essen, Bädeker. 1829. 8.

— ...... c) Belehrende Unterhaltung für junge Schachspieler, bestehend in 100 ausgesuchten Stellungen, in welchen Derjenige, welcher am Zuge ist, das Spiel gewinnen muß. Ein Supplement zu der Anweisung zur Erlernung des Schachspiels. — 3tes Bändchen; Essen, Bädeker. 1831 —1832. 16°. (jedes Heft 54 kr.)

26) J. Mendheim: Aufgaben für Schachspieler nebst Auflösung. Als Fortsetzung des Taschenbuchs für Schulfreunde. Nebst einem Anhange, die Correspondenz-Partie, die zwischen den Berliner und Breslauer

Schachklubbs vom 15. Jan. 1824 — zum 20. Octob. 1831. gespielt wurden. Berlin, Trautwein, 1832. gr. 8.

27) Netter: Unterricht im Schachspiele. Leipzig und Regensburg, 1823. 8°.

28) Netto: Das Schachspiel unter Zweien, und dessen Geheimnisse; ferner das Courierspiel, Rundschach des Tamerlan und das Kriegsspiel. Aus den ältesten und seltensten literarischen Quellen, nach dessen Benennung, Erfindung, Einrichtung, Verbreitung, Spielart, seinen Regeln und Musterspielen für die Selbstunterweisung, systematisch bearbeitet. Berlin, Pauli. 1827. 8°. (vgl. Hall. Lit. Zeit 1828, n. 44.)

29) Friedrich Nicolai: Theoretisch-practischer Unterricht im Schachspiele, von einer Gesellschaft von Liebhabern. Aus dem Französischen übersetzt und mit den 100 Spielen des Phil. Stamma vermehrt. Berlin, 1780. 8°.

30) J. P. L. Preußler: Deutliche und ausführliche Auseinandersetzung der Schachspielgeheimnisse des Arabers Ph. Stamma. Berlin, Enslin. 1818; mit vielen Anmerkungen und Verbesserungen mehrerer Spiele für Anfänger. 2te Aufl. Berlin, Enslin. 1823. 8.

31) J. v. R.: Anweisung zum Schachspiel, nebst Kritik desselben und Ideen zu einem neuen Schachspiele, welches von Maschinen nicht nachgeahmt werden kann. München, Lindauer. 1820. 62 S. 8.

32) Rust: Anleitung zur gründlichen Erlernung des Schachspieles. Magdeburg, Rubach. 1834.

33) Schach- oder Königsspiel, Das, so eingerichtet, daß es theils eine Person, theils ein Paar Personen, ohne Lehrmeister spielen kann. o. J. u. O. 8°.

34) Schachspiel, Das, für Anfänger (?) Hamburg. 8°.

35) Schachspiel, Das, in Taschenformat. Mit in Kupfer gestochenen und illuminirten Figuren. Wien, 1822.

36) A. F. Schmidt: 120 Schachräthsel in Tabellenformat verfaßt und allen Schachspielfreunden gewidmet. Breslau, J. F. Korn. 1830. gr. 8°.

37) Hirsch Silberschmidt: Die neuentdeckten Geheimnisse und Gebräuche des Schachspieles, oder Verbesserung mehrerer Spiele des Selenus, Philidor's, Stamma's, Calabroisen u. s. w. nebst einer leichten theoretisch-practischen Anweisung zum Schach- und neuen verbesserten Kriegesspiele. Mit Kupfern. Braunschweig, Meyer. 1826. 8°.

38) Taschen-Schachspiel, Das, mit der Feldertafel und 32 Figuren. Pirna, Friese. 1832. 8°.

39) Unterricht, Kurzer, vom Schachspiele. Ulm, 1722. 12°.

40) Unterricht, Theoretisch-practischer, im Schachspiel, von einer Gesellschaft von Liebhabern. Berlin, 1780.

41) Unterricht, Theoretisch-practischer, unter Vieren. Von einer Gesellschaft Liebhaber. Nebst einem Anhange zu den Unterweisungen im Schachspiel von K. E. G. Dessau, 1784. 8°.

42) Unterricht im Schachspiel, oder die 16te Ausgabe des Königl.

l'Hombre besonders abgedruckt, verbessert und mit 2 Arten Schach zu Vieren zu spielen, so wie mit dem verbesserten ꝛc.

43) G. Walker: Anweisung zum Schachspielen. Die vorzüglichsten Spieleröffnungen und Endspiele, nebst einigen eigenthümlichen Stellungen, und funfzig ausgewählten Aufgaben enthaltend. Aus dem Englischen übersetzt und mit Anmerkungen begleitet von J. F. Schiereck. Frankfurt, Sauerländer. 8. 1 fl. 30 kr.

Gemischte Schriften.

a.

Anweisung zum Schachspiel, zum Billard, Trictrac und Toccategli-Spiel. 3te Auflage. Halle. 8°. o. J.

Almanach, Neuester, für Karten- und Schachspiel, nach den gründlichsten Regeln und Gesetzen zum Selbstunterricht bearbeitet. Für das Jahr 1809. Berlin, 1809. kl. 8.

Jul. Cäsar: Spielalmanach, enthaltend die neueste Anweisung zu einer gründlichen und leichten Erlernung des Whist-, l'Hombre-, Quadrille-, Taroc-, Piquet-, Trumf-, Schach-, Toccategli-, Billard-, Kegel- und Ballspiel, nebst einer Auswahl der unterhaltendsten Gesellschafts-Spiele, Räthsel, Charaden und Gesängen. Berlin, 1797. 8°.

...... Spielalmanach, für Karten-, Schach-, Brett-, Billard-, Kegel- und Ball-Spiele zum Selbstunterricht. Nach den gründlichsten Regeln und Gesetzen durchaus verbessert und mit neuen Spielen vermehrt von G. W. v. Abenstein. Berlin, Hayn. 1810. 396 S. 8°.

C. G. F. v. Düben: Talisman des Glückes, oder der Selbstlehrer für alle Karten-, Schach-, Billard- und Kegelspiele. Berlin. 8. 2te Auflage (mit Holzschnitt zu einem Kartenspiele von Gubitz, nach Runge).

Kunst, Die, die Welt erlaubt mitzunehmen, in den verschiedenen Arten der Spiele. Nürnberg, 1755. 1756. 8°. 2 Thl. Nürnberg, 1769. 8°.

L'Hombre-, Quadrille-, Cinquille-, Piquet-, Billard-, Schach- und Ballspiel. Hamburg, 1700. 8°. 1714. 8.

Das neue königliche l'Hombre-Spiel, wobei nebst noch andern Kartenspielen, das Pielkentafel-, Schach- und Ballspiel und das Verkehren im Brett beschrieben und erklärt wird. Hamburg, 1737. 1743. 1780. (8te Auflage.)

J. F. Müller: Neues Spiel-Taschenbuch. Oder gründlicher Unterricht zur praktischen Erlernung des Karten-, Billard-, Schach- und anderer Spiele. Ulm, Ebner. 1828. 8°. 2te verbesserte Ausgabe.

Palamedes redivivus, d. i. Unterricht im Stein- und Schach-Spiel, Piquet- und Thurmspiel; nebst Rümpferordnung und Regeln vom Billard. Leipzig, 1679. 12°. [57])

---

[57]) **Souteri: Palamedes redivivus. De tabula lusoria, alea et variis ludis.** Anhang zu **Meursii Graecia ludibunda.** Leyden, Elzevier. 1625. 8°. — Siehe oben.

...... d. i. nothwendiger Unterricht, wie heutiges Tages gebräuchliche Spiele, als das Stein- und Schach-Spiel, das Piquet-, Hock- und Thurm-Spiel, sammt dem l'Hombre-Spiel, nach köstlicher Wissenschaft und wohl zu spielen, aus denen üb-gründlichen Spielgesetzen herfürgesucht, und ausführlich beschrieben. Mit angehängter verbesserter Rümpfer-Ordnung, und Cinquiren bei dieser Edition allenthalben vermehrt, wozu auch kommt die Abhandlung des beliebten Ballspieles, wie auch eine Vorschrift, wie sich überhaupt beim Spielen zu verhalten und aufzuführen. Leipzig 1722 — 1733 — 1739 — 1749 — 1755. 8°.

Schach- und Toccategli-Spiel, Das, nach geprüften Regeln zum Selbstunterricht. Berlin, 1810. 8°.

Schachspiel, Das, und andere Spiele. Leipzig, 1813. 8°.

Spielbuch, Neuestes. Nebst gründlicher Anweisung zur leichten Erlernung des l'Hombre, Quadrille, Cinquille, Whist, Taroc, Königs-Schach und 23 andern Spielen. Wien 1799. 8.

b.

Académie nouvelle des jeux ou divertissemens innocens, contenant les règles du jeu des échecs, du billard, de la peaume, du pale mail, et du trictrac. Leyde, 1718—1728.

Les règles du jeu des eschecs. Divertissemens innocens, contenant etc. Haye, 1696. 12°.

La plus nouvelle académie des jeux etc. Amsterdam, 1728. (vermehrt) Amsterdam 1752. 3 Thle. 8°. — Paris, 1759.

Description nouvelle et claire du royal jeu des éschecs nouvellement réduit aux règles ordinaires et nécessaires pour le jouer facilement par le St. G. * * *

Académie des Jeux contenant les principaux jeux de cartes et de combinaison. Nouvelle édition augmentée d'un traité complet de l'écarté et d'un abrégé du jeu des échecs par Philidor. Paris, Guillaume. Impr. de J. Jacob à Versailles 1821. und Paris, Impr. de Wagrez aîné à Douai. 1821.

Le Jeu royal et nouveau de l'hombre et du Piquet augmentés du jeu des éschets et du nouveau jeu de l'hombre, comme on le joue présentement à la cour et à Paris et autres nouvellement inventez. Paris, 1688. 12°. — Bruxelles, 1698. 12°. — Haye, 1700. 12°.

Les Jeux de l'hombre, du Piquet, des éschecs, nouveau jeu de l'hombre et le jeu de quadrille. Amsterdam, 1735. 12°.

J. G. Lallemant: Les quatres Jeux de Dames, Polonais, Egyptien, Echecs, et à trois personnes. Paris u. Metz, 1802. 3 Bde. 12°.

J. G. Lallemant: Les trois nouveaux jeux des dames, égyptien, échecs, et à trois personnes. Metz, 1802. 8°. 2 Bde.

La Maison des jeux academiques ou recueil general de touts les jeux divertisants. Paris, 1668. 12°.

c.

Franc. Saverio Brunetti Giuochi delle Minchiate, Ombre e Scacchi ed altri d'ingegno. Roma, Barnabo e Cizzarini. 1747. 8°.

Giuoco pratico, o Sicono capitali diversi che servano di regola ad una muolta di giuochi piu praticali nelle conservationi d'Italia. Bologna, 1755. 8°.

Innoc. **Rhinghieri**: Cento giuochi liberali novellamente ritrovati, ed in X libri descritti. Bologna, Anselmo Gioccarelli. 1551. 4°. Venet. 1553. 4°.

d.

The complet **Gamester**, or instructions how to play at all manner of usuol and most gentil games. London, 1709. 8°.

e.

Joh. **Aquila**: Opusculum Enchiridion appellatum, ferme de omni ludorum genere. Oppenheim, 1516. 34 Bl. 4°.

f.

Archiv der Spiele oder fortlaufende Beschreibung aller Spiele der Vorwelt und Mitwelt. Berlin, 1819. H. 1—3. 8°.

Thomas **Actius** (Azzio), De ludis scacchorum in legali methodo Tractatus. Nunc primum in lucem editus cum summarii et indice. Pisauri, ap. Hieronymum Concordium. 1583. 8°. (Auch in Tractatus illustrium Jurisconsultorum. Venedig, 1584. fol. VII, 168—195.)

Laur. de **Braun**: De ludis Scacorum. Dresden. | Clodii Bibl. lusoria. Leipzig. 1761. 8°. S. 44—45.

Cosmi **Grazini** Scachii ludus emendatus. Florenz, Juntas. 1604. 4°. (Fabricii Bibl. gr. antiq. S. 623.)

Felix **Paciottus**: De ludo scacchorum (Hyde, II, 183).

Jacob de **Rusibus**: De ludo scacchorum (Hyde, I, 182).

Paul. Mart. **Sagittarii**: Programma de ludo scacchico. Altenburg, 1676. 4°.

G. **Zanucchii**: De ludo scacchorum (Hyde, II, 183.).

Christophorus **Besoldus**, Thesaurus practicus. Nürnberg, Endter. 1697. (2te Aufl.) S. 128 vom Brettspiel, 861. vom Schachspiel, 895. vom Spiel überhaupt.

Claude de **Saumaise** Historiae Augustae scriptor. sex. Paris, 1620. fol. S. 459.

Luc. **Wielii**: Isagoge in Schachium ludum. Straßburg, 1605. 8°.

(Anmerkungen zu Vida's Gedichte, stehen auch in:

Ludus latrunculorum, Stein- und Schachspiel o. J. u. O. 2) Frankfurt 1647. 3) 1650. 8°.

R. **Holckot**: De ludo latrunculorum (Altamara: Bibl. Dominic. S. 123. Fabricii Bibl. med. latin. 8. 799.)

Joh. **Paris de Puter**: Tractatus aureus in materia ludi. Neapol. Sixt. Riesinger, 1485. fol. — Venet., Bapt. de Cortis. 1489. fol. —

Mediolan. 1493. fol. — Papiae, Joan. de Burgo franco. 1511. fol. Lugdun. 1525. 8°. — Venet. 1584. fol.
P. Bayle: Dictionnaire historique et critique.
Du Cange: Glossarium mediae et infimae latinitatis. (unter Scaci — Ludus de rege et regina — Jocus partitus.)
...... Glossarium mediae et infimae Graecitatis (unter Ζατρίκιον).
J. J. Hofmann: Lexicon universale.
G. Menage: Dictionaire etymologue de la langue Françoise. Paris. 1694. fol. (unter Echets) 1750. fol.
J. G. Wachter: Glossarium germanicum. Leipzig, 1737. fol.
Dr. Johnson: Wörterbuch (unter Chessman und Chequer).

Conversations-Lexikon. Leipzig, Brockhaus. (Unter Schach.)
Krünitz: Encyclopädie. Berlin, 1824. Th. 138. S. 321—349.
Encyclopédie française 1750. (Unter Echecs, von Chevalier de Jaucourt.)

Montfaucon, Antiquité. Paris, 1722—24. fol. III, 334.

Ernst Bornschein: Ueber das Schachspiel. (Verkündiger, 1803. n. 15.)
Breitkopf: Versuch der Spielkarten (Leipzig 1784. S. 16. 18. 31. 115.)
Etwas über das Schachspiel. (Französische Miscellen. 1806. XIV, 3.)
Fabri: Beiträge zur Geographie. N. VI, S. 382.
Gothaisches Taschenbuch: 1785: 195. 1788: 33. 34.
Heineke: Neue Nachrichten von Künstlern: I, 255.
Länder- und Völkerkunde: II, 823.
Meisters fliegende Blätter: S. 144.
De Hollandsche Spectator. Amsterdam, 1734. (Twiss, I, 31—38.)

J. G. Ester: Der Deutschen Rechtsgelahrtheit. Frankfurt 1767. 3 Th.
P. Heigii: Quaestiones juris civilis et Saxon. Wittenberg 1601. 4°.
Statuta provincialia vetera dioecesis Moguntinensis.
Essay sur le jeu des Eschecs. Hamburg, 1770. 8.
Hoyle. An Essay on the game of chess. 1761. 54 S. (Twiss, II, XIII.)
F. v. Gran: Abhandlung über die Natur und Grundsätze des Schachspiels. Wien 1787. 8°.
J. Chr. B. Uflacker: Ueber den Geist des Schachspiels. Hildesheim, Gerstenberg. 1799. 8. (Allgem. Lit. Zeit. 1800.)

§. 43.

Über Wolfgang's von Kempelen (k. k. Hofkammerrathes in Wien) Schachmaschine siehe:

a.

1) Krünitz Encyclopädie: Bd. 138. S. 349—366. — Conversations-Lexikon. Leipzig, Brockhaus.

b.

2) K. K. privilegirte Anzeigen. Wien, 1773. 4°.

3) Ungarische Geographie. Preßburg, 1780. 8°. Th. I.

4) (Lichtenberg) Magazin für das Neueste aus der Physik und Naturgeschichte. Gotha, 1783. III, 2. S. 183. III, 3. 196.

5) J. W. v. Archenholz: Literatur und Völkerkunde. Dessau, 1783. III, 170.

6) Hessische Beyträge zur Gelehrsamkeit und Kunst. Frankfurt, 1785. I, 3, 475. 8°.

7) Canzler und Meister. Für Ältere Literatur und Neuere Lectüre. Leipzig, 1784. IV, 2, 119.

8) J. K. G. Jakobson: Technologisches Wörterbuch, fortgesetzt von Rosenthal. Berlin, 1794. 8°. VII, 179.

9) Magazin der neuesten Erfindungen. I, 9, 30. VII.

10) Kunst- und Gewerbblatt, 1820, XIII, 101.

11) Fr. Nicolai Reisebeschreibung.

12) (Ostertag) Etwas über den Kempelischen Schachspieler, eine Gruppe philosophischer Grillen. Frankfurt, 1783. 8°.

13) Windisch: Briefe über den Schachspieler des H. v. Kempelen. Basel 1783. 8°. nebst 3 Kupfern.

Wieder abgedruckt in: J. S. Halle, Magazin der Zauberkräfte der Natur, so auf den Nutzen und die Belustigung angewendet werden. Berlin, 1785. III, 164. 8°. 2) Fortgesetztes Magazin der Zauberkräfte der Natur. Berlin, 1790. III, 610. 8°.

14) a) (K. F. Hindenburg): Über den Schachspieler des H. v. Kempelen, nebst einer Abbildung und Beschreibung seiner Sprachmaschine. Leipzig, 1784. 8°.

b) N. G. Leska und K. F. Hindenburg: Leipziger Magazin zur Naturkunde, Mathematik und Oekonomie. Leipzig, 1784. III, 235. 8°.

15) J. K. Ebert: Nachricht von dem berühmten Schachspieler und der Sprachmaschine [58]) des K. K. Hofkammerraths des H. v. Kempelen. Leipzig, 1785. 8°.

16) J. L. Böckmann: Hypothetische Erklärung des berühmten mechanischen Schachspielers des H. v. Kempelen in a) Wissenschaftlichem Magazin für Aufklärung von E. C. Posselt. 1785. I, 72. b) in J. L. Böckmann: Kleine Schriften physikalischen Inhalts. Stuttgart, 1789. 8. I, 85.

17) Ueber den Schachspieler des H. v. Kempelen und dessen Nachbildung. Mit 7 Kupfern. Leipzig, 1789. 8°.

18) Jos. Friedrich Ph. Stacknitz: Über den Schachspieler des Herrn von Kempelen. Dresden, 1789. (Krünitz, Encyclopädie: 138, 362.)

---

[58]) Sprachmaschine vom Mechanikus Bauer in Nürnberg, siehe im verbesserten Neuen und Alten Zeit- und Wunder-Kalender für das Jahr 1798, von Marco Freund. Nürnberg, Endter. 4°. S. 8 rc.

19) K. v. Eckartshausen: Aufschlüsse über verborgene philosophische Wissenschaften und verdeckte Geheimnisse der Natur. München 1791. 8°. 3. Th. S. 363.

20) ......: Ueber den Schachspieler des Herrn von Kempelen. (Im Reichsanzeiger: Gotha, 1794. 4°. S. 83.)

21) J. v. R(anson): Anweisung zum Schachspiel nebst Critik desselben und Ideen zu einem neuen Schachspiele, welches von Maschinen nicht nachgeahmt werden kann. München, Lindauer. 1820. 62 S. 8°. und 1827.

22) G. A. Taruffi: Lettera sopra il famoso Automa a giuocatore di Scacchi di Kempele. 2) Elogio dell' abb. G. A. Taruffi per Sig. Car. Gio. Gherardo de Rossi. Rom, 1786. 8°.

23) The Speaking Figure and the Automaton Chess-Player exposed and delected. London, Stockdale 1785. 8°. (Twiss I, 187.)

24) An account of inanimate reason. London, 1784. 8°.

25) Millin Magazin encyclopédique: 1817; S. 224.

26) Repertory of arts and manufactures. London, 1789. April. Deutsch: Über die in London restaurirte Kempelensche Schachmaschine. (Morgenblatt, 1819. 154—155.)

27) A Selection of fifty Games, played by the automaton chess-player, during its Exhibition in London. London, 1820. 12°.

28) An Attempt to analyse the automaton chees player of M. de Kempelen. London, 1821.

Anhang.

Gute Spiellehren aus Dr. Mennels Schachzabelspiel (durch Köbell 1520, Bl. III.).

Wie sich eyn angeender Leerknabe deß Ritterlichen Schachtzabel Spieles schicken und lernen solle, den streyt anzuheben, die steyn zu ziehen, sein feynden zu begegnen, widerfechten, abbrechen, nemmen, vnnd sie fahen solle.

SO nun der Schwartz vñ Weyst Königh zu streytten vnnd außzuziehen bereit seindt, vnd eyner wider den anderñ fechten will, alß dann soll der, so am ersten anhebt, sein vngewappet Fußvolck (das seindt die Vandlin) wider die streytbarñ Ritter, vnnd die starcken Rach seins gegenteyls in das Veldt zu ziehen ordnen, sie reytzen, vnd gegẽ jnen fechten lassen, vnnd inn solcher ordnung, wie nachuolgt, sie anschicken.

Zu dẽ Erstẽ, soltu nach dem Spruch der Alten Schachzyher, alweg den Vanden vor der Frawen am ersten ziehen, dañ so du das nit thust, mag dich eyn fürsichtiger Schachzieher im dritten oder fierdten zugk matten, Vnnd wirt dieser Fende gemeinlich den ersten zug auff das drit Feld für sich gezogen, wie auch oben gemelt. —

Das Fendlin vor Deiner Frawen clug,
Soltu außziehen im ersten zug. [1])

ꝗ Nach diesem Zugk hab acht auff deinen feindt, Vnd zeücht er zum ersten seiner Ritter eynen, so verware du dein vorgezogen ersten Fenden, mit deinen anderñ Fenden, so werden alß dann bald drey Fenden auff eyn ander warten.

☞ Hie merck, das du denselben dein ersten außgezogen Fenden, nit mit dem Vanden der vor dem Künigk staet verwarñ solt, laß jn vor dem König steen vnd zühe eyn anderñ zu hilff dem ersten.

---

[1]) Ante Reginam debes producere primam.

¶ Nach diesem Zugk sehe dich aber wol für, vnnd zeühe der Ort vendñ eynen der vor dem Rach staet, Vnd nach demselben zeühe den anderen Venden vor dem Rach auch, so dein Feindt dir dasselb veldt nit verstelt, Vnnd mögen dieselben ort fenden auff das dritt veldt geen, es sey geraubt oder nit, wie wol etlich sollichs nit zu lassen wöllen.

¶ Darnach zeühe deinen Alten hinder den Vanden der bey der Königinn gestanden ist vor das Rach.

¶ Dēselben nach zeühe den anderñ Alten auch auff das Veldt darauff er gehört vnd geat.

¶ Nach dē, mach dein hůt auff welche seyt dich dunckt am besten, vnd also, das ye eyn steyn den anderñ verwaren möge, Vnd hab sonderlich acht auff welch seyt dein widerteyl sein hůt machen wil, das du dein hůt auff die ander seyt machest, nach dem gemeynen Sprichwort,

Hůt gegen Hůt,
Thut nye keyn gůt. [2])

¶ So das also außgericht, alß dann zeühe dein Ritter beyde herfür, vnnd laß sie eyn weyl allein Ritterlichen fechten, redlich rauben, vnnd was sie ergreiffen mögen, nemmen vnd inn sack stossen.

☛ Auff das sehe dich wol vmb, vnnd wirt es dir müglich, so

---

[2]) In der Egenolffschen Ausgabe von 1536 stehen die „Spruch der Alten Schachzyher" (ganz wie die gereimten „Zettul" der alten Fechtschulen) beisammen, und zwar um drei vermehrt.

I) Wiltu das ſpil behaltenn,
So ziehe den erſtenn vor denn Alten.
II) Den Fenden vor der Frawen klůg
Soltu aufziehen im erſten zůg.
III) Hůt gegen Hůt
Thet ſelten gůt.
IV) Vberſehen
Iſt geſchehen.
V) Zürnen viel
Verleurt das ſpiel.

Der letzte Spruch erinnert lebhaft an den alten Fechtspruch in der sogenannten Dürerischen Ὁπλοδιδασκαλια (Breslau und Karlstadt) oder vielmehr der alten Fechtschule des Liechtenauers (im 14. 15. Jhd.):

„Erschrickst du gern
Kein Fechten lern."

zeühe die beyde Rach zu hauff, hinder die vnuerwarten Fenden. Dann so dieselben Fenden genommen werden oder hinwegk getzogen, so sehen dein Rach võ eym ort zu dem anderñ, vnnd mögen leichtlich rauben vnnd nemmen.

Du Junger Schachzieher, hab in deinem ziehẽ alweg auffsehens, das du über eck, oder über ort ziehest, also, So dein gegenteyl, sein hůt auff der lincken seytten hatt, vnnd du dein hůt auff der rechten seyten hast, so zeühe dein Rach auff der lincken seyten herfür, alß bald es sich schicken will, vnnd arbeyt für vnnd für über eck, zu deines gegenteyls spitzen, ann dem ende seiner hůt, das du daselbst möchst inbrechen, so magstu desto Ritterlicher gesygen vnd das veldt behalten.

¶ Vnnd solt wissen, das nit grösseres inn diesem Ritterlichen Spiel ist, dann das du die augen nit in seckel legest.

Vnnd sich eben auff.

☞ Hiemit sey disse kleyn anzeygung im Schachbrett zu lernen den jungen angeenden Schachtziehern zu eym ingangk vnd bessern verstandt der nachuolgenden Reymen geendet.

Register.

(Die größere Zahl einfach gesetzt oder vor dem Komma bezeichnet die Seite, die nach einem Komma folgende die Anmerkung. Die römischen Zahlen treffen die Vorrede.)

Aalfyn 39, [76]. s. Alfin.
Abarten s. Spiel u. Schachspiel.
Abassiden 167.
Abbildung der Steine 114. 119—122.
Abendländisches Schachspiel 110.
Aben-Esra 95. 32, [40]. 39, [72]. 46, [15]. 103. 148, [66]. 187, [24]. s. Abraham.
Aben-Jachia 48, [80].
Abenstein, G. W. v. 180. 185, [1].
Abraham Ben Esra 148, [66]. s. Aben-Esra.
Abraham Janse s. Janse.
Abu Abdallah Mohamed aus Damaskus 148, [63].
Ab schach 56. 57.
Abschach-matt 56, [78].
Abulfeda 25, [6].
Abweichungen von den Spielgesetzen, örtlich ländlich 144. s. Spielgesetze.
Académie des jeux 179; A. nouvelle d. j. 190. s. Akademie.
Acciesole s. Cessolis.
Actius, Thom. (Azzio) de ludo scacchorum 18, [79]. 22, [86]. 53, [54].
Adel 112.
Adjudant 119; Adjutant (Läufer) 43. 152; l'Adjutant (für Königin) 118.
Agricola 113, [22].
Ägyptisches Schachspiel 18.
Ahmed Ben Sirim 148, [63].
Akademie s. Schachakademie.
Ala-Eddin 148, [63].
Al-Amin, Kalif 70.
Alanus 39, [74].
Albergator 113, [22].
Albers, G. L. 150, [80]. 158, [95].
Albert v. Bayern 64. 65, [1].
Alberti, J. J. 160, [100]. 162, [5]. [8]. 163, [10]. 166, [17]. 185, [3].
Albertinus, Ägidius 5.
Al-Damiri 148, [63].
Alden 90. s. Alten.
Al-Eddin 46, [17].
Alexander d. Gr. 17.
Alexias 27, [19]. 47, [21].
Alexis Komnenus 27. 167.
Alfère 39; alferes 39, [81]. alferez 39. alferus 39. 40.
Alficus 39. 128, [80]. alphicus 128, [67].
Alfière 39. alfieres 39. alfieri 75. 87.
Alfil 39. alphiles 39, [73]. 132, [36].
Alfin 43, [2]. alfino 39. [76]. alfyns 39, [76]. 43, [2]. alfinus 114, [22]. 131. alphinus 33, [43]. 39, [74]. 113, [22]. 131. alpinus 39, [75].
Alfiro 39. alfirus 39, [80].
Alfonsus, Petrus 13, [55].
Alifer 40, [82].
Allgaier, Joh. 154, [7]. 185, [4]—[8].
Almanach für Karten- u. Schachspieler 189; Spielalmanach v. Cäsar 189.
Almůsner 114.
Alpinus, alphinus s. Alfinus.
Al-Razi, Al-Rhasi 12. 46, [17]. 148, [63].
Alt, der alte Schach 162. das alte Spiel 160.
Alte, der, vom Berge 25.
Alten, die (Springer) 40. 49, [28]. 55. [66]. 89, [60]. 94. 115. 119. 132. 133. 135. 136. 140. 141. 142. 145. 146. 155, [11]. 158. 161. 196; ihre Abbildung 119. — Althèrren 119. s. *Oude*.
Alter des Schachspieles 27.

Alunno, Franc. 37, [61]. 46, [15]. 56, [78].
Alxadrez, alxedrez 47. 47, [19].
Alyedrez 47, [19]. s. Axedrex.
Amasone (Königin) 34, [50].
Amerika 148.
Amilin, Ammolin von Babylon 20.
Ammenhusen s. Konrad.
Amptliute 114. 117.
Andrä, H. J. das Schachspiel 30, [38]. 118, [41]. 186. VII.
Analyses of the game of chess, 179, [15].
Anastasia von Heinse 170, [7].
Andreas Ratisbonensis 64, [99].
Anfall 56, [78].
Anführung 56, [78].
Angelus a Josepho 46, [17].
Anleitung zum Schachspiel 188, [33]. s. Anweisung.
Anna Komnena 27. 47, [18]. [21]. 167. [21].
Anton, K. G. 46, [15].
Anuschirwan 23. s. Coshra Nuschirvan.
Anweisung für Schachspieler 186, [10]. [11]. [19]. [20]; zum Schachspiel 143. 179, [10]. 188, [31]. 189, [43].
Anzug des Spieles 162.
Aphins, li 43, [2]. s. Alfin.
Apomasuris 47, [18].
Apotecaries 114, [23]. Apoteker 116; aptecker 114; Apothecary (der Bauer der Königin) 44.
Aquila, Jo. Opusculum Enchiridion 13, [60]. 191, [2]. 144, [51].
Aquilifer, alifer 40, [82]. s. Alferes.
Araber 24. 83, [47]. 148.
Arabschades 24, [100]; Arabschah 148.
Archaeologia 10, [36]. 22, [87]. 24, [2]. 39, [76]. 40, [88]. 41, [92]. 46, [15]. 65, [1]. 67, [4]. 147, [58].
Archenholz 193, [5].
Archers, arciero, Hartschier 42.
Archiscachiere, archiscacco 149, [69]. stilo anticho e nuovo-archiscacchiere 151, [82].
Architas 153.
Archiv der Spiele 191, f.
Arelatus, Ph. 96, [92].
Aretin 5.
Arfil, arfel 39; arfilus 113, [22]. s. Alfilus.
Ariosto, L. 56, [78].
Arisius 96, [92].
Arithmomachia 152. 153. 154, [8]. s. Rhythmomachia.
Arminius 82.
Arnold, K. u. K. Historie 77.
Arthur, König 60. 62.
Arzet, der, 114. 116. 133, [86]. s. Medicus.
Aschersleben 79. 164.
Ascessor 113, [22].
Asise, le long. 61, [91].
Asp (Springer) 36, [57].
Assephadi 23.
Assyrer 27.
Aswa 46, [16]. s. Asp.
At 36, [57]. 39, [81].
Attalus 18.
Atys 18.
Auffin 82; Auphin 43, [2]. s. Alfin.
Aufgaben, Schachspielaufgaben 187, [21]. c. [26].
August, Herzog v. Braunschweig. s. Gustavus Selenus.
Ausbildung des Schachspieles 166.
Ausdrücke des Schachspiels (deutsch, engl., ital., franz.) 56, [78].
Auseinandersetzung der Schachspielgeheimnisse 188, [30].
Autore Modenese 170, [7]. [10]. 171, [16].
Averanus, G. 17, [78].
Averroe von Corbova 29, [27].
Awfyn 39. s. Aufin, Alfin.
Axedres 18, [79]. 173, [40]; axedrez 9, [31]. 47. 87. 173, [40].
Ayedrez 47, [19].
Aylward, Sim. 100.
Aymon 67.
Azzio s. Actius.
A. B. Neue Theorie der Schachspielkunst 150, [78].
Bába (Königin) 32.
Babylon 20, [84]. 21. 131.
Balde, Jak. 16, [76].
Bachet, Cl. C. 154, [4].
Bagdad 70.
Baillière, D. (Rösselsprung) 30, [27].
Bajdakler (Bauer) 43, [99].
Bannerherr 114.
Báprangh (Bauer) 44.
Barbier, Joh. 180, [48]. [4].
Barrington, Daines 10, [36]. 16, [76]. 17, [78]. 27, [14]. 30, [38]. 40, [89]. 147, [58]. VII.
Barlaam u. Josaphat 94.
Baruzzi, Franc. 153, [3]. 154, [8].
Basel 89, [61]. 163. 166.
Bataglia, passar — to pass battle 56, [78].
Bauern 43. 43, [99]. 44; bawren 44, [4].

— Soldaten 81; Abbildung 44. — Doppelbauer, Mittelbauer, Freibauer, gebotene B., verbundene B., gelöste B. 56, [78]. — Bauer, der Königin wird 162 (s. Fercia).
Bauern, die, von Ströpke 164. 183.
Bayle, Dictionn. 9, [81]. 41, [25]. 168, [34]. 174, [11]. 192.
Beale 42, [96].
Beglerbegk (Königin) 72, [88].
Beichtiger 114.
Beidak, beiadie.
Bein stellen 183. s. Gambit.
Bela, König 73.
Belagerungsschach 150, [80]. Belagerungsspiel 149, [71].
Beliant 57. 61, [89].
Bellonius, P. 34, [47]. 148, [64].
Ben-Esra s. Aben-Esra.
Ben-Oni 183, [51], [1].
Ben-Senior Uben Jachia 149, [66].
Bendix 177, [24].
Benecke, G. F. 158.
Benennungen der Schachsteine 31.
Bengalen 27.
Bengler 144, [50].
Berger, eschec de 84, [50].
Berhtold, Bruder 91.
Bernhard, d. H. 14.
Bertin, J. 181, [10]. 184, [7].
Beschanzung 56, [78].
Beschützung 56, [78]. s. Huot.
Besoldus, Christ. 191, f.
Bicchimo Game of chesse-play 42, [96].
Bieten Schach 55. 143. 144, [50].
Bilde oder stein 80, [29].
Bildschnitzung der Steine 81. s. Schnitzen.
Bingham, J. S. 8, [29]. 30, [28]. 170, [10]. 183, [25].
Biorn, Bjorn 73. 74.
Birmanen 147.
Bischof (Läufer) 81. 111. bishop 39, [76]. 40. 43, [2]. biskup 41. bispen 41. s. Prestre, pontifex, pôp.
Black 180.
Bledow, L. 182, [22].
Bletken, Dithm. 72, [15].
Blinder Schachspieler 168; blindes Schachspiel (ohne hinzusehen) 168. Blindes Schachmatt, blindmate, blindesmate 56, [78].
Blount, Charles 167.
Boccacio 27, [17]. 56, [7]. [8]. 60, [85]. 74.
Böckmann, J. E. 193, [16].
Bohlen 24, [98]. 46, [15]. 147, [58].
Boi, Paolo 167. 168. 168, [34].
Boissiere, Claude de 153, [1]. s. Buxerius.
Bonde, Bonder (Bauern) 44.
Boner 55, [71]. 94.
Booke of chess play 100.
Borgia, Franz 85.
Bornschein, E. 192.
Bossewell, J. 18, [80]. 78, [25].
Bourdonnais, de la, L. C. 177, [22]. 182, [22].
Brand, Sebastian 88, [60]. 95.
Braun, Laur. de ludis Scacorum 191, f.
Brechen, die huot 54. 55.
Breitkopf 192.
Brett, daz bret vom Schachspiel 57. 83. 83, [47]. 90. 92. 93, [71]. 131. 156, [32]. schâch-zabelbret 131. — Bretspil 61, [89]. 93, [71]. 58. Brettspiel 93, [71]. 159.
Brieftauben 1.
Brieftrager 118.
Brunellus 130, [29].
Brunetti, Fr. Saverio 191, c.
Budden, D. S. 174, [19]. 181, [7].
Buddens 183, [26].
Bûman, der 114.
Buocherzte 116.
Buovo d'Antona 69, [8].
Burchelati, Bartol. 99, [96].
Burton, Rob. 69, [5].
Buxerius, Claud. 153, [1]. s. Boissiere.
Buzacha in Florenz 26. 167.
Buzurge Mihiro 19.
Byzanz 27.
Caballarius (Springer) 125; cabellarius 35. s. Cavalier.
Cahir-Mor, König v. Irland 27.
Cahûra (Springer) 36, [37].
Caïssa, Gedicht v. Jones 99.
Calabrese, il (Gioachimo Greco) 173. 174. Calabrian. Calabrois 186, [21]. 188, [37].
alla *Calabrista* (Rochiren) 37, [66].
Calvus (Springer) 40, [84]. 125.
Calculi 16, [76]. 17, [78]. 51.
Camend (Springer) 36, [57].
Campeggiamenti, i, degli scacchi (v. Francesco Piacenza) 151, [82].
Campione (neuer Stein des Carrera) 151.
Cancellieri VII, [6].
Canons (Thürme) 118.

Cantzler 119. 152.
Canzler u. Meister 193, [7].
Capistranus, Joh. 93, [71].
Caplan 114.
Cargyll 180.
Carrera, Pietro, Il Guoco degli Scacchi 16, [76]. 149, [69]. 151, [81]. 168, [36]. 169. 99, [97]. 151. 167, [21]. 168, [29]. [30]. [31]. [32]. [34]. s. Campione u. Centauro.
Cartes 94, [71]. s. Chartae u. Karten.
Cäsar, Jul. Spielalmanach 185. 189.
Casalis, Casallis 103. s. Cessolis.
Castle (Thurm) 37; castles, the king 37.
Casulis 103. s. Cessolis.
Caupo 113.
Cavalier (Springer) 35. 29, [27]; cavaliere 46, [15]; cavaliero 75. 76; cavallero 35.
Cavallo 36. 87. s. Caballarius, Chevalier und Rössel.
Caxton, Will. The game and play of the Chesse 19, [83]. 43, [96]. 107. D, 1. 114, [23]. 183, [28].
Cazenove, games at Chess 2, [4]. 182, [20].
Centauri 36, [55]. 43; il *Centauro* (neuer Stein Carrera's) 151.
Centurio (neuer Stein des Fr. Piacenza) 151; Centurion 41, [89].
Cerberti Rhythmomachia 152, [86].
Cerone, Alph. 168. 173, [40], [8].
Cerutti, J. A. J. 99.
Cesalis, *Cesole*, *Cesollis*, *Cessalis*, *Cessole*, *Ciesole* (dacciesole). s. Cessolis.
Cessolis, Jacob, Solatium ludi Scacchorum, hdschriftlich u. gedruckt, lat. ital. franz. niederländ. deutsch 103. 104—108. 17. 19, [83]. 21. 32, [36]. 33, [41]. 103. 106, B. [2]. [4]. [5]. 107. 114. 112. 119. 124. 144. 160; Eintheilung 110; Gesetze des Spieles 131.
Chachi, Joan. de Interamna 152.
Champlan 150.
Charpentier 82, [42]. [43].
Chartarum ludus 109, [13]. s. Karten.
Chatur-angu 46.
Chaucer 33, [42].
Chaunger 114, [23].
Check (schach!) 49; to check (schachen) 50; check mate 50; checkmated 95. s. Schach.
Checkye 78, [25].
Chequer (Schachbrett) 49.
Cheremone 151, [80].
Cherubino, D. Giov. Batt. 169, [86].
Chess 43, [2]. 48. 60. 62. 62, [92]. 80.
Chessmen (die Steine) 79. 80, [29].
Chessgrammar 182, [23].
Chess exercises 182, [23].
Chess player (Kempelen's) 194, [23]. [27].
Cheualier, chevalier 43, [2]. 66. 82. 111. 124. s. Cavallier.
Chinesen 147; chinesisches Schachspiel 147, [60].
Chiosi, Giov. 98, [93].
Chirurgien 114, [23].
Chivalir 43, [2].
Chondemir 23.
Christie, James 16, [76].
Chronik, Limburger 61.
Ciccolini, Gius. 149, [70]. 169, [88]. 171, [14].
Clericus, Dav. (Le Clerc) 17, [78]. 20, [84]. 45, [15]. 52.
Clodii Bibliotheca lusoria 98, [5]. 148, [68]. 183, [26]. 191, f. VII, [4].
Clusius 46, [15].
Cochanovius, Kochanowsky 100. 183.
Cochrane 170, [10]. 183, [26]. VIII.
Codex der Schachspielkunst 186, [21], b. s. Koch.
Coelius, Lud. Rhodiginus 19, [81].
Colombo, Michelle 170, [11].
Collini, A. 29, [27].
Colonel 119. 152.
Colonna 43.
Colonus 112.
Conape 180.
Condé, Prinz 8. 167.
Coninghinne 31.
Conjux (Königin) 130.
Constantin 25.
Constantinopel 27.
Constanz 156, [52]. 162, [4]. 166.
Consuetudo loci (in Spiele) 144.
Consularis vir. 113, [22].
Conversationslexikon 45, [13]. 192.
Coroapath 25.
Cornelis de Bruya 148, [64].
Cornu (Springer) 82; cornutus alficus 41. 42; cornuz. ebds. cornuta fronte 130.
Cosroe 20, [84]. 23, [4]. [7]. 80.
Costenz s. Constanz.
Courcelles, Jac. 105, [9].
Courier s. Currier.
Couvret, M., Jeu des echecs 31, [28]. 99.

Covarrubias, Pedro de, 14, [61]. 39, [80]. 170, [2]. 173, [40], [11].
Cox, Hiram 146, [58].
Cozio, Carlo 170, [6].
R. Cr. Esq. 9, [31].
Crailsheimer, G. Anweisung z. Schachspiel 143.
Croc en gambe 183, [51].
Crone, W. 162, [8].
Cschéch 49.
Cúdov (Springer) 36, [57].
Cuningham 180.
Current-Schachspiel 145. 146. 160.
Currier, Courrier, Kurrier 36. 119. 123, [52]. 152. 156. 155. 155, [24]. 156. 158. 159. 161; Currierspiel 158, [95]. 162. 162, [4]. 163. 166; zu Ströpke 160, [100]; Currier-Schachspiel 158.
Customer 114, [23].
Custos 113. s. Huot.
Cyclopes 41, [89].
Cynus de Pistoia 144.
D., Ulysse 177, [23].
dá schâch! 56. 57.
Dame, *Dama* (Königin) 32, [36]. 68. 111.
Damespiel 4. 85, [52].
Damhouderius, J. 18, [81].
Damiano, P. Portugiese 18, [79]. 38, [67]. 39, [78]. 111, [20]. 169, [38], [5]. 171, [39]. 182, [18].
Damianus, Petrus, Bischof 14.
Dante 56, [78].
Dare mattum 144. s. Geben.
Dead game 56, [78].
Deciae 130, [27]. s. Dez.
Decken in Schach 144, [50].
Decurio (neuer Stein des Piacenza) 151.
D'elfil 39; d'elfino 39; delfino, delfinos, δέλφινος 39, [79].
Deliciae regis 148, [66]. 149, [66].
Deppon VII.
Depouillé, roi 56, [78].
Description du royal jeu des eschecs 190.
Deutsches Schachspiel 124; Bild des Volkslebens 112; seine Kunstsprache 53; d. Deutsche Königsspiel 155; Deutsche Schachspieler 183; Deutsche Schachliteratur.
Deutschland 76.
Dez, deciae (Würfel) 93, [71]. 94, [71].
Diagrams 179, [15]. [16].
Dictionnaire des jeux mathematiques 30, [27] (Rösselsprung). 180, [20].
Diederik van Assenede 37, [63]. 44, [8]. 47, [33]. 60, [89].
Dienstleut 112.
Diomedes 17.
Dire scacco 56, [78]; dire eschac 66.
Divertissemens innocens 8, [21].
Dollinger, Joh. (Rösselsprung) 30, [27]. 156, [13].
Dolz, Neue Jugendzeitung 5. 9, [32].
Domina (Königin) 32, [36]. s. Dame.
Don Quixote 87, [58].
Doppel-Bauer 56, [78].
Doppelmeyer 82, [40].
Doppelschach 150, [80].
Doppel- u. Mehrspiel (zu 4. 3. 6.) 150. Scacchi fratre.
Dornavius 98, [95].
Doublé, pion. 56, [78].
Doublet, Jacq. 24, [3].
Douce, Francis 22, [87]. 39, [76]. 46, [15]. 180, [48], [5]. VII.
Dragons (für Springer) 118.
Drapeau (für König) 118.
Draper 114, [23].
Drawn game 56, [78].
Dreyseitiges Schachbrett 150, [80].
Dronninge, drotning, drottning (Königin) 31.
Dryden 43, [2].
Dubois, Louis 177, [13].
Düben, E. G. F. v. 186, [16]. 189.
Du Cange 47, [18]. 81, [36]. 192.
Ducas 70, [8].
Ducchi, Gregorio 98, [93]. 99.
Duellum Scacchorum (v. Tuccius) 98.
Du Fresne 25, [7]. 27, [19]. 48, [28]. 78, [25].
Ebeling, C. D. 186, [14].
Ebert, J. K. 193, [15].
Echac, echas 48.
Echec, echecs, echets 48; échec au roy 49; échec perpetuel 53, [54]. s. eschec.
Echiqueté 78, [25].
Eck, über Eck 146. 197; eckfenden 143 (s. Fend).
Eckard 106.
Eckartshausen, K. v. 194, [19].
Edele stein, unedele stein 131.
Edel, F. W. 58, [60].
Edgar, König 26, [16].
Edinburger Schachklubb 187, [25]. [6].
Eduard I, König v. England 26. 81.

Eduard IV, König v. England 79.
Egenolph, Christoph 125, [53]. 142. 145. 160.
El-Amin, Kalif 186.
Elementarbuch der Schachspielkunst 187, [21]. d.
Elements of chess 182, [21]. b.
El-fers 39, [81]. s. Alferes.
Elefant (Thurm) 37. 38. 40, [85].
Elisabeth, Königin v. England 167.
El-fil 39, [81]. s. Alfil.
Ἐλφινος 39, [79]. s. Alfinus.
El-hári (Bauer) 43, [99].
Elibank 180.
Ella 73.
Elmakhin 70, [9].
Elmeradab 20, [84].
Elphyn 39, [76].
Elsaß 166.
Elstrueth 26, [16].
Elzafedi 23. 29, [27].
Enchiridion s. Aquila.
Encyclopédie française 192.
Enderlein, K. 150, [78].
Endungen, Spielendungen (von Salvador) 180.
Englische Schachspieler 180; Englische Schachlitteratur 180, [48].
Entblößter König 56, [78].
Entstehung und Geschichte des Schachspieles 30, [28].
Eobanus Hess 76.
Episcopus 41. s. Bischof.
Eques (Springer) 35. 128. 129; auratus 113, [22]; Equestris 125. 126. s. *Riter*.
Erasmus 16, [76].
Erbliche Könige 120.
Erfinder und Erfindung des Schachspiels: im Schach 28. 167. 23, [90]. 50, [40].
Ernst, Herzog 70. 167.
Erskine, W. 98, [8].
Erweiterungen des Schachspieles s. Spielerweit.
Escaque, escaques 48. 48, [29].
Eschaquier 48. 78, [25].
Eschas, eschak 93, [71].
Eschec, eschecs, eschez 48. 80; eschec de Gauvain 84; de Berger 84, [50].
Eschec au roy 111; eschec et mat 50. 95. s. Eschets.
Eschecquier, eschecquier, eschequer, eschiquier 49. 64, [98]. 66. 67. 67, [8]. 69, [4]. 78, [25].
Eschequé 77, [25].
Eschets 72, [15]. 94, [71]; eschetz 48. 67; eschez 48. 61. 66. 69, [4]. 81.
Eschiquier s. Eschecquier.
Eskâki, eskaki 48.
Eskas 48. 60, [84].
Essay sur le jeu des eschecs 192.
Estache 144.
Ester, J. G. 192.
Eugen, Prinz 81.
Euler, L. (Rösselsprung) 30, [27].
Evilmerodach 19. 20. 21. 113, [22].
Ewald, S. H. Anweisung z. Schachspiel 179, [10].
Excheqher 49.
Fabeln, vom Schachspiel hergenommen 91. Vgl. Sagen.
Faber 113. 113, [22]. s. Smit.
Faber, Jac. (Le Fevre) 154, [5]. 192.
Fabricii Bibliothec. 41, [90]. 103. 106, [5].
Familia 81. 87. 153.
Fant, Fantel, Fäntelein, Fantelich 45; Fante (Bauer) 45. s. Fend.
Far tavola, nulla 56, [78].
Faradsch, farass (Springer) 35, [54].
Faret, M. 181, [16].
Fâris 39, [81].
Fechtbuch, Frkf. 1558: 8, [22].
Feers (Königin) 33, [42]. s. Ferez, Fercia.
Felder, felt, velt 22. 133. 134. 135. 137. 140. 141. 146. — weiße u. schwarze Felder 132, [36]; Vermehrung u. Verminderung der Felder. s. Spiel-Erweiterungen u. Schach.
Feldherr (Königin) 85. 146. 161.
Feldmarschall 119. s. Marschall.
Femina (Königin) 32, [36]. s. Frau, Dame, Conjux, Bâba.
Fende (Bauer) 44. 55, [66]. 114. 158. 161; vende 44. 45, [8]. 50, [62]. 54. 89, [60]. 90. 93. 112, [21]. 114. 115. 116. 117. 119. 134. 136. 137. 139. 140. 155, [13]. 195; vendelin 86, [56]. 156, [28]; Fendelin 44, [6]. 141. 142. 143; Fentken 45, [10]. — Fuozfendo 44. — Eckfenden 143. s. Fant (u. Wenden).
Fercia (Königin-Bauer) 33. 44, [8]. 113, [22]. 126. 127. 144. 163, [11]; Ferzia 33. 62. s. Spielrecht u. Spielpflicht 144. s. Fierge u. Ferz.
Ferdusi s. Firdusi.
Feres 39, [81]. s. Fercia, Fers, Ferz.
Ferez s. Ferz.

Ferretus, Jul. 16, [76].
Ferron, Jehan 105, [9].
Fers 33, [42]. s. Ferz, Fercia.
Fersan, Fersîn 33, [41].
Fert, phert 44, [3].
Ferz (Königin) 32. 33, [42]. 44, [3]. Ferzân 32. s. Ferzia, Fercia.
Ferzia s. Fercia.
Festungskrieg 149, [71].
Fevre, Le. s. Faber.
Fielding, A. J. Th. 186, [15]. [16].
Fierce (Königin) 33, [42]. [43]. 43, [2]. 82. 144; *Fierge* 33, [43]. 34. 43, [2]. 145; Fierges 33, [42]; Fierse 33, [43]. s. Vierge u. Fercia, Ferz.
Fierz 118, [40]. s. Ferz.
Figuren s. Schachfiguren u. Stein.
Fil (Elefant) 39. 46, [15], h. s. Pil u. Fol.
Filocopo 74.
Fircin 32, [40]. s. Fercia u. Alferez.
Firdusi 23. 80, [30]. 147, [61]. 166.
Firic 32, [40].
Fischart 55, [75].
Fischer 114.
Fischer (Erfindung des Schachspiels) 23, [90]. 50, [40].
Flammhorst 150.
Fleischhacker 115.
Fol, fou (Springer) 42. 111. 127; les folz 124. s. Fil.
Fontanini 106, [5]. 172, [10].
Fools-mate 56, [78].
Fornaldar-Sögur 73, [18].
Fouché de Chartres 25.
Fouqué, General 7.
Franklin, B. Morals of Chess 102. 103, [4].
Französische Schachliteratur 176; Schachspieler.
Fratre, scacchi fratre 150, [80].
Frauen spielen 84.
Frauw, *Frawe* (Königin) 32, [36]. 55, [66]. 195. 196; Frû 31.
Freye, gefreyte Steine 142, [45]. s. Privilegié.
Freret 24, [98]. 30, [28]. 33, [43]. 105.
Freudensprung 161. 162, [10]. 163. 163, [14]. 164.
Friedrich der Große 7. 84. 167.
Friedrich Wilhelm I. Kurfürst 164.
Frisch, Leonh. 40. 45, [11]. 51, [45]. 52. 77, [25]. 157, [92].
Froissard 167, [23].
Fridhthiof-Saga 53, [57]. 73.
Frû (Königin) 31. s. Frauw.
Fulco 69.
Fulke, William 10, [37]. 154, [8]. 180, [48], [3].
Fuozfendo 44. s. Fend; fûszknecht 142; Fußknecht 44, [6]; Fußvolk (Bauern) 43.
G., K. E. (Unterricht im Schachspiel) 188, [41].
G., St. (Description du royal jeu des eschecs) 190.
Gage, Jo. 41, [89].
Gaimar 26, [16].
Gambarola 183, [51]. s. d. folgd.
Gambetto 183. s. d. folgd.
Gambitspiel 183, [51]. 184, [4].
Game: dead g., drawn G. 56, [18].
Gamester, the complet 191, d.
Gang, ganc (die Art vorzuschreiten) 133. 134. 135. 136. 138. 145. s. vart, gevert.
Garcian, B. 70, [7].
Garcias ab Orta 34, [47]. 36, [57]. 39, [89]. 43, [99]. 46, [15]. 47, [20]. 147, [58].
Garçons (Bauern) 44.
Gardes 114, [23].
Gargantua 94, [71].
Gastgeb, der 117. 134.
Gawein, Gauvain 83. 84.
Geb..., schâch geben 56, [78]. 140. s. *Dare*.
Gebotene Bauern 56, [78].
Gebräuche des Schachspiels 188, [37]. s. Spielgesetze, Consuetudines.
Gedichte über das Schachspiel: arabische 95; deutsche 100—101; englische 43, [2]. 99; französ. 82. 99; latein. 96. 124—127. 131.
Gedichte, mittelhochdeutsche, angeführt: 49. 53. 55. 56. 58. 61. 62. 83. 90. 91. 92. 93. 155. 157. 158.
Gefreite Steine 142, [45]. s. Privilegié.
Gegner des Schachspiels 9.
Geheime Räthe 161.
Geheimnisse des Schachspiels s. Schachspielgeheimnisse.
Geist des Schachspiels 192 (Uflacker) ..... (Günther Wahl).
Geistlicher (Springer) 41. 119. 152. s. Bischof.
Gelöste Bauern 56, [78].
Gemein: das gemeine Schachspiel 146; die gemeinen stein 131; daz gemeine volc 132; gemeine liute 136. 139. — diu *gemeine* 134.
Genósz, der küngin 140. s. Fercia.
Gervasius Tilbur. 78, [25].

Geschächet 77, [25].
Gesetze des Schachspieles 34. 124. s. Spielgesetze.
Gescheckt s. Schecke.
Gestein s. Stein.
Geverte s. Vart u. Gang.
Gherus, Ranutius 98, [95].
Giacometti 150, [77].
Gianutio, Horatio 29, [27]. 169, [37]. 182, [18].
Gevai VIII. 102, [12].
Gioachimo Greco Calabrese (Calabrois, Calabrian, the Italian) 37, [66]. 173. 174. 174, [19]. [25]. 186, [21]. 188, [37]; seine Spielart 173. 174.
Giuocare à scacchi 74.
Giuoco 75; g. patto 56, [78]. s. Jeu u. *Spil*.
Gkádscha (Läufer) 39, [81].
Goazir (Königin) 34, [47]. 46, [15], h. s. Vezir.
Godolfi 180.
Gonsalvo di Cordova 84.
Göthe 57. 157, [92].
Gottfried v. Straßburg 83. s. Tristan.
Gottsched 57.
Gräff, Pfarrer 82.
Grammatik: Schachgrammatik u. Chessgrammar 182, [23].
Gran, F. v. 182.
Grazzini, Cosmi, Scacchi ludus 98, [93]. 191, f.
Grimm, Jak. 92, [67]. 163, [14].
Greco, Calabrese s. *Gioachimo*.
Gronovius, Jac. Fr. 17, [78]. 96. 126.
Grothusen 70.
Gruget, Claude 9, [30]. 172, [7]. 176, [1].
Gruterus, Janus 98, [95].
Guarinonius, H. 11.
Guerre, jeu de 150, [76]. s. Kriegsspiel.
Güfler 117.
Gugor, Emil 29, [27].
Guido de Baysio 144.
Guldin spil, dz 93. s. Ingold.
Gunnlaugr-Saga 57.
Günther Wahl s. Wahl.
Guora (Springer) 36, [57]. 46, [15]. h.
Gustavus Selenus s. *Selenus*.
Gutsmuths Spiele 3, [9]. 9, [32]. 29, [27]. 43, [98]. 84, [50]. 177, [16]. [18]. 186, [17].
Gyot, G. G. 177, [16]. [18].
Hackwirdi 147, [61].
Haimonskinder 67.
Halle, Natürl. Magie 30, [28]. 147, [58]. 193, [18].
Hammer, Jos. v. 70.
Handschriften über Schachspiel in Florenz 133, [22]. s. Cessolis, Literatur, Gedichte rc.
Harsdörfer 85, [52].
Hartleder 71, [11].
Hartschier 42. s. Arciero, archer.
Harun al Raschid 24. 25.
Haschák 48, [30].
Hasty (Läufer) 46, [16].
Hátchi (Läufer) 39, [81].
Hauptmann 119.
Hayward 69, [5].
Hawkins, G. (poem on chess) 100.
Hazardspiele 2. 65, [1].
Heer, das indische 46.
Hegner, Ulrich 163.
Heidreck 73, [15].
Heigius, P. 192.
Heineke 192.
Heinrich I, Wilh. des Erob. Sohn 69.
Heinrich III 79.
Heinrich IV v. Frankr. 8. 167.
Heinrich VIII v. Engl. 32. 43, [2].
Heinrich von Bergen 110.
Heinrich von Freiberg 56, [79].
Heinse (Anastasia) 170, [7].
Helga 74.
Helvetius 23, [88].
Hellwig (Takt. Spiel) 149, [72].
Henricourt 60, [84].
Herbelot, d' 70, [8]. 147, [58]. 148, [62].
Herbert v. Cherbery 167.
Herbort v. Fritzlar 77, [25].
Hermann v. Fritzschlar 86.
Herodot 18.
Herold 119. 152.
Hervada, P. 147, [60].
Hervarar-Saga 53, [57]. 73, [15]. [18].
Herzogin im Todtentanz 163.
Hesychius 32, [39].
Hilding 73. 74.
Hindenburg, K. F. 193, [13]. a. b.
Hirschel, Moses 174, [24]. 175, [14].
Hirsebock, N. A. 98, [5].
Hláupan, hleapan 42, [94].
Hnefatáfl 53. 73, [18]; hnefi (Königin?) 74, [20].
Hnottáfl 53. 73, [18].
Hoeck 96, [91]. VII, 7.
Holbein's Todtentanz 163.
Holicot, Rob. 17, [78]. 191, f.
Holz 84. s. Stein.
Honebow 72, [15].

Hormann 32, [34]. 43, [2].
Horny, Joh. 186, [19].
Horse (Springer) 35, [53].
Höst 49, [32]. 148, [65].
Hosteler 114, [23].
Hoverbeck.
Howell, J. 121.
Hoyle, Edm. 181, [11]. [12]. 192.
Hring, König 73. 74.
Hrókr 38, [70]. s. Roch.
Huarte, J. v. Navarra 9, [31].
Hübner, Zeit. Lexik. 164.
Hugo v. Trimberg 12. s. Renner.
Huitserk 73.
Hume 70, [10].
Huot, diu (Schirm, Beschützung) 53. 54. 55, 66. 90; hüeten 55. 59. 91; die huot brechen 54. 55.
Huß, Johann 11.
Hyde, Thom. 12, [52]. [53]. 23, [92]. [95]. 24, [99]. 27, [24]. 28, [25]. 46, [15]. 84, [52]. 96. 103. 109, [14]. 123. 123, [49]. 146, [58]. VI. VII. VIII.
Ibn Chalikhan 23. 27, [22].
Ibn Sherph Mohamed 12. 149, [66].
Ilfeld, Gräfin 81.
Indien 27. 123, [49]. 166, [17]; indisches Schachspiel 146, [58]; seine Spielgesetze 146. 147, [59]; Indisch-persische Sage von Erfindung des Schachspieles 28.
Infante 45.
Infanterie régulaire (Bauern) 118.
Ingebjörg 74.
Ingold, Meister (dz guldin spil) 19, [83]. 35. 52, [52]. 54. 93. 103. 108, [12]. 109, [13]. 112. 114. 128, [90]. 139.
Innocentius (Moralizatio scaccarii) 103.
Interrex 113, [22].
Irene 25.
Irkner 115.
Irland 79; irländisches Schachspiel 27.
Irwin, E. (Game of Chess) 30, [28]. 147, [60].
Isagoge in scacchicum ludum (von C. Wiel) 191. f.
Isländer Schachspiel 41. [59]. 71. 72, [15]. 148; gute Schachspieler 72, [15].
Italische Schachspieler 168.
Ivar 73.
Jäger 114.
Jahn, Friedr. Ludw. 183.
Jakob I v. England 9. 41, [86]. 42, [93]. 167.
Jakob von Cessolis s. Cessolis.
Jakob von Maerland 37, [63].
Jakobson 193, [8].
Jambette 183, [51]. s. Gambit.
Jan von Helu 37, [63].
Jansen, Abraham 151. 180.
Jaque 48.
Jaucourt, Chevalier de 192.
Jeffrey, George 98, [3].
Jeghân (Läufer) 39, [81].
Jeße, J. E. K. 98, [5].
Jeu s. Jocus, giuoco, Spiel.
Jeux, les, de l'hombre ꝛc. 190.
Jöcher 103, [5].
Jocus partitus 192; jocos emilitare 126; jocum facere 60. s. Jeu, jouer, giuocare, ludere, spielen.
Johann, König 63, [97]. 81. — 69.
Johann v. Österreich 84.
Johann Friedrich v. Sachsen, Kurf. 70. 76. 167.
Johannes Sarisburiens. 152, [86].
Jones, William 22, [87]. 27, [19]. 46, [15]. 47, [22]. 146, [58]. Caïssa 99. 178, [2].
Johnson 192.
Joinville, Jeh. de 81.
Joseph II 7.
Jouer aux tabes, aux echecs 60. s. Jeu, ludus, giuoco, Spiel ꝛc.
Juan, Don, de Austria 84, [51].
Judas Levita 4, [17].
Juden 148.
Jugendzeitung 9, [32]. 52, [50]. s. Dolz.
Jûnd (Springer) 36, [57].
Jurchas 149, [67].
Kalila Damna 23.
Kameele (Thürme) 37. 38.
Kanope 23.
Kanut, König 68.
Kanzler 114.
Karl der Große 24. 62. 64. 79. 166; sein Schachspiel 24. 25, [5]. [6].
Karl I von Schottland 70.
Karl V von Frankreich 167.
Karl V. Kaiser 76. 85. 167.
Karl XII von Schweden 8. 70. 167.
Kartenspiel 2. 3. 86. [57]. 87, [57]. 93, [71]. s. Chartae, Cartes.
Kaschemir 27.
Katharina von Medici 167.
Kauniz 7.
Kausch 12, [50].
Keller 114.
Kempelen's Schachmaschine 192. 193.

Kenny, W. 9, [30]. 23, [90]. 179, [15]. [16]. 182, [23].
Kersteman, P. L. 179, [1].
Keysler 168, [35].
Khan (König) 31, [30].
Khosri 4, [17].
Kiaho 147.
Kindermann, J. K. 179, [11]. 186, [10].
King 31, [30]. 43, [2]. s. König.
Klauker 146, [58].
Kleine, das, Spiel 161.
Klestrones 20, [84].
Kling 91, [64].
Klotz 93, [71].
Klubb s. Schachklubb.
Knappen (Bauern) 86.
Kneyterne (Bauern) 44.
Knight (Springer) 35. 43, [2]; knyght 43, [2].
Köbel, Jakob 2, [5]. [8]. 8. [23]. [24]. 32, [36]. 101. 140. 160. 162. 163, [11].
Koch, J. W. Schachspielkunst 179, [12]. 186, [21]; Codex der Sch. 31, [28]. 160, [100]. 162, [8]. 165. 174, [25]. 176, [12]. 177, [14]. [15]. 179, [7]. [12]. 184, [3]. — 98, [5]. 114. VIII.
Kochanowsky s. Cochanovius.
Komnena s. Anna.
Komnenus s. Alexis.
Kongen s. König.
Konie (Springer) 36.
König 31. 81. 119. 141. 152. 158. 161. — 142, [45]. 143; *Künec* 31, [30]. 54, [62]. 55, [66]. 57. 86, [56]. 114. 119. 129. 134. 139, [43]. 141. 155, [10]; kuninc 90. 91. 31, [30]; kúng 93; kongen 31, [30]; konung, konungr 31, [30]; kynges 43, [2]. [1]. — Des Königs Abbildung 119. 120. Des Königs Zug 132. Entblößter König 56, [78]. s. *King* und Re, rege, rex, roy.
Königsspiel 2, [7]. 48, [28]. 90. 151, [84]. 185, [4]. 188, [33].
Königsstein (im Schach) 74.
Königin 31. 81. 119. 158. 161; *künigin*, künegin, küngin 32, [36]. 57. 90. 91. 94. 86, [56]. 119. 120. 134. 137. 138. 139, [43]. 140. 141. 142, [45]. 143. 145. 155, [10]. Der Königin Abbildung 120. 121. Ihr Zugrecht 34. 135. 136; neueres 145, älteres (nur 1 Schritt!) 34. 144. 161. Ihre Bedeutung (Feldherr, s. Vezir, Fercia, Fierge) 32. 85. 146. 161. s. Regina, reine, dame.
Königin des Todtentanzes 163. 164.
Königshofen 104.
Konrad, Pfaff 62.
Konrad von Ammenhusen V. 5. 19, [83]. 100. 108, [11]. 109. 109, [15]. 119. 137, [41]. 138. 155. 184.
Konrad von Würzburg 13, [56]. 61, [89].
Konradin von Schwaben 71.
Korolle (König) 31, [30].
Korolewna (Königin) 31.
Kosra, Kosroe 80. s. Cosroe.
Koufman 133.
Krát (König) 31. [30].
Krála (Königin) 32.
Kramer 117.
Kredenczer 114.
Kreuzzüge 25. 166.
Krieg zw. weißer u. rother Rose 118, [42]. 183, [30].
Kriegsbedeutung des Schachspieles 31.
Kriegslisten des Schachspiels 187, [22].
Kriegsspiel 150, [74]. [76]. [77]. 185, [4]; jeu de guerre 150, [76]; Festungskrieg 149, [71].
Król (König) 31, [30].
Królava (Königin) 32.
Krünitz Encyklopädie 160, [100]. 1, [92].
Κυβεία, cubi 16, [76].
Kúl (Bauer) 44.
Kunst im Schachspiel ein Meister zu werden 187, [23].
Kunstsprache des deutschen Schachspiels 53.
Kunststücke des Schachspiels 148, [66]. 149. 187, [24].
Kunst- u. Gewerbblatt 193, [10].
Kuonrát, phäffe 62.
Kupferstich vom Schachspiel 89. s. Retzsch.
Kurier s. Currier.
Kürsner 115.
Kutar 70.
Kybler 85.
Laber, Diepold 108, [12].
Labourer 114, [23].
Läffel (Läufer) 114. s. Löufel.
Lallemant, J. G. 190.
Lambe, Rob. 30, [28]. 181, [13]. VII.
Lamberger VIII.
Lancelot 84.
Länder- u. Völkerkunde 192.
Lanka (Zeylon) 27.
La Peyrere 72, [15].
Lappe, C. 150, [80].
Lascy 7.

Laßberg, Jos. v. 12, [48]. 92, [67]. 108. 155. s. Liedersaal.
Latrunculorum ludus 17, [78]. 71, [11]. 147, [60]. 191, f.
Laudon 7.
Laufen 145. 146.
Läufer 36. 42. 118, [88]. 162, [9].
Laurentius, J. Luc. 17, [78].
Le Clerc, D. 17, [78]. s. Clericus.
Lederer 115.
Ledschladsch 23.
Le Fevre 154, [58]. s. Faber.
Legat 119. 122; legatus 113, [22].
Legh, Gerard 26, [13].
Le Grand 33, [43].
Lehren, Spiellehren 195—197.
Leibnitz 18, [78].
Leibschütz 119. 152. s. Schütz.
Leidenschaft beim Schachspiel 65.
Leitgeb, der 117.
Lella (Königin) 32, [37].
Leo X, Papst 76. 167; liebt das Schachspiel gleich Luther 13.
Leska, N. G. 193, [14]. b.
Lessing 10.
Leti, Greg. 71, [11].
Leunclavius 47, [18].
Levée, J. B. 97, [93], [14]. 98, [2].
Leveque, Louis de Pouilli 9, [81].
Leves, R. 180, [48], [1].
Lewis, Will. 8, [27]. 25. 26. 147, [68]. 175, [6]. 182, [21].
Lewis, schottisches Eyland 182, [22].
Leygebe, Gottl. 82.
L'Hombre ꝛc. 189.
Liber de moribus hominum et officiis nobilium super ludo Scacorum 104.
Lices 82.
Lichtenberg 193, [14].
Liedersaal 92, [67]. s. Laßberg.
Liher 116.
Limburger Chronik 61.
Literatur des Schachspiels 176 ꝛc. 180, [48] ꝛc.
Lob des Schachspiels 1—4.
Löberen (Springer) 42.
Lodya (für Thurm) 38.
Lolli, Giamb. 170, [7].
Lópâre (Springer) 42.
Lopez s. Ruy.
Lossius 77.
Löufel 118.
Lübeck 90.
Lucena 173, [40], [9].
Ludere tabulis 53.
Ludus arithmomachiae 152.
Ludus Scacchorum 18, [79]. 68, [6]. 72, [15]. 96. 104; ad Scacchos 60, [84]. 144; scaccarii 91, [65]; scaccarius 87; scacchicus 72, [15]. 100; zatricius 47, [18]; latrunculorum (s. d.). — tabulae 65, [1]. Ulyssis 17, [78].
Ludwig IX v. Frkr. 25. 81.
Ludwig XIII v. Frkr. 81, [38]. 167.
Ludwig XIV v. England 167.
Ludwig Philipp v. Hessen 76.
Luettes 94, [71].
Lusor 113.
Luther, Martin 13. 77. 86, [57].
Lydgate, J. 8, [25]. 28. 19, [83]. 33, [42]. 39, [76]. 100.
Lydus 18.
Mác 27.
Machado 171, [39], [1].
Macter 61. s. *Mat*.
Madden 24, [2]. 25, [6]. [7]. 26. 26, [16]. 32, [34]. 41, [89]. 42, [93]. 65, [1]. 67, [4]. VII.
Magazin, hannöverisches 52, [50]; der neuesten Erfindungen 193, [9].
Magazin encyclopédique 30, [27] (Rösselsprung) 177, [13]. 194, [25].
Máhamantri (Königin) 32.
Mahomed, Sultan 85.
Maison, la, des jeux académiques 190.
Maittaire 183, [28].
Malk (König) 31, [30]; malkha (Königin) 32.
Mallet 149, [67].
Malmesbury, Wilh. v. 25, [9].
Mandelslo 47, [27].
Mangiolino 27. 168.
Mangitor 151, [81]. 169, [36].
Mann, Männer 158. 161; Schachmännlein, Chessmen 80, [29]. (s. Chessmen.)
Marcheselli 98, [4].
Margante maggiore 93, [71].
Marchant 114, [23]. s. Mercator.
Marinelli, Fil. 150, [80]. 170, [5].
Mariniere, de la 85, [52].
Marokkanisch Schachspiel 32, [37]. 49. 148.
Marschalc 114; Marschalk 119. 152. (s. Königin, Feldherr.)
Martini, Seb. 97, [93].
Masares, Louis des 98, [2].
Masden, G. Fr. 97, [93].
Massudi 23.

Matt, der mat 49. 50, [40]. 55. 59. 94; mattus, mattum 127. 130; *matto* 50. 76; *mat*, pion mat 56, [78]. — Fools mate, blindes mate, blindmate, smolberedmate, scholarsmate, 56, [78]. Das Schachtisch-matt 55, [75]. Schachmatt, schâchmat 88. 90. 139, [43]. scacco matto 49, [33]. check mate 49, [33]. 95. xaque mete 49, [35]. Eschec et mat 49, [33]. 95. *schâch unde mat* 57. 95. 146. skâk og mat, skâka and mata 50. schachmatten 56, [78]. Matten 78. 88. 127. mattare 75. 76. 89, [60]. matar 50. mater 68. macter 61. to mate 50. *mat tuon* 135. Matt sprechen, sagen, thun, ziehen 55. Être mate 68. 69, [4]. matt werden 55, [69]. — Abweichende Gesetze 144.
Matthesius 77.
Maussac 81.
Mauritanisches Schachspiel 49.
Mauvillon, F. W. v. 1, [4]. 187, [25]. a. b. c.
Medicus 113. 113, [22]. s. Arzet.
Medrano 168.
Medschi 80, [32].
Meister 192. 193, [7].
Meißner 144, [50].
Mélanges tirés ꝛc. 105, [9].
Meleh, melek, melk (König) 31, [30].
Mendheim, J. 2, [4]. 187, [26].
Mennel, Jakob 5. 12, [51]. 17. 19, [83]. 35. 44, [6]. 44, [15]. 54. 54, [62]. [64]. 83, [48]. 95, [84]. 100. 101. 102. 106. 109. 132, [36]. 138. 143. 145. 160. 162. 162, [4]. 184. 195.
Menochio 173.
Mercator 113. 113, [22].
Mercur, Deutscher 64, [50]. 69, [4].
Metellus Tegernseensis 26. 65, [1]. 106.
Metromachia 154, [8].
Meusel 93, [71].
Middleton, Thom. 87, [57]. 100. 183, [29].
Miles (Springer) 33, [43]. 35. 113, [22]. 126. 131.
Militaires, Echecs 150, [76]. [78].
Millin 177, [13]. 194, [25]. s. Magazin.
Minre, daz, spil 156, [44]. [61]. [68].
Mirchond 23.
Mittelbauer 56, [78].
Mitternachtblatt 30, [27].
Modenese, Autore 170, [7]. [10]. 171, [16].
Mohnike 53, [57]. 73, [17]. [19]. 149, [57].
Mollweide, K. Br. (Rösselsprung) 30, [27].
Monatsschrift, Deutsche 23, [90]. 45, [12]. 46, [15]. 50, [40].
Mönche spielen Schach 171, [39], [1]. 172.
Montaigne 10.
Montfaucon 17, [78]. 192.
Moralisatio de Scacario 41. 103. Moralisationen über das Schachspiel 100 — 103. Morals of Chess (Franklin) 102. 103, [4].
Morgenblatt 12, [50]. 29, [27]. 86, [57]. 146, [57]. [58]. [59]. [60]. 166, [17].
Morosino, Ascanio 98, [93].
mort (matt) 67, [3].
Mosler, B. 170, [10].
Mohamedanisch Schachspiel 123, [49].
Mulier (Königin) 32, [36].
Müller, J. D. 98, [5].
Müller, J. J. Spieltaschenbuch 189.
Müller, Sagaenbibliothek 73, [16].
Müllner (Rösselsprungräthsel) 30, [27].
Murner, Thomas 103, [1].
Murphy, Arthur 98, [3].
Mutoni, N. 97, [93]. 98, [5].
Mycillus, J. 22, [86].
Myrkond 23.
Nachtigal 45, [12].
Nage (Läufer) 39, [81].
Naibi 94, [71].
Nakali 24, [2].
Namen der Schachsteine 31. 45, [15].
Nassir 23.
National-Convent 118.
Nationalschach 118. 149, [73].
Nerdiludium 148, [63].
Netter 188, [27].
Netto 18, [78]. 23, [90]. 24, [98]. 45, [14]. 52, [49]. 124, [54]. 145. 160, [100]. 162, [8]. 184, [5]. [54]. 188, [28].
Nibelungelied 51. 118. 159, [98].
Nicolai, Fr. 175, [17]. 188, [29]. 193, [11].
Nicolai de Tudeschis 144, [51].
Niebuhr, Reisen 83, [47].
Nikephorus 25.
Nithart 94.
Nordymbra 73, [16].
Notarius 113, [22].
Nuchrahdi 80.
Nürnberg 93, [71].
Nuschirvan 23.
Oceranomachia 154, [8]
Officialis 113, [22].

Officiis, de, Liber de moribus hominum et de o. nobilium super ludo scachorum 104.
Ogier der Däne 65. 65, [2].
Olafsaga 68.
Olassen 31, [32]. 38, [70]. 44, [3]. 71. 72, [15]. 149, [67].
Olearius 19, [83]. 20, [84]. 46, [17]. 47, [23]. 147, [61]. 162, [9].
Opusculum Enchiridion (des Th. Aquila) 191, e.
Orangh (Bauer) 44.
Orgar, Carl 26, [16].
Orkneyingasaga 61.
Ostertag (Kempelen) 193, [12].
Otkar 64. 65, [1]. s. Albert.
Otto v. Deppen 180, [12].
Ottokar v. Horneck 71, [13].
Oude 40. 49, [33]. s. Alt.
Ovidius de Vetula 17, [78]. 33, [43]. 39, [75]. 127. 130, [27]. u. 130, [29].
Ozanam 3, [12]. 29, [27]. — 177, [17].
Paciottus, Felix 191, f.
Padatam (Bauern) 46, [16].
Padeh (Bauern) 43.
Paida, Johann zu Skeudiß 29, [27].
Palamedes, ludus Palamedis 16, [76]; Palamedes redivivus 16, [76]. 180; laped Palamediaci 16, [76]. Gegen Palamedes 17, [78].
Pamphilius Mauritianus 32. 41.
Paon, pannet, paonez, paonniers 33, [43]. 43. 66. 82.
Parcifal 118.
Partie remise 56, [78].
Partita 87; partitus jocus 192.
Pasquicr, Estienne 111.
Pass, to battle; passar bataglia 56, [78].
Pat, le Pat, Patto 56, [78].
Paulus Diaconus 71, [13].
Paulini 48.
Paunys 43, [2].
Pawn 43. 43, [2].
Paysans (Bauern) 44.
Ped (Bauer) 44.
Pedes, peditis (Bauer) 33, [43]. 43. 125. 129. 131. 144; *pedester* 33, [41]. 125; pedestre 44, [6].
Pedina (Bauern) 43.
Pedo (Bauer) 89, [60].
Pedona, *Pedoni* (Bauern) 43. 75. 113, [22].
Pedun (Bauer) 44.
Pedistre s. Pedester, Pedes.
Peikhèr (Steine) 80.
Péon (Bauer) 33, [43]. 34. 43. 43, [2]. 145.
Peord, pert (Bauer) 44, [3].
Peragle (Bauer) 44.
Periès 150.
Peritschehre 27.
Perpétuel échec 56, [78].
Perrone, Tommaso 97, [93].
Persur 123, [49]. 147.
Pert, pertra 44, [3].
Πέσσος s. Pettia.
Peschkie (Bauer) 44.
Petrus Alfonsus 13, [55].
Petrus Damianus 172, [10].
Petrus Martyr 22, [87]. 149, [68].
Petrus de Monte 144, [51].
Petronius 17, [78].
Pettia, *πεττεία*, *πέττος* 16, [76]. 17, [78]. 171, [12], [2].
Peyrere, La 41, [89]. 72, [15]. 81. 149. [67].
Peyronie, G. 72, [15].
Peyrot, du 103, [1]. 176, [3].
Pfister, der 114.
pflegen 117.
Phert, fert 44, [3].
Phil s. Pil.
Philidor, Andr. Danina 81. 99. 151. 168. 174, [25]. 175, [8]. 177. 178. 179. 180. 186, [21]. 188, [37]. 190.
Philipp II von Spanien 70. 167.
Philipp Ludw. v. Hessen 76.
Phillieul, Vasquin 98, [2].
Philosophers game, the 153, [2].
Phisicyen 114, [23].
Piacenza, Franc. 149, [69]. 170, [4]; sein Stein Centurio 151.
Piada (Bauer) 43, [99].
Piadeh, pijadé, pijadegan (Bauer) 43.
Pida 46, [15]. h.
Piedemonte, Carlo 47, [93].
Pieszek (Bauer) 44.
Piéton (Bauer) 43.
Pigmalyan 83.
Pijadé s. Piadeh.
Pil, *pilu*, *phil* 38. 39. 42.
Pilban 123, [49].
Pilipartus 113, [22].
Pilu s. Pil.
Pion, pions, pionnes (Bauern) 43. 44. 111. 124. Pion mat 56, [78]. pion doublé 56, [78].
Pipin 24. 81.
Pitseus 100. 183, [28].
Planner 150.

Platina 49, [31],
Poem on chess (von Hawkins) 100.
Pohlmann, J. G. 180, [47], [17]. 182, [24].
Pongaba (Bauern) 44.
Poniatowsky, Karls XII General 70.
Pontifex 89, [60]. s. Bischof.
Ponziani, Dom. 170, [8].
Poons, poonnes (Bauern) 43.
Pôp (Läufer) 41.
Pope 97, [92].
Populares 112.
Portner, der 114.
Porto, Anton 172, [9].
Portugiesische Schachspieler 171.
Posselt, E. C. 193, [16].
Posten ausstellen 162, [6].
Poun (Bauer) 43. 43, [2].
Pouons, Powons (Bauern) 43, [2].
Povelsen 31, [32]. 38, [70]. 72, [15].
Powons (Bauern) 43, [2].
Prestre, prêtre (Läufer) 41. s. Bischof.
Pret 131. s. Bret, Schachbrett.
Prideux, Dr. 103.
Preußisches National-Schachspiel 118.
Preußler, J. P. L. 176. 188, [30]. VIII, [9].
Priester und Mönche spielen Schach 171, [39], [1]. 172.
Prince (Läufer) 42, [95]. 111, [20].
Principalsteine 162, [9].
Privilegierte Steine 142, [45]. s. Gefreyte Steine.
Ψήφη (Steine) 80.
Publicius, Jac. 113, [22].
Pulci, Luigi 93, [71].
Pullein, Samuel 98, [3].
Purchas 72, [15].
Puttino, Il 169, [38], [2].
Pythagorisch-arithmetisches Schachspiel 188, [4]. Jeu pythagorique 153, [1].
Quadrum, Feld 132, [36].
Queen, quên 32. 43, [2]; queens-spicer (der Bauer der Königin) 44.
Quirinalia 65, [1]. s. Metellus.
Quixote 87, [58].
Rabelais 42. 94, [71].
Rach 37, [66]. 142. 145. 146. s. Roch.
Racschasa 27.
Radscha 31, [30].
Raja, *rai* 23, [97]. 31, [30].
Raleigh, Walter 167.
Rama 27. s. Schâchram.
Ramler 98, [4].
R(anson), J. v. 151, [63]. 188, [31]. 194, [21].
Rath, Geheime Räthe 110, [18]. 119. 152. 161; der rât 156; râtgebe 155, [25]. — Schachräthsel (nach dem Gesetze des Rösselsprunges) 30, [27]. 73, [15].
Ratha 35. 42. 46, [16].
Rauben 145. 146. Raubung 56, [78].
Raulin, Joh. 87.
Raumer, Fr. 71, [12].
Rauwolff, Leonh. 147, [61].
Re, rè 31, [30]. 75. 87. s. Rei, rey, rex.
rechte, daz, schachspil 145.
Regeln des Schachspiels, ältere 143; les règles du jeu des échecs 190.
Regina 32. 34, [47]. 87. 113, [22]. 129.
Regineta, reinette, rianata 48, [28].
Regnier 111, [20].
Rei 43, [2]. s. Rey, re, rex.
Reichsanzeiger 162, [10]. 194, [20].
Reine 32, [36]. s. Regina.
Reinette 48, [28]. s. Regineta.
Reinganum, A. 96, [91]. 183, [51], [1]. VI, [1].
Reinhard Fuchs 92, [67].
Reinmar v. Zwetern 94.
Reisewitz 150.
Reiter (Springer) 35, [54]. 119. s. Reuter u. Riter.
Reiterei im indischen Heere 35.
Reland 149, [66].
Remise, partie 56, [78].
Renner 51, [43]. 86, [56]. s. Hugo v. Trimberg.
Researches, Asiatiques 22, [87].
Retzsch 87, [57]. s. Kupferstich.
Reuter (Springer) 35, [54]. 119. 158. Reuterhauptmann 152. — s. Reiter, riter.
Reutlingen 93, [71].
Rey 31, [30]. 66. 67, [3]. s. Rei, rex.
Rex 31, [30]. 33, [43]. 113, [22]. 125, [26]. 128. 131. Interrex 113, [22]. s. Re, rei, roy, König.
Rhythmomachia 152. 152, [86]. 153, [1]. [2]. [3]. 154, [5]. [6].
Rianata 48, [28]. s. Regineta.
Ribalden 117; ribaldus 113.
Richard I 25. 26.
Richard 67.
Riddara 68; riddare, ridder 35. 45, [8]. s. *Riter*.
Rihter, der 121. 134.
Ringhieri, Inn. 84, [5]. 170, [3]. 191, c.
Rio, Ercole dal 170, [7]. [10].
Ritære, rîter, riter, ritter (Sprin-

ger) 35. 54. 55, [66]. 57. 86, [56]. 90. 91. 93. 94. 112. 115. 117. 134. 139, [43]. 140. 141. 155, [11]. 159. — 35. 81. 119. 152. — Abbildung 122. — Rittermeister 114.
Ritterstand 111.
Robert v. St. Remy 25.
Robert, König v. Ungarn 81.
Robertson 71, [11].
Robertus Monachus 63, [96].
Roc 37. 43, [2]. 45, [8]. 66. 67. 68. 82. 111; les Rocz 38. 123.
Roca, rocca 38.
Roccho 37.
Rocco 38. 46, [15].
Rocco, Bened. 171, [13].
Roccus 33, [43]. 114, [22]. 131.
Roce 38.
Roch (Vogel) 47, [20].
Roch, daz (Thurm), Roch 35, [52]. 37. 39, [66]. 43, [2]. 49, [36]. 54. 54, [62]. 55, [66]. [75]. 59. 79. 81. 86, [56]. 90. 93. 94. 112. 114. 117. 119. 122. 131. 132. 135. 136. 137. 139, [43]. 140. 155, [12]. 158. 162. 196, 197; rach 37, [66]. 142. 145. 146; *schâch-roch* 49; tuon 60. — Abbildung des Rochs 122—124. Zug des Rochs 136.
Rocha 38. 46, [15]. h.
Roche 38.
Rochen, rochieren (rocher) 37, [66]. 144, [50] (Gesetze u. Literatur). 162. 162, [7].
Rochus 38. 65, [1]. 75. 113, [22] (legatus regis). 125. 126. 127. 128. 129. 132, [86].
Rochlitz 79.
Rock (Thurm) 37.
Rock (Vogel) 38, [70]. 47, [20].
Rocus 113, [22].
Rocz, les s. Roc.
Rodulfus 71, [13].
Rógil (Bauer) 44.
Roi 31, [30]; roi depouillé 56, [78]. s. Roy.
Roke 37, [62].
Rokh 38, [70].
Rokis 43 [2].
Rolandslied 62.
Rook 37. 43, [2].
Roque 37. 37, [62].
Roman, J. J. Th. (Les Eschecs) 99.
Romane, altfranzösische 65; Roman d'Alexandre 33, [43]. 39, [77]. 42, [92]. 82; de Cassamis 33, [43]; de Paon 39, [77]. 40, [86]; de Parise 93, [71]; de la Rose 7, [19]. 18, [80]. 26, [15]. 33, [43]. 44. 60, [84]; de Troye 82; du voeu 39, [77].
Rootse, rootsche 37, [63].
Rose, weiße u. rothe 118. 183, [80].
Rosenthal 193, [8].
Rosenthal, das persianische 147, [61]. 162, [9]. s. Saadi.
Ros (Roch, Thurm) 37.
Rossi, de, C. G. Gh. 194, [22].
Roß 36.
Rössel 80; Rösselsprung 29, [27]. 30. 36. 80.
Roßwald 84.
Roth 37. s. Ratha.
Roulettisch 2.
Rousseau 11.
Roux 5.
Roy 43, [2]. 82. 111. 111, [20]. 145. s. Roi.
Royne 33, [43]. 43, [2]. 111, [20]. s. Reine.
Rowbothum 9, [30]. 18, [79]. 41. 42, [96]. 98, [3]. 153, [2]. 172, [8]. 180, [48], [2]. 181, [16].
Ruch (Vogel) 37. 47, [20].
Ruch, Roch 42.
Rucken 53; verrucken einen stein 87.
Rûk 37.
Rudolf, Kaiser 71.
Rusibus, Jac. de 104, [8]. 191, f.
Rust, J. F. 179, [13]. 188, [32].
Rutland, Herzog v. 151. 166, [18]. 180.
Ruy Lopez di Segura (Inego del Axedrez) 9, [31]. 18, [79]. 20, [84]. 167. 168. 169, [38], [5]. 171. 173. 173, [40]. 176, [7]. 182, [18].
Rycer (Springer) 35.
Rythmomachia 184, [54].
Saadi, Sadi 19, [83]. 46, [17]. 47, [23]. 147, [61]. 162, [9]. s. Rosenthal.
Sabadino, Joh. 11.
Sacchieri 168.
Sadi s. Saadi.
Sadoc 74.
Sadrendi 47, [24].
Saecspael 108, F.
Sage von Erfindung des Schachspieles 2. 16; falsche 16. 27; indisch-persische 27. 28. s. Schach.
Sagen schâch 135.
Sagittarius (Läufer) 43.
Sagittarius, P. M. 191, f.
Sagittifer (Läufer) 40. 43.

Salmasius 51. 191, f.
Saltator (Springer) 40. 127; saltatrix 147.
Salvador 180, [48].
Salvio, Alexander 100. 167, [23]. 168. 168, [34]. 169, [36]. [38]. 177, [18]. 182, [18].
Sancho Pansa 87.
Sandapila 39, [79].
Sandy 148, [64].
Sängerkrieg auf Wartburg 53.
Sannazaro 56, [78].
Σαντραξ, *Σάντρατζ* 47, [21].
Sarasin, J. Fr. 45, [15]. 51, [46]. 111, [20].
Sarazenen 24, [99].
Sarratt, J. H. 154, [54]. 169, [2]. 172, [10]. 173, [40], [7]. 182, [18].
Sartor 113, [22].
Satellites 43, [93].
Satrendj 47. s. Shatrendj.
Saul, Arthur (Game of Chess play) 8, [27]. 42, [93]. 111. 180, [48], [5].
Saumaise s. Salmasius.
Sauteur 36.
Savelon 20, [84].
Scaakspeel 108, F.
Scacar 52.
Scacarium 78, [25]. 81; ludus scacarii 91, [65]; scacarius ludus 87.
Scacatus 77, [25]. 78, [25]. Geschächet 77, [25].
Scaccarium 48. 78, [25]. 103.
Scaccatus 78, [25].
Scacchaïde 99. 100.
Scacchi 48. 75. 87. 94, [71]; Scacchorum ludus 104. 128. 191, f.; ad Scacchos 144; Scacchicus ludus 72, [15]. 100; Scacchii ludus 191, f.; Scacchia 4, [17]; Scacchiae ludus 181, [6].
Scacchier 82. 148; Scacchiere 60, [85]; lo scacchiero 74. 76.
Scaccho 48.
Scacci 48.
Scacciare 52, [49].
Scacco matto 50. 75. 95; dar ir scacco 95; dir gli scacco 76; Archiscacco 146, [69]; Scacco-Rocco, -Dama, -di Cavallo, -Tavola 49, [33]. 56, [78].
Scach 46, [15].
Scacha 51, [44].
Scacherium 113, [22].
Scachia 96. 97; Scachiae ludus 181, [6].
Scachicus ludus 100.
Scachum dicere 126.
Scaci 63, [96]. 80. 130.
Scacorum ludus 68, [6]. 88, [60]. 96. 113, [22]. 114, [22]. 126. 130. 130, [27].
Scaco 49; scaco dire 55. 56, [78].
Schaaken, Schaaker 52, [50].
Schach (schräg) 78, [25].
Schach, Schâch, daz (Zuruf) 31, [30]. 51. 55. 59. 94. 95. 95, [84]. 135 (der schâch); Schach dem Könige 49. 50; schâch-roch 49; schâch-roch tuon 60; schâch bieten 55. 56. 56, [78]. 143. 144, [30]; geben 56. 78. 140. 143; sagen 55. 56. 125. 135; sprechen 55. 56. 135; schachen 47. — *Schâch unde mat* 57. 95. 95, [84]. 146; schach und matt sprechen 55, [71]; schâchmat 88. 89, [60]. 139, [43]; schachmatt 50. 86. 90; Abschachmatt 56, [78]; blinder Schachmatt 56, [78] (s. blindmate); das Schachmatten 56, [78]; schachpatt 56, [78]. — pers. Schâh mât 50.
Schach, Schachspiel 1. 48. 1—4. Gegner 9. Lob desselben 1—4; ein edles, berühmtes, ritterliches, königliches Spiel 58; im Mittelalter 13; zur Rittertugend gehörig 61; Leidenschaft prüfend 71; Leidenschaft weckend 12; Todtschlag darüber 65. 66. 67. 69, [4]. Spielen um Land u. Leute 20, [84]. 64, [98]. 79. 84. Spielen mit Menschen 84. 85. 85, [52]. Spielen um Geld 75. freigehalten vom Gelde 2. Ein Spiel für Jedermann 4. 120; für die Jugend 9, [32]; für Studierende 10. Priestern u. Mönchen erlaubt 13. 14. 171, [39], [1]. 172; verboten 14. Städtern 14. 15. Geist des Schachspiels 192. Vergleichungen des Schachspiels mit dem Tode 85. 86. 87. 88; mit Jugend u. Tugend 90. Schachspiel ein Bild des menschlichen Lebens 87, [56]. 102, [1]; des deutschen Volkslebens 110. 111. 112. 104. Schachspiel ein Bild des Krieges 4. 5; ein Zweikampf 5; ein Turnei 5; ursprüngliche Kriegsbedeutung des Spieles 31. Abbild der altindischen Heereseinrichtung 15. 16. Bestandtheile des indischen Heeres 46. Entstehung u. Geschichte des

Schachspiels 30, [28]. Sagen darüber 2. 10. 18. 27. 27, [28]. 131. Verbreitung des Schachspiels über Europa 25. Geschichten vom Schachspiel 69.
Schachspiel in Indien 23. 27. 123, [49]. 146, [58]. 166, [17]; in Persien 18, [78]. 19. 123, [49]. 147; in Arabien 83, [47]; in Afrika 18, [78]; in Aegypten 18; bei den Birmanen 147; in China 18, [78]. 147, [60]; in Griechenland 27; in der Türkei 148; in Island 41, [59]. 71. 72, [15]. 148. Irland 27. 79. England 26. Frankreich 26. Italien 27. in Deutschland 53. 76. 124. 146 (s. Current-, Currier- u. Königsspiel) mit Würfeln 65, [1]. Ausbildung des Schachspieles 106.
Schachakademien 1. 9, [32]. 165. s. Schachklubbs.
Schachausdrücke 59, [78].
Schachbrett (bret) 83. 83, [47]. 197; von Elfenbein 158; in Ströpke 164; als Wappen 79; dreiseitig 150, [80]. s. Spielerweiterungen u. Schachspiel.
Schachdecken 144, [50].
Schachen 1, [7].
Schächen 52, [47].
Schacher, der 166.
Schachfiguren s. Steine.
Schachgrammatik 23, [90]. s. Grammatik.
Schachias 98, [5].
Schachiludium 95. 148, [60]. [66]. 149, [66].
Schachklubbs 1. zu London 1. 182, [20]. Edinburg 1. 187, [25]. b. Pa-1. 174, [25]. 186, [21]. Berlin u. Breslau 187, [26]. s. Schach-Akademie.
Schachkönig 83.
Schachliteratur 168—194 ꝛc.
Schachmaschine (Kempelen) 192. 193.
Schachmatt s. Schach, **Schâch.**
Schachpolitik 186, [12].
Schachräthsel 73, [15]. 30, [27].
Schachspiele (s. Schach), sehr schöne 74. Bücher 188, [34]. 190. 87, [57]. Bretter, von Fischbein 72, [15]. von Elfenbein 24. 58. 61, [89]. 67. 164. von Silber 81. von Eisen 82. von Gold 67. 68. 80. 82. 167. Silber u. Gold 164. 165. von Kristall 24. Kristall u. Gold 25. Karls des Gr. Schachspiel 24. — Schachspiel im Federkiel 82. im Reisewagen 81, [88]. in Schlafgemächern 83 u. in Schiffen im Beutel aufgehängt 83.
Schachspielaufgaben 187, [21]. c. 2, [4].
Schachspielbenennungen 24; sprichwörtlich angewendet 94.
Schachspieler, tüchtige 62. 76. 77. 166. deutsche 183. isländische 72, [15]. englische 180. französische 177. italische 168. spanische 171. — Die Bauern zu Ströpke 164. 183. Doppelspieler 167. 168. Blinde Spieler 168. — Der Schachspieler des v. Kempelen 193, [14]. [16]. [17]. 194, [20]; [8].
Schachspielerweiterungen s. Schachbrett u. Spielerweiterungen.
Schachspielgeheimnisse 176, [12]. 188, [30].
Schachspielgesetze s. Schach, Currier, Königsspiel, Königin u. Steine.
Schachspielkunst 186, [21]. Elementarbuch der 187, [21]. d. Theorie 150, [78].
Schachspielsagen 26. 64. 65, [1]. s. Sage u. Roman.
Schachspielverkleinerungen 147. s. Schachbrett u. Spielerweiterungen.
Schachspielsäle 84. s. **Schâchzabeleht.**
Schacht 77.
Schachzabelspiel s. **Zabel.**
Schachziehen s. Ziehen.
Schackieren 77, [25].
Schade, der 59.
Schadraedsch 47.
Schah, **jungfra ſchah, riddare ſchah** 72, [15].
Schâhferz, -fil 49, [33].
Schâhmata 50.
Schâhname 23, [94].
Schâhrâm 23. 28.
Schâhrenj, **Schahrendj** 47.
Schâhruch 49. 70.
Schâhhâri 51.
Schaken, schåken 52.
Schata, **ſhad, ſzad** 47, [12].
Schatrak 47.
Schatrandsch 47.
Schatrangi 148, [63].
Schecke 78, [25]; scheckig, gescheckt 77, [25].
Schedel, Hartmann 20, [84].
Schendo fin 39, [79].
Schelter 117.
Schesch-reng 47, [25].

Schetraij 47.
Schiereck, J. F. 189, [43].
Schitrendj 47. 47, [25].
Schleich 110, [18]. 158. 158, [93]. 161. 163.
Schlott, N. 48, [28]. 90, [62].
Schlotthauer 164, [16].
Schmeller 45, [11]. 51, [43]. 52, [49]. [51]. 53, [53]. 61, [87]. 78, [25]. 115, [28]. 116, [31]. 117, [34]. [37]. 157, [92].
Schmidt schwäb. Idiot 157, [92].
Schmidt, A. F. 188, [36].
Schnitzen der Figuren 80. 123. 81.
Schodrendj 47, [25].
Schogui 48, [27].
Schriber, der 114. 126. 133.
Schuester 115.
Schütz (Läufer) 35, [54]. 43. 119. Leibschütz 119. 152.
Schwarze u. weiße Felder 132, [36].
Sciang-ki 48, [27].
Scriptor 113.
Sebastian v. Portugal 167.
Sécretaire (Läufer) 43.
Seitenspil 13. 93, [71].
Selenus, Gustavus (Herzog August zu Braunschweig) 6. 8, [26]. 10, [40]. 20, [84]. 29, [27]. 35, [54]. 37, [66]. 43. 44. 48, [28]. 51, [44]. 52. 53. 54, [62]. [64]. 56. 56, [78]. 72, [14]. 80. 102. 109, [14]. 118. 119. 123, [51]. 132, [36]. 135. 143. 147, [60]. 154, [6]. 158. 160. 160, [99]. [100]. 161, [2]. 162. 165. 166. 174, [25]. 182, [18]. 184, [6]. [54]. 186, [21]. 188, [57]. VII. Selenus contractus 184, [54].
Sendefil 39, [79].
Seneca 71, [11].
Senex 40. 89, [60]. s. *Alt*.
Senfft v. Pilsach 149, [71]. 150, [80].
Serres, De 69, [4].
Sessa, Sissa 23. 28.
Severino, M. A. 17, [78]. 22, [86]. 171, [12].
Sevilla 127, [70].
Shad 47, [12].
Shaft-tafel 53.
Shahiludium s. Schachiludium.
Shâmat 95. 145, [66].
Sharpe 149, [66].
Shatreni, *Shatrenj* 46.
Shetes 79.
Skitrundschi 78, [25].
Sicilien 149. 149, [69].
Siebenmeer, das 23, [89].
Sigurd Snakeseye 73.
Silberschmidt, Hirsch 165. 183, [9]. 188, [37].
Siracusano, il 168. s. Roi.
Sissa 28. s. Sessa.
Skák 38, [70]. Skâktafl 68. skâk og mat 50. Skâka and mâta 50.
Slavisches Schachspiel 183.
Smit, de 114, [23]. 115. 133.
Snider, der 115.
Sokeiker 12. 23. 41. 148, [63].
Solatium ludi Scacorum 104.
Solli 150, [80].
Soldaten (Bauern) 6. 16, [1]. 44. 119. 152. 161.
Sottigliezze degli Scacchi, le 171, [18].
Souterus 150, [57].
Spadifantl 45.
Spange, diu 83. 83, [48]. 136. 137. 138. 140. 146.
Spectator, de Hollandsche 192.
Sperlin 176, [10].
Spervogel 92, [69]. 93, [70].
Spezger 116.
Spiel, daz spil, spilôn zables 60. 90; das spil angewinnen 59; spiler 117; schachzabelspil (s. zabel); bretspil 61, [69]. S. Belagerungsspiel, Königsspiel, Kriegsspiel.
Spielabänderungen 149, [70]. [71]. 151, [83]. s. Spielerweiterungen.
Spielalmanach 189.
Spielarten 124. 180, [48]. 61, [91]. 151, [82]. Jetzige Spielart 143; daz gemeine spil; das welsche Spiel 124. 145. 160. 161. 162; das alte Spiel; das große Spiel 160; der alte Schach 162 (s. Kurrier u. Ströpke); stilo anticho u. nuovo archiscacchiere 151, [82]. s. Spielgesetze.
Spielbuch 190.
Spielendungen 180.
Spielerweiterungen auf 96 Feldern 154. 157; auf 100 Feldern 166; auf 104 Feldern 147. 166; auf 132 Feldern 148. 166; auf 140 Feldern 151. 166, [18]; auf 195 runden Feldern 152; auf 460 Feldern 150. — Dagegen auf 64 Feldern 147, auf 40 Feldern 166. s. Variationen u. Vereinfachung des Spiels.
Spielgesetze 124. 131. Abweichungen 144. 148; in Indien 146. 147, [59];

namentlich bei der Königin 34. 135. 136. 143. 144. 145. 161. s. Zug.
Spielkarten 192. s. Karten.
Spielscharen, vier 146.
Spieltaschenbuch 189.
Sprache des Schachspiels 56, [78].
Sprachmaschine 193.
Sprechen schâch, -mat 55. 135.
Springen 118, [38]. 140. 141. Springære, springeren, Springer 36. 148, [38]. Abbildung 40, [86]. 41. s. Riter, Bischof, cornu.
Ssüss (Springer) 36.
Ssuwar (Springer) 36, [57].
Stacknitz, J. Fr. Ph. 193, [18].
Stalder 157, [92].
Stale mate, the 56, [78].
Stallo, lo 56, [78].
Stamma, Phil. 46, [15]. 171, [15]. 174, [24]. [25]. 175, [76]. 177, [15]. 184, [4]. 186, [21]. 188, [30]. [37].
Stat, diu 133. 135. 136.
Stein am Rhein 109. 157.
Stein, Elias 150, [78]. 176, [11].
Steine (Schachfiguren) 80. 80, [29]; die steine 90. 91. 133. 155, [20]; daz gestein 31. 58. 80. 83. 84. 94; schâchzâbelgestein 83. 83, [47]. Zabelstein, Wurfzabelstein 61. Der Königsstein 74. die edeln steine, die unedeln steine 131; die gemeinen steine 131; gefreite steine 142, [45]; privilegierte Steine 142, [45]. Principalsteine 162, [9]. — Schnitzen der Steine 80. 123; aus Elfenbein, Gold, Silber, Edelstein 80—84; aus Wallroßbein 25. Vollständige Gestalten 114. 119—123 (s. Schachmännlein, Chessmen 80, [29]. Königin 120. Ritter 122. Bauern 44). Karls d. Gr. Schachspiel 25, [5]. [6]. — Die Schachsteine schwer 65, [100]. Handelsgegenstand 79; im Beutel aufgehängt 83; im Wappen 79.
Stettin 109, [14].
Stoke, Melis 37, [63].
Stolidus 40, [86]. 126. s. Stultus.
Straßburger Münster 87.
Stratagemes, les, des echecs 176, [12]. Stratagems of Chess 182, [19].
Stratégie, jeu de 150, [76].
Stricker 94.
Ströbeck, Ströpke 35, [54]. 44, [4]. 79. 110, [18]. 155. 157. 158. 160, [100]. 162. 162, [7]. [10]. 164. 166. Ströpker Bauern 160. 165; ihr Schachspieleifer 165; ihr altes Spiel 166 (s. Current).
Strutt 60.
Studies of Chess 99. 179, [14]. 181, [17].
Stultus 40, [86]. s. Stolidus.
Suochenwirt 55, [66]. [67]. 94. 95.
Superiorité aux échecs 177, [14].
Sutringe 47.
Szache, Szachi 48. 100.
Tabernarius 113. s. Taverner.
Tabl (Schach) 60, [86]; tablbord 60; tabla 60, [86].
Τάβλα 16, [76].
Tables 60. 62. 81. 93, [11]. 160; jouer à tables 53.
Tablero axedrez 53.
Tablier 94, [71].
Tabula 16, [76]. 53, [54]. 81, [33]. 114, [22]. 125. 126. 128. 153; tabulae ludus 65, [1]; tabulam ludere 71, [13]; tabulis ludere 53. s. *Tavola*, Tafel u. *Zabel*.
Tadel des Schachspiels 9—12.
Tafel, tafl 53.
Taktisches Spiel 149, [72].
Talorum ludus 147, [60].
Tamerlan, Timurlengk 63. 70. 97. 148. 166.
Tarocs 94, [71].
Tarsia, Dom. 173, [2]. [3].
Taruffi, G. H. 194, [22].
Taschenbuch, Gothaisches 192.
Taschenschachspiel 188, [38]. Das Schachspiel in Taschenformat 188, [35].
Taverner, der 114, [23]. Tavernier 147, [61].
Tavola 53, [54]. 56, [78]. 60; tavolare il giuoco 75.
Tavoliere 46, [15]. 60, [85].
Tegernsee 65, [1].
Teloniarius 113.
Tessalis, Jac. de. s. Cessolis.
Tessalorum ludus 52, [52].
Tesserae 16, [76].
Theorie of Chess 181, [15].
Thesaurius 113.
Thessalis s. Cessolis.
Thevenot 148, [64].
Theveritus 47, [18].
Thiers, J. B. 12, [54].
Thomassin, L. 12, [54].
Thorkelin 73, [16].
Thorstein Vikingson 73.

Thuanus 71.
Thueston, J. 100.
Thun Schach s. Tuon.
Thusnelda 82.
Thwrocz, J. de 81, [33].
Timur Lengk s. Tamerlan.
Tirer 66. s. Ziehen.
Tirol; König 20, [84]. 79.
Tischbein 71, [12].
Titurel 95.
Tixeira 20, [84].
Todtentanz 90. 163.
Tola, rogare a 60, [84].
Toller 114, [23].
Tortelli, D. Mario 169, [36].
Tour 111. 112.
Trabanten 129. 152.
Trictrac 159. 160.
Trigantius, N. 147, [60].
Trinker, der 133.
Tristan 52, [52]. 53, [58]. 56, [77]. 61. 61, [91]. 83.
Troil, Van 149, [67].
Troll 110, [18]. 157, [92]; Trulle 155, [24]. 156.
Troßburg 36. 79. 80.
Troupes, les, en ligne (Bauern) 118.
Trulle s. Troll.
Tschägker (Bauer) 44.
Tschatukangu 46, [17].
Tschär (König) 31, [30].
Tuccius, J. Asc. 5. 98.
Tuochmanger 116.
Tuon schâch, mat 55. 58. 59. 60. 135. s. Schach.
Türken 148.
Turrigius 17, [78].
Twiss, R. 30, [27]. 40, [86]. 46, [15]. 56, [78]. 69, [5]. [6]. 81, [34]. [38]. 82, [41]. 95. 96. 98, [3]. 102, [1]. 103. 126, [63]. 144, [50]. 146, [56]. 148, [62]. [63]. 151, [83]. 153, [1]. 154, [8]. 168, [34]. [35]. 169. 171, [39], [1]. 172, [7]. 174, [41]. 175. 183, [28]. — 181, [14]. VII.
Tyrrhenus 18.
Uo (Springer) 36, [57].
Uflacker, J. Chr. W. 192.
Ulloa, Alfonso 170, [2]. 173, [40], [11].
Ulrich v. Thürheim 57.
Ulysses, Ulyxes 17, [78]. 113, [22]. 130.
Unedeln steine, die 131.
Unterricht im Schachspiel 186, [14]. 188, [27]. [29]. 188, [39]. [41]. 190.
Urban 168, [34].
Urliuge 34.
Vandermonde (Rösselsprung) 30, [27].
Van der Werf 82.
Van Troil s. Troil.
Variationen des Schachspiels 150, [75]. 151, [80]. s. Spielerweiterungen.
Vart, geverte 134. s. Gang.
Velt s. Feld.
Vend, Vende s. Fend.
Venturini 149, [74].
Verbundene Bauern 56, [78].
Verci, G. B. 168, [35]. 170, [9].
Vereinfachung des Schachspiels 118.
Vergilius, Polydorus 19, [83]. 28, [26]. 51. 80, [31].
Verkündiger 52, [50].
Vertheidigung 56, [78].
Verweser, der 134.
Vesir, Vezir (Königin) 32. 118, [40].
Vespai, Valentino (d. i. Carrera) 169, [36].
Vetula, de, Ovidius 41. 127. 130, [27]. [29]. 152, [86].
Vicent, Franc. 173, [40], [10].
Vida, Marc. Hieron. 4, [17]. 10, [41]. 16. 19, [83]. 41, [89]. 43. 51, [47]. 96. 97, [93]. 98, [2]. [3]. [4]. 123, [43]. 127, [70]. 128, [83]. 187, [21].
Vieille, La 33, [43]. 43, [2]. 144, [49]. 145.
Viello, Luca 97, [93].
Vierge (Königin) 32. 33, [43]. s. Virgo, Fierge, Fercia.
Vier-Schachspiel 150, [80].
Vignay, Jehan de 107. C. [2].
Villani, Giov. 27. 167, [28].
Villemin Mon. franc. 25, [5].
Vincent, Castell. 22, [86].
Virgo (Königin) 33, [43]. 131; regia 32. s. Vierge.
Vito, C. de Santo 185, [8].
Viztuom 119. 122. 131. 136.
Volaterrani, R. 168, [29].
Volontaires, les (Läufer) 118.
Völuspa 73, [15].
Vorvenden 156. s. Fende.
Vorzug 161. s. Zug, Ziehen.
Vrouwe s. Frauwn.
W. Lettre (Rösselsprung) 30, [27].
W., A. V. (Arithmomachia) 154, [8].
W., E. (Ludus Scacchicus-mathematicus) 151, [83]. 181, [8].
Wachler, J. G. 192.
Wagenburg, die 35. s. Ratha.
Wagenman, der 114.
Wagenseil 149, [66].
Wahl, Günther 3, [13]. 23, [89]. [93].

27, [23]. 30, [28]. 60. 83, [47]. 118, [41]. 123. 143. 146, [58]. 147, [59]. [61]. 148, [62]. 168, [33]. VI, [2].
Waizenkörner auf dem Schachbrett 28. 29.
Walgen 93, [71].
Walker, G. 189, [43].
Waller 183, [31].
Wallisius, J. 23, [92]. [95]. 46, [17].
Walther v. der Vogelweide 12.
Warcab s. Warzab.
Warders (Thürme) 38.
Warnsdorf (Rösselsprung) 30, [27].
Warton 24, [99]. 97, [92].
Warzab, Warcaby, Warcabrica 60.
Weber, der 115.
Wehsebr, der 116.
Weickhmann, Christ. 8, [27]. 41. 48, [28]. 119. 123, [52]. 151. 151, [84]. 158. 184, [65].
Weinschenk, der 114.
Welsches Spiel 124. 145. 160. 161. 162.
Wenden 45.
Westenrieder 55, [74].
Wettschach 168.
Widersacher des Schachspiels 9.
Wiel, Ludov. 19, [83]. 97, [93], [9].
Wieland 17, [78]. 24, [4]. 69, [4]. 191, f.
Wigalois 53, [56]. 55, [70]. [72]. 94. 158.
Wilhelm III. 167; der Eroberer 26. 69; von Oranse 23, [44]. 57, [80]. 90. 95.
Windisch 193, [13].
Wirnt v. Gravenberch 158, [96].
Wirtzblspil 53, [56]. s. Wurfzabel.
Wishnussarman 23, [96].
Wochenblatt, Kulmbacher 103, [1].
Wolfzagel 52, [52]. 92.
Wollwürker 115. 133.
Wotton 26, [56].
Wunder, K.
Wunterzte, wundensnider 116.
Wunsch, Costantino 171, [15]. 176, [19].
Würfel zum Schachspiel 65, [1]. 150, [79].
Würfelspil 93, [71].
Wurfzabel 155. 159. 159, [97].
Xa 34, [47].
Xaque 48; xaque mate, xaque y mate 50.
Xatrany, Xatreny 47, [19].
Xerses, Xerxes 19. 20, [84]. 21. 113, [22].
Ξύλα 80.
Zabel (tabula, Schachbrett), zaples, zaples, in zablo 52. 53. 60. 159. Zabelwörtelîn 53. Zabelstein 61. 80 (Schloß). — Wurfzabel (s. in W.) u. *Schâchzabel*, daz 21. 58. 59. 60. 61. 61, [89]. 63. 79. 83. 86. 86, [56]. 91. 104. 159, [97]. (dafür Schafzabel 52. 104. Schafzagel 52. 54, [62]. 92. 93, [71]. 109. u. Schachzagel 52, [52]; Schazabel 52; wie Wolfzagel). *Schâchzabelspil* 52. 92. 110. 155. schafczaelspil 93, [71]. Schachzabelbuch 34. — Schachzableht, geschachzabelt 77, [25].
Zabulon 20, [84].
Zael s. Zabel.
Zagel, Zaigel s. Zabel.
Zahlenspiel 152. s. Rhythmomachia u. Arithmomachia.
Zandasch (Bauern) 44.
Zanucchi, G. 97, [93]. 191, f.
Zara 46, [15].
Zâric (König) 31, [30].
Zatricium, *Ζατρίκιον* 27. 41, [1]. 148. [63]. Zatricius ludus 47, [18]. *ζατρικίζειν* 47, [1].
Zeil, diu 133.
Zeiler, M. 82.
Zeitung f. d. Jugend 9, [32]. (s. Jugendzeitung); für die elegante Welt 150, [80].
Zezeh, Ziza 23. s. Sessa, Sissa.
Zeylon 27, [21].
Ziehen, schachziehen 54, [62]. 55. 56. 59. 66. 77. 146. Schachzieher 197. s. Tirer u. Zug.
Ziemann 51, [43].
Ziza 23. s. Zezeh.
Zogare a tola 60.
Zölner, der 117.
Zug, Zuc 54, [62]. 195—197. Zugart 135 (s. Ganc. Vart). Anzug 162. Vorzug 161.

Verbesserungen.

(Die weite Entfernung vom Druckorte, die dem Verfasser die Correctur nicht erlaubte, hat leider einige Druckfehler einfließen lassen.)

S. 3, 6 v. u. lies on — 4, 2 v. u. l. simulataque — 5, 4 v. u. l. Turney u. Pantagruel — 7, 17. rocz, 7 v. u. scez riens — 8, 11 v. u. and amerouse, 3 v. u. so meruylous, 2 v. u. discryve u. though sall his — 9, 15. Gruchet, 16. pleasant — 11, 1 v. u. 1510 — 12, 12. ſchade, 20. Ibn, 23. Soseikr, 12. v. u. Hirschel — 13, 3. v. u. Ferme — 14, 13. Odo, 15. Trier, 24. Valgriso — 15, 3. Rades, 6. gesegt, 7. worfs tafeln, derglîken, gesegt, 10. twen, de meste — 17, 16. Chinese — 19, 19. caldea, 28. citie, 29. but, 30. opynyon, 9 v. u. made, 5. Blefken, 3. pleasant, 2. J., 1. shew. — 20, 4. was, 7. regnaua, 6. v. u. Tirol — 21, 8 ſîme u. von hier an in mittelhochd. Texten lies öfter wære (st. wâre), boese (st. bôse), schoene (st. schône), mugen (st. muegen), ſol (st. ſal), dô (st. dâ), über (st. uber), ſi (st. ſiu ꝛc.), ze (st. zuo); 14 v. u. ertoetet, 12. zimet, 5. enpfintlichez, 4. den — 22, 4. in — 23, 9. Soseiker, 1. v. u. rex — 24, 23. Arabschades — 25, 5. Nikephorus, 12. Assassinen — 26, 12 v. u. sont, 3. un giu — 27, 15 Racschasa, 15 v. u. G. 6., 14. v. u. G. 7 — 29, 14. Elzafedi, 20 v. u. 38768 — 31, 1. v. u. Povelsen — 32, 9. Mauritianus, 10. v. u. varietata, 6. βασίλεως — 33, 13. augmentatur, 20. Bury, 21. Fers: — 34, 14. urliugſpil, 9. v. u. ludo,; 6. Goazir — 35, 1. ſtrebherren, burgære, 7. v. u. feather — 36, 4 v. u. Garcias ab — 37, 16. v. u. einschwärzen, 12. Maerlant — 38, 18. v. u. im, 7. Saga, 5. ſtorey, 4. Skákſpil — 39, 6. alficus, 20. v. u. the, 7. Cavarruvias — 40, 20. v. u. pictur., 5. Bauern — 41, 10. miles, — 42, 2. v. u. other — 43, 15. poonnés — 45, 14. Infans — 46, 13. Th. — 47, 5. v. u. Jones in — 48, 6. Mann — 49, 12. en — 50, 3. unde wonen — 52, 3. scacan, 6. v. u. Wolfschwanzes — 53, 16. hnottafl — 54, 9. huot, 10. v. u. brôtes, 9. über — 55, 13. v. u. in ir, 7. einem — 57, 21. verluſt — 58, 3. Willehalm, 5. gap, 17. v. u. lîhte umbe ez gar — 59, 2. kan, 7. ſîn, 10. nû, 15. uns, 8. v. u. Ie, 4. bôt — 60, 1. die, 14. e a, 16. ſpilôn, 17. Tablbord, 10. v. u. „jouer, 3. Chi ando 61, 9. v. u. kurzwîle — 62, 11. v. u. küenen, 1. Kettenhemden — 63, 5. lêren, 6. edeln, 10. werlde, 11. edel, 20. nider, 21. phellînem, 26. ſchâchzable, 31. vrâgen, 32. wâre, 6. v. u. papillone — 64, 14. ze, 19. nîdes, 21. Francis — 65, 4. trôſt, 22. Tegernseeensis, 28. Basnage — 66, 5. comenca, 11. puoit, 5. v. u. Ganz ähnlich — 67, 4. pour, 8. v. u. mocquez, 6. maintenant — 68, 13. sa, 10. v. u. Olafssaga, 7. tafl (st. sahl) — 69, 18. werdend, 4. v. u. junior — 70, 6. v. u. Jos. — 71, 13. Camnes — 72, 1. gememlich, 15. v. u. them, 3. godatafl — 73, 2. Huitserk, 18. Biörn, 9. v. u. Sagaen, 2. vil — 74, 4. 17. Biörn, 15. v. u. in diversi, 7. possa alla — 75, 2. A giuocare, 3. guadagnare — 78, 9. Gervas. Tilbur. — 79, 6. Chessemen — 80, 4. Würzburgischen, — 81, 11. Jehan — 84, 7. vor, 6. v. u. di — 86, 19. künec — 87, 10. el, 16. messi — 89, 6. denotat, 24. tilge item, 15. v. u. din, 8. füssen, 6. trib, 4. hůt — 90, 20. daz, 15. v. u. huote, 13. gâhen: nâhen, 10. bejâret, 9. got,

7. künge, 6. wîtem — 91, 3. hüetent, 4. güetent, 5. vienden, 11. prîs, 15. v. u. verlihen, leben, 14. im sînen, 6. spilnde — 92, 2. beidiu, 18. missezimt, 24. iu — 93, 1. lampe wenden, 2. gap, 3. beidiu, 7. unstætiu, 9. zühten, 18. kúng — 94, 20. lebenes, 22. schâche, 25. Scacchi, 27. d'iceluy i apperceus — 95, 6. Schâch, 8. Rôme — 98, 28. Ramler gab — 100, 1. Proleg., 7. Ital into, 9. by Hawckins, 13. v. J., 18. in, Kochanowskiego, 19. Staravolsk, 25. tilge 13.., 30. „Auslegung — 102, 12 v. u. Gevay — 103, 19 v. u. tessulis — 105, 7. Courcelles, 12. comancet, 17. liure, 18. deuiset u. Melanges — 106, 5. mistice — 110, 21 v. u. Beichtiger, 20. Komburg, 16. misirte — 112, 1 v. u. calculus — 114, 15. §. 31; 16 v. u. re, chl°, 9. erthe — 115, 4. sun., von hier an sol, ze schr (st. scr.), mugen 2c. — 116, 22. latîn, 29. solhe — 117, 4. sol, 9. hüeten, 19. hüeten, 7 v. u. wîzphenninc — 119, 14. ze, 12 v. u. Dienstleute, 2. sor — 121, 10. and, 11. siten u. mugen, 8 v. u. gehoerent, 7. gemeine, 2. vor — 122, 11. hüeter, 15. geüebet — 124, 4. harquebuzes — 125, 3. tilge ? — 126, 18. duelli, 13. v. u. wohl besser obliquo — 117, 5. Si rubus, 11. Scaccum, 5. v. u. tilge Alfi — 128, 6. besser Quatuor in tabula bis loca sunt varia., 8. pingitur — 129, 12. besser nihil, 6 v. u. tilge V — 130, 3. ab imis, 6 v. u. mētioez fec̄ nūc de Scacorū Ludo. — 131, 10 v. u. ze — 132, 8. bekümbern, 9. vür-, 10. selb, 18. mügen, müge, 21. hât — 133, 2. sint, 7. behüet, 9. behüeten, 14. hêrlchaft, 2 v. u. künec — 134, 3. gevert, 12. gît, 14. drîen, 15. zwir, 11 v. u. tuon, 6. undertân, 4. mannes, 2. entwederz, gewaltic — 135, 1. und, 9. kumt, 14. gevât — 136, 14. mite, 18. sîne, 19. muoz, 13 v. u. alles, 11. waz u. ir, 9. ze, 8. widerwert, 3. liute — 137, 13 v. u. als — 138, 4. kumt — 139, 13. schar, 12. 5. v. u. solchen, 9. schirmen — 141, 5. zyehen — 147, 21. tilge die Klammer, u. tilge den Gedankenstrich — 148, 22. Zatricio, 28. Efterretningr — 151, 9 v. u. J. v. R(anson) — 152, 15. Casanatensis, 18. 93, 23. Neuil, 2 v. u. Sarisbur. — 155, 21. stat, 24. meine, 26. sol, 29. ze, 33. zeln — 156, 1. hân, 6. ir, 7. iu, 20. ie, 31. gan, 32. wan — 157, 4. miniu — 158, 15 v. u. Spilten, 12. seitenspil, 3. Rade u. getihtet — 159, 19. gûldîn, 20. edelm, 21. flôch — 160, 1. das, 20. 21. lies 96felbigen, 23. Zwerch — 173, 5. fatta, 11. Dirigada, 12 v. u. Sarriett — 174, 12. Giochimo — 177, 23. Cochrane — 180, 3. Konape, 13 v. u. F(ulke) —

Erklärung
der
beigegebenen Abbildungen.

I. Schachsteine, welche auf dem schottischen Eilande Lewis gefunden wurden; auf einer Sandbank, dorthin wahrscheinlich von einem gestrandeten norwegischen Handelsschiffe, welches Schachspiele als Handelsgegenstand mit sich führte. Die Gestalten sind aus Fisch- oder Wallroßbein geschnitzt. Es wurden ihrer 70 gefunden, darunter 19 Bauern, 6 Könige, 8 Königinnen, 13 Läufer, 14 Springer, 10 Thürme (**warders**), also von verschiedenen Schachspielen, was auch die verschiedenen Abbildungen derselben Schachsteine bestätigen. Man sehe »**Archaeologia or Miscellan. Tracts relating to Antiquity.**« Band XXIV. London 1832. 4°. S. 211 ꝛc.

N. 1—2. bildet Könige, 3. 4. Königinnen, 8—10. Läufer (11—14. Theile von diesen), 15—16. Springer (17—28. Theile dazu), 29—32. Thürme (**warders**), 33—38. Bauern ab. — Nr. 39—43. Rück- und Seitenverzierungen des Königs, 44—47. der Königin, 48—51. der Läufer, 52. der Bauern; 53—67. Schilde der Springer, 68—71. der Thurmritter.

II. Karls des Großen vermeintes Schachspiel; in seinen Abbildungen entnommen aus dem **Magazin pittoresque.**

III. Ein Läufer (Bischof) aus dem Antiquarium zu Regensburg: von Elfenbein.

IV. Zeichnungen der Münchener Handschrift N. 49. (vom Jahre 1407).

V. Die Abbildungen bei Dr. Mennel oder Köbel (1517. 1520).

VI. Die Abbildungen bei **Gustavus Selenus** (1616. 1617.)

VII. Die Abbildungen bei Weickhmann (1664).

Aus drucktechnischen Gründen wurde die Tafel I um 13 % und die Tafel XIbis um 20 % verkleinert.

Reprint der Originalausgabe 1839
nach dem Exemplar der Universitätsbibliothek Leipzig

Ausgabe für:
FOURIER VERLAG GMBH
WIESBADEN
ISBN 3-921695-78-3
Best.-Nr. 285-00178

Druck: (52) Nationales Druckhaus, Betrieb der VOB National,
1055 Berlin
Printed in the German Democratic Republic
Ag 509/18/1983 2276